MOEWIG

KLASSISCHES ABENTEUER

D1998424

Zum Buch

Der Mississippi, die Geschichte seiner Erforschung und Erschließung sowie das Leben auf dem mächtigen Fluß stehen im Mittelpunkt dieser autobiographischen Erzählung von Mark Twain.

Der Held brennt von zu Hause durch, um sich seinen sehnlichsten Wunsch erfüllen zu können: Lotse auf dem Mississippi zu werden. Dazu muß er die „12 oder 13 000 Meilen des großen Mississippistroms von New Orleans bis nach St. Louis hinauf lernen", und zwar zweimal: stromauf und stromab! Er muß jede Flußbiegung, ja jede Kräuselung auf der Wasseroberfläche kennen. Lange, beschwerliche Lehrjahre sind nötig, bevor sein großes Ziel erreicht ist . . .

Hier wie auch in den beiden anderen hier abgedruckten Erzählungen „Ein mißlungener Feldzug" und „Nach dem fernen Westen", versteht Twain es auf unnachahmliche Weise, Humor und Spannung zu verbinden.

Zum Autor

MARK TWAIN (eigtl. Samuel Langhorne Clemens), geboren am 30. November 1835 in Florida/Missouri, verlebte Kindheit und Jugend am Ufer des mächtigen Mississippi-Stroms. Nach Teilnahme am Sezessionskrieg versuchte er sich als Journalist und Schriftsteller. 1865 stellten sich erste Erfolge und nationaler Ruhm ein. Der Konkurs seines Verlages und Millionenfehlinvestitionen in Setzmaschinen zwangen den in großem Stil lebenden Autor zu großen Vortrags- und Studienreisen in der ganzen Welt. Weltweit bekannt als bedeutendster amerikanischer humoristischer Erzähler wurde er durch seine Meisterwerke „Die Abenteuer Tom Sawyers" (1876) und „Die Abenteuer des Huckleberry Finn" (1884), in denen sein schriftstellerisches Können, sein Humor und seine Menschlichkeit volle Entfaltung fanden. Zu seinen Hauptwerken zählen auch „Prinz und Bettelknabe" (1882) und „Leben auf dem Mississippi" (1883). Einsam und verbittert starb Twain am 21. April 1910 in Redding Connecticut, fern seiner heimatlichen Stromlandschaft, die in viele seiner Bücher so lebendig eingegangen ist.

KLASSISCHES ABENTEUER

Mark Twain: Auf dem Mississippi und andere Erzählungen

MOEWIG Band Nr. 2454
Verlag Arthur Moewig GmbH, Rastatt

Titel der Originalausgabe: Life on the Mississippi
Neubearbeitung unter Verwendung von Übersetzungen aus dem 19. Jahrhundert und mit Illustrationen einer alten Ausgabe
Orthographie und Interpunktion wurden dem heutigen Stand angepaßt
Copyright © 1976 by Verlag Arthur Moewig GmbH, Rastatt
Lektorat: C. M. Weiß
Umschlagentwurf und -gestaltung: Werbeagentur Zeuner, Ettlingen
Verkaufspreis inkl. gesetzl. Mehrwertsteuer
Auslieferung in Österreich:
Pressegroßvertrieb Salzburg, Niederalm 300, A-5081 Anif
Printed in Germany 1987
Druck und Bindung: Ebner Ulm
ISBN 3-8118-2454-6

Inhalt

Einleitung

Das Becken des Mississippi ist sozusagen der Leib der Nation. Alle anderen Teile des Landes sind nur die Glieder, zwar sehr wichtige, aber noch wichtiger in ihrer Beziehung zum Fluß. Das Mississippibecken umfaßt etwa 1 250 000 englische Quadratmeilen und ist damit das zweitgrößte der Welt. An Ausdehnung wird es nur noch vom Amazonasstrom übertroffen, während das Tal des Ob ihm fast gleichkommt. Das des La Plata folgt ihm an Größe mit mehr als Dreiviertel des Areals vom Mississippibecken. Das Mississippigebiet übertrifft an Ausdehnung das ganze Europa, mit Ausschluß von Rußland, Norwegen und Schweden. Es würde Österreich viermal, Deutschland oder Spanien fünfmal, Frankreich sechsmal und die Britischen Inseln oder Italien zehnmal in sich aufnehmen. Nach den Flußbecken des westlichen Europa kann man sich keine Vorstellung von der Ausdehnung dieses Gebietes machen. In dieser Beziehung wären die Becken der sibirischen Flüsse, das hohe zentralasiatische Plateau, das sumpfige Amazonasgebiet bessere Vergleichsobjekte, aber diese geben auch keinen richtigen Begriff von der Bedeutung des Mississippibeckens für die zivilisierte Welt, weil sie durch ihre Unfruchtbarkeit, ihre Regenlosigkeit, ihre geographische Lage nicht für die Ernährung einer so dichten Bevölkerung geeignet sind wie eben das Becken dieses gewaltigen Stromes.

Der Fluß und seine Geschichte

Es lohnt sich, über den Mississippi nachzulesen, denn er ist kein gewöhnlicher Fluß und in jeder Beziehung merkwürdig. Betrachtet man den Missouri als seinen Hauptarm, so ist er der längste Fluß der Welt, insgesamt viertausenddreihundert englische Meilen (etwa 8000 Kilometer) lang. Auch kann man mit Sicherheit behaupten, daß er der gewundenste Fluß der Welt ist; auf einem Teil seines Weges fließt er eintausenddreihundert Meilen lang, die in der Luftlinie gemessen nur sechshundertfünfundsiebzig Meilen ergeben. Er ergießt dreimal soviel Wasser ins Meer wie der Sankt-Lorenz-Strom, fünfundzwanzigmal mehr als der Rhein und dreihundertachtunddreißigmal soviel wie die Themse. Kein anderer Strom entwässert ein so ungeheures Becken; er entnimmt sein Wasser achtundzwanzig Staaten und Territorien zwischen Delaware am Atlantik und Idaho an den Abhängen des Stillen Ozeans, eine Entfernung von fünfundvierzig Längengraden. Der Mississippi nimmt das Wasser von vierundfünfzig kleineren Flüssen, die für Dampfboote schiffbar sind, und von einigen hundert, die von Leichtern und Flachbooten befahren werden, in sich auf und führt es dem Golf zu. Das Areal des von ihm entwässerten Beckens ist so groß wie der Flächenraum von England, Wales, Schottland, Irland, Frankreich, Spanien, Portugal, Deutschland, Österreich, Italien und der Türkei zusammen, und fast das ganze weite Gebiet ist fruchtbar, das eigentliche Mississippital sogar in hohem Grade.

Der Mississippi ist ein bemerkenswerter Fluß auch insofern, als er nach der Mündung zu nicht breiter wird, sondern sich verengert: er wird schmaler und tiefer. Von der Mündung des Ohio bis zu einem Punkt, etwa halbwegs abwärts nach dem Meer, beträgt die Breite bei hohem Wasserstand durchschnittlich eine englische Meile; von da verringert sich die Breite bis zum Meer stetig, bis sie bei den „Pässen“, oberhalb der Mündung, nur noch wenig mehr als eine halbe Meile ist. An der Mündung des Ohio ist die Tiefe des Mississippi siebenundachtzig Fuß; dann nimmt sie allmählich zu, bis sie oberhalb der Mündung einhundertundneunundzwanzig Fuß erreicht.

Ebenso ist der Unterschied beim Steigen und Fallen des Wassers, zwar nicht auf dem oberen, aber auf dem unteren Lauf des Flusses bemerkenswert. Bis nach Natchez (dreihundertsechzig englische Meilen oberhalb der Mündung) hinab ist das Steigen ziemlich gleichmäßig - etwa fünfzig Fuß. Bei Bayou La Fourche steigt der Fluß aber nur vierundzwanzig, bei New Orleans fünfzehn und oberhalb der Mündung sogar nur zwei und einen halben Fuß.

Nach den Berichten erfahrener Fachleute entleert der Mississippi alljährlich vierhundertsechs Millionen Tonnen Schlamm in den Golf von Mexiko, ein Quantum, das, zu einem festen Körper vereinigt, einen Flächenraum von einer englischen Quadratmeile bedecken und eine Höhe von zweihundertvierzig Fuß haben würde. Die Schlammablagerungen lassen das Land allmählich anwachsen, doch geschieht dies nur sehr langsam, da dasselbe in den letzten zweihundert Jahren, seitdem der Fluß seinen Platz in der Geschichte eingenommen hat, nur um eine Drittelmeile vorgerückt ist. Die Gelehrten meinen, daß die Mündung des Flusses früher bei Baton Rouge, wo das hügelige Terrain aufhört, gelegen habe und daß die zweihundert Meilen Land zwischen dem genannten Punkt und dem Golf vom Fluß angeschwemmt worden seien. Daraus würde sich ohne Mühe das Alter dieses Landes auf einhundertzwanzigtausend Jahre berechnen lassen.

Noch in einer anderen Beziehung ist der Mississippi bemerkenswert, nämlich durch seine Neigung, wunderbare Sprünge zu machen und schmale Landzungen zu durchschneiden, um auf diese Weise seinen Lauf zu begradigen und zu verkürzen. Mehr als einmal hat er sich mit einem einzigen Sprung um dreißig englische Meilen verkürzt. Diese Richtwege haben seltsame Folgen gehabt: Es sind dadurch verschiedene am Fluß gelegene Städte mitten in ländliche Distrikte hineinversetzt und vor ihnen Sandbarren und Wälder aufgebaut worden. Die Stadt Delta hat sonst drei Meilen unterhalb Vicksburg gelegen; ein vor einiger Zeit vom Fluß eingeschlagener Richtweg hat die Lage aber radikal geändert, denn Delta liegt jetzt zwei Meilen oberhalb Vicksburg.

Beide genannten Städte sind durch jenen Durchbruch des Flusses ins Land hineinversetzt worden. Ein solcher Richtweg des Flusses zerstört zuweilen sogar die Staatsgrenzen. Beispielsweise kann ein Mann, der heute im Staat Mississippi lebt, infolge eines über Nacht erfolgten Durchbruches sich und sein Land morgen auf der anderen Seite des Flusses wiederfinden, wo er im Gebiet des Staates Louisiana ist und unter dessen Gesetzen steht. Passierte derartiges in den früheren Zeiten am oberen Lauf des Flusses, so konnte es vorkommen, daß ein Sklave auf solche Weise von Missouri nach Illinois versetzt und zum freien Manne wurde.

Der Mississippi verändert sein Bett aber nicht allein durch diese Durchbrüche, sondern auch noch in anderer Weise, und zwar dadurch, daß er sich seitwärts bewegt. Bei „Hard Times" im Staat Louisiana fließt der Fluß jetzt zwei englische Meilen westlich von der Stelle, die er früher einnahm. Eine Folge davon ist, daß der ursprüngliche Ort dieser Niederlassung sich jetzt nicht mehr im

Staat Louisiana befindet, sondern am anderen Ufer, im Staat Mississippi liegt. Fast die ganze eintausenddreihundert englische Meilen lange Strecke des alten Mississippi, die La Salle vor zweihundert Jahren mit seinen Kanus befuhr, ist jetzt guter, fester, trockener Boden. An einzelnen Stellen fließt der Mississippi jetzt rechts, an anderen links seines alten Bettes.

Während der Schlamm des Mississippi an der Mündung, wo die Wogen des Golfs ihn in Bewegung halten, nur langsam Land ansetzt, geschieht dies an besser geschützten Stellen weiter aufwärts um so schneller. Beispielsweise maß die Propheteninsel vor dreißig Jahren nur eintausendfünfhundert Acker*, die seitdem jedoch von dem Fluß um siebenhundert vermehrt worden sind.

Verlassen wir nun die physische Geschichte des Mississippi und wenden uns seiner historischen zu, wenn man so sagen darf. Die Welt und die Bücher pflegen das Wort „neu" so oft in Verbindung mit unserem Land zu gebrauchen, daß man bald den dauernden Eindruck gewinnt, als sei an demselben überhaupt nichts Altes. Wir wissen natürlich, daß es in der amerikanischen Geschichte einige verhältnismäßig alte Daten gibt, allein die nüchternen vermögen unserem Geist keine richtige Idee, kein bestimmtes Bild von der Zeitperiode, welche sie repräsentieren, zu geben. Wenn einer sagt, daß De Soto, der erste Weiße, der den Mississippistrom sah, ihn im Jahre 1542 erblickte, so ist das eine Bemerkung, die eine bloße Tatsache angibt, ohne sie zu erklären. Es ist dasselbe, wie wenn man die Dimensionen der untergehenden Sonne nach astronomischen Maßen und ihre Farben mit den wissenschaftlichen Namen angibt; man hat dann die bloße Tatsache des Sonnenuntergangs, kann sich davon aber kein Bild machen. Ebenso hat das Datum 1542 an und für sich für uns wenig oder gar keine Bedeutung; erst wenn man einige benachbarte historische Daten und Tatsachen vergleichend danebenstellt, gewinnt es Perspektive und Farbe und zeigt, daß es zu denjenigen amerikanischen Daten gehört, die ein ganz respektables Alter besitzen.

De Soto warf nur einen flüchtigen Blick auf den Fluß, starb dann und wurde von seinen Priestern und Soldaten in ihm begraben. Man sollte meinen, daß die Priester und Soldaten - nach damaliger spanischer Sitte - die Dimensionen des Flusses um das Zehnfache vergrößert und dadurch andere Abenteurer veranlaßt

* Acker = engl. acre, entspricht 40,47 Ar.

hätten, sofort aufzubrechen, um ihn zu erforschen. Allein, als ihre Schilderungen die Heimat erreichten, erregten sie keineswegs solch große Neugier, vielmehr verflossen volle einhundertdreißig Jahre, bis der zweite Weiße den Mississippi besuchte. Heute läßt man keinen so langen Zeitraum vorübergehen, wenn jemand etwas Wunderbares sah oder erlebte. Entdeckte jetzt jemand einen Bach in der Nähe des Nordpols, so würden Europa und Amerika sofort fünfzehn Expeditionen dorthin senden, die eine, um den Bach zu erforschen, die übrigen vierzehn, um sich gegenseitig aufzusuchen.

Schon länger als einhundertfünfzig Jahre waren an der atlantischen Küste Ansiedlungen der Weißen gewesen. Diese Leute standen in enger Verbindung mit den Indianern: Im Süden wurden diese von den Spaniern beraubt, abgeschlachtet, zu Sklaven gemacht und bekehrt. Weiter entfernt trieben die Engländer Tauschhandel mit den Indianern um Perlen und wollene Decken, schenkten ihnen die Zivilisation und den Branntwein. In Kanada brachten die Franzosen ihnen die Elementarlehren bei, schickten

Missionare zu ihnen und zogen zeitweilig ganze Stämme nach Quebec und später nach Montreal, um ihnen Pelze abzukaufen. Diese verschiedenen Gruppen von Weißen mußten notwendigerweise vom großen Fluß des fernen Westens vernommen haben; sie hatten auch tatsächlich von ihm gehört, aber in so flüchtiger und unbestimmter Weise, daß sie sich kaum ein Bild vom Lauf, den Verhältnissen und der Lage des Stromes machen konnten. Gerade das Geheimnisvolle der Sache hätte die Neugier anfachen und zur Nachforschung anspornen sollen, allein das geschah nicht. Offenbar wollte zufälligerweise niemand solchen Fluß haben, niemand brauchte ihn, niemand war neugierig auf ihn, und so blieb der Mississippi anderthalb Jahrhundert lang außerhalb des Marktes und ungestört. Auch De Soto suchte, als er den Mississippi auffand, keinen Fluß und hatte im Augenblick keine Verwendung dafür; infolgedessen maß er ihm auch keinen Wert bei und schenkte ihm keine besondere Beachtung.

Schließlich kam der Franzose La Salle auf den Gedanken, den Fluß aufzusuchen und zu erforschen. Sobald jemand auf eine vernachlässigte, aber wichtige Idee verfällt, tauchen bekanntlich stets allenthalben Leute auf, die vom gleichen Gedanken beseelt sind, und so geschah es auch hier.

Naturgemäß wirft sich da die Frage auf: Weshalb wollten diese Leute den Fluß jetzt haben, nachdem niemand ihn während der vorhergehenden fünf Generationen gewollt hatte? Offenbar weil man zu dieser späteren Zeit ein Mittel, ihn nutzbar zu machen, entdeckt zu haben meinte, denn man war zu der irrtümlichen Annahme gelangt, der Mississippi ergösse sich in den Golf von Kalifornien und böte daher einen kürzeren Weg für die Reise von Kanada nach China, während man vorher viel richtiger angenommen hatte, daß er in das atlantische Meer oder die virginische See münde.

Der Fluß und seine Erforscher

La Salle suchte bei Ludwig XIV. unseligen Andenkens um gewisse wichtige Privilegien nach, die ihm vom König auch gnädigst gewährt wurden. Das hauptsächlichste war das Recht, das Land fern und nah zu erforschen, Forts zu bauen, Kontinente abzustecken und sie dem König zu übergeben. Die Kosten mußte er selbst tragen. Als Gegenleistung erhielt er dafür einige kleine Vorteile der einen oder anderen Art und darunter namentlich das Monopol der Büffelhäute. La Salle brauchte mehrere Jahre und verschwendete fast sein ganzes Geld, um einige gefährliche und aufreibende Reisen von Montreal nach seinem von ihm am Illinois erbauten Fort zu machen, ehe es ihm schließlich gelang, seine Expedition so auszustatten, daß er mit ihr nach dem Mississippi aufbrechen konnte.

Mittlerweile hatten aber andere mehr Glück gehabt. Im Jahre 1673 durchkreuzten der Kaufmann Joliet und der Priester Marquette das Land und erreichten die Ufer des Mississippi. Sie hatten den Weg über die großen Binnenseen gemacht und dann von „Green Bay“ die Reise in Kanus den Fox River und den Wisconsin hinab fortgesetzt. Marquette hatte am Fest der unbefleckten Empfängnis den Schwur abgelegt, daß, wenn die heilige Jungfrau ihn den großen Fluß entdecken ließe, er ihn ihr zu Ehren Empfängnisfluß nennen wolle, und er hielt sein Wort. In damaliger Zeit gehörte zur Ausrüstung einer jeden Expedition eine Anzahl Priester; De Soto hatte deren vierundzwanzig, und auch La Salle hatte einige bei sich. Oft fehlte es den Expeditionen an Fleisch und mangelte es ihnen an Kleidungsstücken, allein stets befanden sie sich im Besitz der für die Messe erforderlichen Gegenstände und Requisiten und waren, wie einer der wunderlichen Geschichtsschreiber jener Zeit sich ausdrückte, immer bereit, „den Wilden die Hölle zu erklären“.

Am 17. Juli 1673 erreichten Joliet und Marquette nebst fünf Genossen in ihren Kanus die Vereinigung des Wisconsin mit dem Mississippi. „Vor ihnen“, erzählt Parkman, „kreuzte ihren Weg ein breiter und rascher Strom, der am Fuß von hohen, mit dichten Waldungen bedeckten Hügeln dahinfloß. Dann wandten sie sich seitwärts und ruderten den Strom hinab, an dem die Einsamkeit auch nicht durch die allergeringste Spur von Menschen gestört wurde.“

Während der Fahrt stieß ein großer Fisch, wahrscheinlich ein cat-fish, gegen das Kanu Marquettes und erschreckte ihn, nicht ohne Grund, da er von den Indianern gewarnt und darauf aufmerksam gemacht worden war, daß er eine tollkühne und gefährliche Reise mache, denn der Fluß enthalte einen Dämon, „dessen Gebrüll aus weiter Ferne zu hören sei und der ihn in den

Abgrund, wo er sich aufhalte, hinabziehen werde". Ich selbst habe im Mississippi einen Fisch dieser Art von mehr als sechs Fuß Länge und zweihundertfünfzig Pfund Gewicht gesehen, und wenn der Fisch Marquettes von ähnlicher Größe war, so konnte letzterer mit gutem Recht glauben, daß der brüllende Dämon des Flusses gekommen sei.

Endlich begann der Büffel sich zu zeigen, der auf den damals den Fluß begrenzenden Prärien in Herden graste. Marquette beschreibt das wilde und bestürzte Aussehen der alten Bullen, „als sie durch wirre, sie fast blind machende Mähnen nach den Eindringlingen stierten".

Die Reisenden drangen vorsichtig weiter. „Sie landeten bei Nacht und zündeten Feuer an, um ihre Abendmahlzeit zu kochen, löschten das Feuer dann aus, schifften sich wieder ein, ruderten eine Strecke weiter und legten sich dann im Strom vor Anker, während ein Mann bis zum nächsten Morgen Wache hielt."

Dies geschah Tag für Tag und Nacht für Nacht, und nach Ablauf von zwei Wochen hatten sie kein menschliches Wesen gesehen.

Gegen Ende der zweiten Woche entdeckten sie aber eines Tages im Schlamm am westlichen Ufer menschliche Fußspuren. Man hatte sie vor den Indianern am Fluß gewarnt, die so wild und erbarmungslos wie der Flußdämon seien und alle Fremdlinge vernichten sollten, auch wenn sie von diesen nicht gereizt würden. Nichtsdestoweniger marschierten Joliet und Marquette ins Land hinein, um die Urheber der Fußspuren aufzusuchen. Sie fanden sie auch bald und wurden feierlich empfangen und gut behandelt, d. h. falls man von einem feierlichen Empfang reden darf, wenn der Indianerhäuptling, um sich im besten Licht zu zeigen, seinen letzten Lappen vom Leibe nimmt; sofern es eine gute Behandlung ist, wenn Fisch, Fleischbrühe und andere Speisen, darunter auch Hundefleisch, einem im Überfluß vorgesetzt und diese Dinge einem mit bloßen Fingern von den Indianern in den Mund geschoben werden. Am nächsten Morgen begleitete der Häuptling mit sechshundert seiner Stammesgenossen die Franzosen nach dem Fluß zurück und sagte ihnen in freundschaftlicher Weise Lebewohl.

Auf den Felsen oberhalb der jetzigen Stadt Alton fanden die Franzosen rohe und phantastische indianische Zeichnungen, die von ihnen beschrieben wurden. Eine kleine Strecke weiter abwärts „stürzte sich ein Strom gelben Schlammes quer in das ruhige blaue Wasser des Mississippi, kochend, brausend und Stämme, Äste und entwurzelte Bäume mit sich führend". Das war die Mündung des Missouri, „jenes wilden Flusses, der nach seinem tollen Lauf durch ein ungeheures unbekanntes Gebiet des Barbarentums seine trüben Fluten in den Schoß seiner sanfteren Schwester ergießt".

Dann kamen sie an der Mündung des Ohio vorbei. Sie passierten Rohrdickichte, kämpften gegen die Moskitos, trieben Tag für Tag durch die tiefe Stille und Einsamkeit des Flusses dahin, unter dem dürftigen Schatten der als Notbehelf dienenden Sonnenzelte schlummernd und in der Sonnenhitze bratend. Sie trafen noch einen Trupp Indianer, tauschten Höflichkeiten aus und erreichten endlich, etwa einen Monat nach dem Aufbruch, die Mündung des Arkansas, wo ihnen eine Schar Wilder mit Kriegsgeheul entgegenstürmte, um sie zu ermorden; doch flehten sie zur heiligen Jungfrau um Hilfe, und anstatt eines Kampfes wurde ein Fest gefeiert, bei welchem freundschaftliche Unterhaltungen geführt und allerlei Kurzweil getrieben wurden.

Nach ihrer Überzeugung hatten sie nachgewiesen, daß der Mississippi sich nicht in den Golf von Kalifornien oder ins atlantische Meer ergoß, sie glaubten, er münde in den Golf von Mexiko, kehrten um und brachten ihre Neuigkeit nach Kanada.

Allein der Glaube ist noch kein Beweis, und es war La Salle vorbehalten, diesen Beweis zu liefern. Er wurde in ärgerlicher Weise bald durch diesen, bald durch jenen Unfall aufgehalten; schließlich brachte er um das Ende des Jahres 1681 seine Expedition doch in Gang. Mitten im Winter traten er und sein Lieutenant

Henry de Tonty, der Sohn Lorenzo Tontys, des Erfinders der Tontine, mit einem Gefolge von achtzehn Indianern, die sie von Neu-England mitgebracht hatten, sowie dreiundzwanzig Franzosen die Reise den Illinois hinab an, und zwar marschierten sie zu Fuß auf der Eisdecke des Flusses hin, während sie ihre Kanus auf Schlitten hinter sich herzogen.

Nachdem sie beim Peoriasee offenes Wasser getroffen hatten, ruderten sie von dort nach dem Mississippi und wandten dann den Bug ihrer Fahrzeuge nach Süden. Sie arbeiteten sich durch die treibenden Eisfelder, an der Mündung des Missouri und später auch an derjenigen des Ohio vorüber, „glitten an den Einöden der den Fluß einfassenden Sümpfe vorbei und landeten am 24. Februar bei den ‚Dritten Chikasaw-Klippen', wo sie haltmachten und das Fort Prudhomne gründeten und anlegten".

„Dann", erzählt Parkman, „schifften sie sich wieder ein, und mit jedem Schritt ihrer abenteuerlichen Reise enthüllte sich ihnen mehr und mehr das Geheimnis dieser ungeheuren neuen Welt. Immer weiter kamen sie in das Reich des Frühlings. Das verschleierte Licht der Sonne, die warme, schwüle Luft, das zarte Laubwerk, die sich öffnenden Blüten waren ihnen Zeichen des wiedererwachenden Lebens der Natur."

Tag für Tag trieben sie im Schatten dichter Waldungen die großen Biegungen des Flusses hinab, bis sie endlich bei der Mündung des Arkansas eintrafen. Anfänglich wurden sie von den

Eingeborenen dieser Gegend begrüßt, wie Marquette von ihnen empfangen wurde - mit dem Lärm der Kriegstrommel und dem Klirren der Waffen. Bei Marquette hatte die heilige Jungfrau die Schwierigkeiten beseitigt, bei La Salle geschah dies durch die Friedenspfeife. Der weiße Mann und die Rothaut reichten sich die Hand und unterhielten sich drei Tage lang miteinander. Dann errichtete La Salle vor den staunend zuschauenden Wilden ein Kreuz mit dem französischen Wappen und nahm - nach der unverschämten Sitte jener Zeit – für den König Besitz vom ganzen Land, während der fromme Priester die Räuberei mit einer Hymne segnete. Um die Wilden zu retten, erklärte der Priester ihnen durch Zeichen die Geheimnisse des Glaubens und entschädigte sie auf diese Weise durch mögliche Besitztümer im Himmel für die wirklichen auf Erden, deren man sie soeben beraubt hatte. Und in derselben Weise veranlaßte La Salle diese einfachen Kinder des Waldes durch Zeichen dazu, daß sie Ludwig dem Verdorbenen, der sich jenseits des Wassers befand, huldigten. Niemand lächelte über solche kolossale Ironie.

Diese Förmlichkeiten geschahen an der Stelle, wo später die Stadt Napoleon im Staat Arkansas gebaut wurde. Dort wurde das erste Konfiszierungskreuz an den Ufern des großen Flusses errichtet. Die Entdeckungsreise Marquettes und Joliets endete an demselben Ort – der Stelle der zukünftigen Stadt Napoleon. Auch De Soto befand sich, als er in jenen fernen Zeiten den Blick auf den großen Fluß warf, am gleichen Ort – der Stelle der zukünftigen Stadt Napoleon im Staat Arkansas. Mithin sind drei von den vier denkwürdigen Ereignissen, die mit der Entdeckung und Erforschung des mächtigen Stromes verknüpft sind, zufälligerweise an einem und demselben Ort geschehen. Es ist ein höchst seltsamer Zufall, wenn man darüber nachdenkt: Frankreich hat das ungeheure Land an dieser Stelle, der Stelle des zukünftigen Napoleon, gestohlen, und später mußte Napoleon selbst das Land zurückgeben, allerdings nicht seinen Eigentümern, sondern den sie beerbenden weißen Amerikanern!

Die Reisenden setzten darauf die Fahrt fort, landeten hier und da, „passierten die später historisch gewordenen Stellen von Vicksburg und Grand Gulf" und besuchten einen mächtigen Häuptling des Tachelandes, dessen ansehnliche Hauptstadt aus Backsteinen bestand, die an der Sonne getrocknet und mit Stroh vermischt waren. Jene Häuser waren meist besser, als man sie heute in der Gegend findet. Die Wohnung des Häuptlings besaß eine Halle von vierzig Quadratfuß Größe, wo derselbe, umgeben von sechzig in weiße Mäntel gehüllten Greisen, Tonty in vollem Staate empfing. Es befand sich auch ein Tempel in der Stadt, von einer Lehmmauer umgeben, die mit den Schädeln der der Sonne geopferten Feinde verziert war.

Darauf besuchten die Reisenden die Natchez-Indianer in der Nähe der Stelle, wo jetzt die Stadt dieses Namens steht; sie fanden dort „religiösen und politischen Despotismus, eine von der Sonne abstammende privilegierte Klasse, einen Tempel und ein heiliges Feuer". Es muß ihnen also geschienen haben, als wären sie wieder in ihre alte Heimat zurückgekehrt, nur mit dem Vorteil, daß Ludwig XIV. hier fehlte.

Nach Verlauf einiger weiterer Tage stand La Salle unter seinem Konfiszierungskreuz am Zusammenfluß der Gewässer aus Delaware, Itaska und von den Bergketten am Pazifik mit denjenigen des Golfs von Mexiko - seine Aufgabe war beendet, sein Ziel erreicht. Parkman sagt am Schluß seiner interessanten Schilderung:

„An jenem Tage erhielt das französische Reich einen ungeheuren Zuwachs. Die fruchtbaren Ebenen von Texas, das ungeheure Becken des Mississippi, von den gefrorenen Quellen im Norden bis zu den heißen Küsten des Golfes, von den bewaldeten Abhängen des Alleghanygebirges bis zu den kahlen Spitzen der Felsenberge, ein Gebiet von Savannen und Wäldern, von der Sonnenhitze gespaltenen Wüsten und mit Gras bewachsenen Prärien, von etwa tausend Flüssen bewässert und von tausend kriegerischen Stämmen bewohnt, kam unter das Zepter des Sultans von Versailles, und zwar durch eine schwache menschliche Stimme, die kaum eine halbe englische Meile weit zu hören war."

Der Entwicklung von Handel und Verkehr schien nun nichts mehr im Wege zu stehen. Allein die Ansiedlung längs der Ufer vollzog sich ebenso ruhig, allmählich und langsam wie die Entdekkung und Erforschung. Es vergingen siebzig Jahre nach der Erforschung des Flusses, ehe seine Ufer eine nennenswerte weiße Bevölkerung hatten, und beinahe weitere fünfzig Jahre, bis der Fluß einen Verkehr bekam. Der erste Verkehr des Stromes fand in großen Leichtern und Flachbooten statt, die von den oberen Flüssen nach New Orleans hinabtrieben oder segelten, dort ihre Ladungen austauschten und in mühevoller Weise vermittelst

„Warpanker“ und „Staken“ zurückgebracht wurden. Eine Reise den Fluß hinab und wieder zurück nahm zuweilen neun Monate in Anspruch. Mit der Zeit nahm dieser Verkehr zu, bis derselbe ganzen Scharen rauher, abgehärteter Leute Beschäftigung gab, ungebildeten, aber braven Burschen, welche die fürchterlichsten Strapazen mit seemännischem Gleichmut ertrugen, viel tranken, an rohen Vergnügungen und Faustkämpfen Gefallen fanden, ihr Geld vergeudeten, am Ende der Reise bankrott waren, barbarischen Schmuck liebten und in der fürchterlichsten Weise prahlten; im großen und ganzen aber Leute, die ehrlich, zuverlässig, pflichttreu und oft romantisch großmütig waren.

Nach und nach trat dann das Dampfboot auf. Etwa fünfzehn bis zwanzig Jahre setzten diese Leute ihre Flachbootfahrten stromab noch fort, während die Dampfboote den ganzen Verkehr stromaufwärts besorgten. Die Flachbootbesitzer verkauften ihre Fahrzeuge in New Orleans und kehrten als Deckspassagiere auf den Dampfern in die Heimat zurück.

Nach einer Weile nahmen die Dampfboote so sehr an Zahl und Schnelligkeit zu, daß sie den ganzen Verkehr bewältigen konnten. Nun ging auch die Flachbootfahrt ihrer vollständigen Auflösung entgegen. Die Flachbootleute wurden Deckarbeiter, Steuerleute und Lotsen auf den Dampfern oder suchten, wenn sie auf diesen nicht ankommen konnten, Beschäftigung auf den Pittsburger Kohlenleichtern oder den in den Wäldern am oberen Mississippi gebauten Flößen von Fichtenholz.

In der regsten Zeit der Dampfschiffahrt war der Fluß von einem Ende bis zum anderen mit Kohlenleichtern und Holzflößen bedeckt, die sämtlich von Menschenkraft bewegt wurden und großen Scharen jener vorstehend geschilderten rauhen Charaktere Beschäftigung gaben. Ich erinnere mich wohl noch der mächtigen Flöße, welche während meiner Knabenzeit alljährlich in ganzen Prozessionen bei Hannibal vorbeizugleiten pflegten, jedes von weißen, lieblich nach Harz duftenden Planken, beinahe einen Morgen Fläche einnehmend, bedeckt. Sie hatten meistens eine Mannschaft von zwei Dutzend oder mehr Leuten und trugen auf dem geräumigen Deck drei bis vier Hütten zum Schutz gegen Sturm und Wetter. Die rauhen Manieren der Flößer sind mir ebenfalls noch in guter Erinnerung, da wir oft eine Viertelmeile oder weiter in den Fluß hinauszuschwimmen pflegten, um auf die Flöße zu klettern und eine Strecke mitzufahren.

Knabenjahre am Mississippi

Als ich ein Knabe war, gab es unter meinen Kameraden in unserem Heimatort am westlichen Mississippiufer den beständigen Ehrgeiz, „Dampfbootmann“ zu werden. Sicher hatten wir hin und wieder Neigungen anderer Art, aber dann nur vorübergehender Natur. Erschien ein Zirkus, brannten wir alle darauf, einmal ein Clown zu sein. Die erste Negerminstrel-Gesellschaft*, die in unserer Gegend auftauchte, erweckte die Lust in uns allen, es mit diesem Beruf zu versuchen. Es gab sogar Zeiten, in denen wir ernstlich hofften, Gott würde uns, wenn wir gesund und am Leben blieben, Seeräuber werden lassen. Aber diese Wünsche und Träume zerrannen wieder, wie sie gekommen waren. Nur der Ehrgeiz, Dampfbootmann zu werden, haftete fest in unseren Seelen.

Einmal am Tag kam ein kleines Postboot stromaufwärts von St. Louis, ein anderes talabwärts von Keokuk und legten jedesmal bei unserem Städtchen an. Ehe sich dieses Doppelereignis vollzogen hatte, war alles Leben und Erwartung. Danach war der Tag wieder öde und leer. Noch heute, nach all den Jahren, kann ich mir ein getreues Bild von damals machen: die weißen, im Sonnenschein eines heißen Sommermorgens träumenden Häuser; die Gassen öde oder doch nahezu so. Vor den Läden der Uferstraße schliefen ein oder zwei Gehilfen in ihren an die Wand gelehnten Holzstühlen - das Kinn auf der Brust, den Schlapphut tief ins Gesicht gezogen -, um sie herum eine Menge Holzschnitzel und Späne, die über ihren Zeitvertreib keinen Zweifel ließen. Auf dem Seitenweg spazierte ein Mutterschwein mit ihren Jungen und fraß Abfälle von Wassermelonen. Am Landungsplatz lagen zwei oder drei Haufen Frachtstücke und ein Ballen Häute, in deren Schatten der Trunkenbold des Ortes seinen Morgenrausch verschlief. Am Ende der Landungsbrücke schaukelten ein paar Flachboote auf dem Wasser, doch lauschte niemand dem leisen Getön der anschlagenden Wellen; und endlich der große und majestätische Mississippi mit seiner meilenbreit in der Sonne leuchtenden Flut,

* Negro Minstrels = Sängergesellschaft von Negern.

den dichten Waldungen des entgegengesetzten Gestades und seinen Landzungen oberhalb und unterhalb des Städtchens, wodurch er den Blick begrenzt und wie ein stiller und großartiger See erscheint. Plötzlich steigt ein schwarzes Rauchwölkchen hinter einer jener fernen Landzungen empor, und ein farbiger Lastträger, weit berühmt durch sein scharfes Auge und seine Stentorstimme, stößt den Ruf aus: „D - a - mpf - b - o - o - tk - o - m - m!" Und wie mit einem Zauberschlag ist die Szene verwandelt! Der Ortstrunkenbold reibt sich die Augen, die Ladendiener erwachen, Wagenrasseln und Karrenrollen ertönen, jedes Haus und jeder Laden entsendet einen Beitrag in Menschengestalt zu dem plötzlich das Ufer erfüllenden Leben, und im Handumdrehen ist das ganze Städtchen, eben noch Schlaf und Tod, ganz und gar Leben und Bewegung. Lastwagen, Schubkarren, Packträger, Arbeiter,

Männer und Knaben hasten und eilen von allen Seiten her zum Landungsplatz. Dort angelangt heften sich alle Blicke auf das herandampfende Boot, als wäre es ein Wunder, das sich ihnen zum erstenmal enthüllt. Und es ist auch tatsächlich ein hübscher Anblick - dieses Boot, wie es kraftvoll, sicher und selbstbewußt einherbraust. Es hat zwei hohe, oben verzierte Rauchfänge, zwischen denen ein goldenes Emblem in der Sonne glitzert; das ganz aus Glas und zierlichem Holzwerk bestehende Ruderhaus ragt vom obersten Deck wie ein Zuckerbäckerkunstwerk empor. Die Radkasten tragen die Namen des Bootes inmitten eines goldenen Strahlenkranzes. Die verschiedenen Decks sind von sauberen weißen Geländern eingefaßt; vom Flaggenstock flattert grüßend eine prächtige Flagge. Die Türen des Heizraumes sind weit geöffnet, die Feuer glühen lustig. Die oberen Decks sind voller Passagiere. Oben, neben der großen Glocke, steht der Kapitän - stattlich und ruhig -, die Bewunderung und der Neid aller. Große schwarze Massen chaotischen Rauches quellen aus den Schornsteinen - ein billiges Schauspiel, das von den Heizern dadurch hervorgebracht wurde, daß sie kurz vor der Ankunft an einem Halteplatz ein Stück harziges Pitchpine (amerikanische Pechkiefer) in das Feuer warfen. Die Mannschaft ist auf dem Vorderdeck gruppiert; die Landungsbrücke ragt über die Seite des Boots hervor, und der beneidenswerteste aller Matrosen steht, das Ende eines dicken Taues in der Hand, malerisch und weithin sichtbar auf ihr. Jetzt tönt ein lautes Schrillen aus dem kleinen Dampfrohr, der Kapitän hebt die Hand, eine Glocke läutet, die Räder stoppen, dann schlagen sie rückwärts, das Wasser zu Schaum peitschend, und der Dampfer steht regungslos. Nun entsteht ein Durcheinander, indem die einen an Land, die anderen an Bord drängen und gleichzeitig die Frachtstücke eingeladen und ausgeladen werden. Dazwischen schreit und flucht die Mannschaft, um sich die Arbeit zu erleichtern. Zehn Minuten später, und alles ist vorüber; der Dampfer ist wieder in Fahrt; schon treibt er mitten im Strom dahin, ohne Flagge am Stock und ohne das Schauspiel qualmender Schornsteine. Nach abermals zehn Minuten verschwindet er hinter der entgegengesetzten der beiden Landzungen, und der Ort ist in seine alte Totenstille, der Ortstrunkenbold in seinen Schlummer neben den Häuten zurückgesunken.

Mein Vater war Friedensrichter des Städtchens, und ich glaubte damals, daß er Gewalt über Leben und Tod aller übrigen Menschen besaß und jeden, der ihn ärgerte, hängen lassen konnte. Das war genug, um mein Selbstgefühl zu befriedigen, aber der Wunsch, ein Dampfbootmann zu werden, machte sich trotzdem mit immer wachsender Stärke geltend. Zuerst wünschte ich Kajütsjunge zu werden, damit ich beim Anlegen des Bootes in einer weißen Schürze erscheinen und ein Tafeltuch über das Geländer hinweg ausschütteln konnte, wo mich alle meine früheren Kameraden sehen konnten. Später hielt ich es für begehrenswerter, der Matrose zu sein, der bei Ankunft des Dampfers mit dem Tau in der Hand auf dem Ende des vorgeschobenen Landungssteges steht, weil dieser ganz besonders auffällt. Aber das waren nur Träume -

zu himmlisch, um auch nur fern die Annahme, daß sie je Wahrheit werden könnten, aufkommen zu lassen.

Eines Tages verschwand einer unserer Kameraden in der geheimnisvollsten Weise. Wochen und Monate hörte man nichts von ihm. Endlich sahen wir ihn wieder - sahen ihn wieder als Maschinistengehilfen auf einem Dampfboot! Dieser Vorfall schlug das ganze Gebäude meiner in der Sonntagsschule erworbenen Moral in Trümmer. Jener Knabe war von jeher ein notorisches Weltkind gewesen - während ich gerade das Gegenteil war. Und doch hatte ihn das Schicksal so hoch gehoben - während es mich in Dunkelheit und Jammer schmachten ließ. Er trug sein Glück und seine Größe ziemlich protzig zur Schau. Er wußte es stets so einzurichten, daß er, während sein Boot anlegte, irgend etwas zu putzen hatte, und dann stellte er sich gerade so zu seiner Arbeit, daß wir ihn alle sehen und beneiden konnten. Und jedesmal, wenn sein Boot bis zum nächsten Tag rastete, besuchte er seine Eltern und stolzierte in der Stadt herum in seinen schwärzesten und fettigsten Kleidern, so daß es absolut niemandem entgehen konnte, daß er ein Dampfbootmann war. Zu gleicher Zeit bediente er sich in seiner Ausdrucksweise mit besonderem Fleiß allerlei technischer, auf Dampfschiffen gebräuchlicher Bezeichnungen und Redewendungen, als sei er so daran gewöhnt, daß er an die gewöhnlichen Menschen, die nichts davon verstanden, gar nicht dachte. Er konnte von der „Backbordseite" eines Pferdes in einer so ungezwungenen und natürlichen Weise sprechen, daß er den Gutmütigsten von uns wütend machte. Und dann schwatzte er immer von „Saint Lu–u- y" mit einer Betonung, als wäre er einer der ältesten Bewohner jener wundervollen Stadt, und erzählte vom letzten Feuer, das er hatte löschen helfen. Dann rechnete er uns vor, wievielmal unsere Stadt abbrennen müßte, ehe wir den Ruhm einer solchen Feuersbrunst in Anspruch nehmen dürften. Zwei oder drei von uns hatten sich bisher eines besonderen Ansehens erfreut, weil sie einmal in St. Louis gewesen waren und eine vage Idee von seinen Wundern hatten - aber mit ihrem Glanz war es nun aus und vorbei. Sie verfielen in demütiges Stillschweigen und suchten sich zu drücken, sooft der widerwärtige „Maschinistenaffe" erschien. Und nicht genug damit, der Bursche hatte auch Geld und Haaröl dazu. Selbst eine höchst anmaßliche Silberuhr mit einer ganz unleidlich blitzenden Tombakkette besaß er. Hosenträger verachtete er und trug statt dessen einen ebenso albernen wie auffallenden Lederriemen. Wenn je ein junger Mensch von seinen Kameraden bewundert und gehaßt wurde, so war es dieser. Kein Mädchen konnte ihm widerstehen. Er stach jeden Burschen im Orte aus. Als endlich sein Boot in die Luft flog, erfüllte das unsere Gemüter mit stiller Freude und einer Beruhigung, wie wir sie seit Monaten nicht gekannt hatten. Als er aber eine Woche danach wieder leibhaftig im Städtchen ankam und über und über mit Pflastern und Binden bedeckt am Sonntag in der Kirche erschien, ein strahlender Held, angestarrt und angestaunt von jedermann - da schien es uns denn doch, als habe die Parteilichkeit der Vorsehung für ein unwertes Reptil einen Grad erreicht, daß die übrige Menschheit zur Kritik herausgefordert wurde.

Das Leben und die Laufbahn dieses Geschöpfes konnte nur eine Folge haben, und dieselbe ließ nicht lange auf sich warten. Knabe um Knabe ging auf den Fluß! Der Sohn des Geistlichen wurde Maschinist; die Söhne des Doktors und des Postmeisters erlangten Stellungen als Gepäck- und Frachtschreiber. Der des Spirituosenhändlers brachte es zum Schankwirt auf einem Missouriboot. Die vier Jungen des Kolonialwarenhändlers des Ortes und die zwei des Bezirksrichters endlich wurden Lotsen. Lotse war das Höchste von allem. Selbst in jenen Zeiten der Sparsamkeit und der geringen Bezahlung erhielt ein Lotse ein fürstliches Gehalt: hundertfünfzig bis zweihundertfünfzig Dollar den Monat und alles frei. Zwei Monate seines Einkommens kamen dem Jahresgehalt eines Geistlichen gleich! Man denke sich die Verzweiflung derer von uns, die zurückbleiben mußten, die nicht – wenigstens nicht mit dem Willen ihrer Eltern - auf den Fluß durften!

Und so geschah es denn eines Tages - daß ich durchging! Ich schwor mir, niemals zurückzukehren, außer als Lotse und in vollster Glorie. Aber wie ernst ich es auch meinte - es wollte und sollte mir damit nicht glücken. Ich machte in aller Bescheidenheit meine Aufwartung an Bord verschiedener Dampfer, die, wie Sardinen zusammengeschichtet, längs der Werft von St. Louis lagen, und erkundigte mich demütig nach den Lotsen, wurde aber von den Matrosen und sonstigen Angestellten kurz und kühl abgewiesen. Wohl oder übel mußte ich mir diese Behandlung gefallen lassen und tröstete mich mit den Bildern einer besseren Zukunft, wenn ich ein großer und berühmter Lotse sein würde, mit Geld genug, um einem Heer von diesen Matrosen und Schreibern den Garaus zu machen und den Schaden zahlen zu können.

Drei Monate später - und diese und ähnliche Hoffnungen hatten den Todeskampf in mir gekämpft. Ich erwachte eines Morgens ohne irgendeinen Ehrgeiz, aber ich schämte mich, nach Hause zurückzukehren. Ich befand mich gerade in Cincinnati und entschloß mich, an die Wahl eines neuen Lebensberufes zu gehen. Der Zufall wollte, daß ich kurz vorher von den neuesten Entdekkungen im Gebiet des Amazonenstromes durch eine von unserer Regierung dahin entsandten Forschungsexpedition gelesen hatte. Es war darin gesagt, daß infolge gewisser unüberwindlicher Schwierigkeiten ein Teil des fraglichen Gebiets, der an den Quellen des Stromes etwa viertausend Meilen von seiner Mündung entfernt lag, unerforscht hatte bleiben müssen. Von Cincinnati nach New Orleans waren es nicht ganz fünfzehnhundert Meilen. Ich hoffte bestimmt, dort ein Schiff zu finden, um damit den Rest der acht- bis zehntausend Meilen nach den Quellen des Amazonenstromes zurückzulegen. Ich hatte gerade noch dreißig Dollar übrig - was konnte ich Besseres damit tun, als hingehen und die Erforschung des Amazonenstromgebietes zu vollenden? Weitere Gedanken machte ich mir bei der Sache nicht. Es ist nie meine Stärke gewesen, mich mit Kleinigkeiten und Einzelheiten abzugeben. Ich packte meinen Handkoffer und nahm auf einem der ältesten Dampfer, dem „Paul Jones", Passage nach New Orleans. Für den Betrag von sechzehn Dollar hatte ich den Vorteil, alleiniger Inhaber der verwitterten und abgeschabten Pracht des „Hauptsalons" zu sein, da das Boot jeden Vorzug der Welt besaß, nur den nicht, anspruchsvollere oder weisere Reisende anzuziehen.

Als wir nun den breiten und grünen Ohio hinabkeuchten, wurde ich plötzlich ein neues Wesen und der Gegenstand meiner eigenen Bewunderung. Ich war ein Reisender! Nie schien mir ein Wort in meinem Munde einen so wundervollen Klang gehabt zu haben. Ich hatte ein überströmendes Gefühl, ein schwellendes Bewußtsein in mir, mich auf dem besten Wege nach den geheimnisvollsten Ländern, nach den entlegensten Klimaten zu befinden - ein Gefühl und ein Bewußtsein, wie ich beides seitdem nie wieder gehabt habe. So erhebend und verklärend waren beide, daß alles unedle Fühlen von mir wich und ich es sogar über mich brachte, auf die nichtreisende Welt mit einem Mitleid hinabzublicken, das durch keine Beimischung von Verächtlichkeit entadelt wurde. Dennoch konnte ich es mir nicht versagen, wenn wir an kleinen Städten und sonstigen Uferplätzen anlegten, mich nachlässig über das Geländer des oberen Decks zu lehnen und mich in dem Neid zu sonnen, den ich der am Landungsplatz versammelten Jugend einflößte. Schien es mir, als ob sie mich nicht entdecken wollte, so hustete ich wohl oder schneuzte mich mit möglichster Deutlichkeit, um ihre Aufmerksamkeit zu erregen, oder suchte mir einen Platz aus, wo nichts sie davor retten konnte, mich zu sehen. Und sobald sie mich sahen, begann ich zu gähnen, mich zu dehnen und zu rekeln, mit einem Wort - in allen jenen Kundgebungen zu ergehen, durch die ein Reisender seine Ermüdung und seinen Widerwillen gegen das Reisen erkennen zu geben pflegt.

Gleichzeitig hatte ich es mir zur Regel gemacht, ohne Kopfbedeckung zu gehen und mich möglichst an Plätzen aufzustellen, wo Sonne, Wind und Wetter uneingeschränkte Verfügung über mein Gesicht hatten – alles nur, um das Ansehen eines echten, bronzierten, verwitterten Reisenden zu bekommen. Und in der Tat, ehe der zweite Tag vorüber war, empfand ich eine Genugtuung, die mich ganz und gar mit Seligkeit erfüllte, denn ich bemerkte, daß meine Haut am Hals und im Gesicht sich abzuschälen begann. Ich wollte nur, die Knaben und Mädchen in meiner Heimat hätten mich jetzt sehen können.

Wir kamen rechtzeitig nach Louisville - oder doch wenigstens in die Nähe, gerieten aber auf die mitten im Fluß befindlichen Felsen und blieben hier so fest sitzen, daß wir erst nach vier Tagen weiterkamen. Was mich anbelangt, so erweckten die gemeinsam überstandenen Schwierigkeiten und Gefahren ein ebenso unwillkürliches wie starkes Gefühl der Zugehörigkeit zu dem Fahrzeug und der auf ihm heimischen Personen in mir. Ich kam mir wie eine Art Sohn des Kapitäns oder ein jüngerer Bruder der Offiziere vor, und vergebens würde ich mich bemühen, dem Stolz Worte zu leihen, der dieser eingebildeten Würde wegen mein Herz höher schlagen ließ, oder die Hingebung zu schildern, die mich an diese Menschen kettete. Allerdings wußte ich damals noch nicht, welche geringe Wertschätzung der flußbeherrschende Dampfbootmann für derartige Empfindungen einer anmaßenden Landratte zu hegen pflegt. Nur zu bald sollte ich es erfahren.

Vor allen Dingen war es der riesige Erste Steuermann, von dem ich ums Leben gern irgendein geringes Zeichen der Beachtung erhalten hätte. Mit ängstlicher Aufmerksamkeit lauerte ich auf die Gelegenheit, durch eine kleine Gefälligkeit oder einen Dienst mir diese Gunst des Schicksals zu gewinnen. Endlich bot sie sich dar. Unter dem bei dergleichen Anlässen üblichen Spektakel wurde eine neue Spiere (Ladebaum) auf dem Vorderdeck angebracht. Ich stand in bescheidener Zurückhaltung in der Nähe und sah zu, als plötzlich der Steuermann nach einer Handspake rief. „Sagen Sie nur, wo sie ist, und ich hole sie." Wenn ein Lumpensammler der New Yorker Waterstreet sich plötzlich dem Kaiser von Rußland zu einer diplomatischen Sendung zur Verfügung stellen würde, so könnte dieser in kein größeres Erstaunen versetzt werden als mein riesiger Steuermann durch mein kleines Anerbieten, ihm die Handspake zu holen. Sogar sein Fluch blieb ihm in der Kehle stecken. Er stand

regungslos und starrte zu mir nieder. Mindestens zehn Sekunden kostete es ihn, bis er seine gebannten Geister wieder gesammelt hatte. Dann stieß er mit einem mir unvergeßlichen Ausdruck die Worte hervor: „Well, wenn das nicht über den Teufel geht - ", und machte sich wieder an die Arbeit mit der Miene eines Mannes, dem eben etwas ganz Besonderes in die Quere gekommen war.

Ich schlich mich hinweg und vergrub mich für den Rest des Tages in die Einsamkeit meiner Koje. Ich ging nicht zum Mittagessen, und selbst am Abendtisch erschien ich erst, als alle übrigen längst fertig waren. Mein Zugehörigkeitsgefühl zu der Schiffsfamilie war jetzt lange nicht mehr so stark wie vordem. Erst allmählich kehrten mein Mut und mein Selbstvertrauen wieder zurück. Es tat mir leid, daß ich gegen den Steuermann mit so bitterem Haß erfüllt war, denn man konnte ihn nur bewundern. Er war sechs Fuß hoch und hatte die Kraft eines Stieres. Sein Gesicht war ganz und gar bärtig. Auf seinem rechten Arm trug er eine rote und eine blaue Frau tätowiert, jede mit einem blauen, an einem roten Seil hängenden Anker zur Seite. Vollendet beherrschte er das Fluchen. Wenn unter seiner Aufsicht Ladung gelöscht oder eingenommen wurde, stellte ich mich immer so, daß ich alles hören und sehen konnte. Er fühlte die ganze Größe seiner Stellung und versäumte auch keine Gelegenheit, sie der Welt zu zeigen. Selbst den einfachsten Befehl erteilte er, als gelte es, einen plötzlichen Blitz zu schleudern und mit einem lange anhaltenden Donner von Verwünschungen zu begleiten. Man konnte nicht umhin, die Art und Weise, in der eine gewöhnliche Landratte einen Befehl erteilen würde, mit der Großartigkeit, mit der dieser Steuermann es tat, zu vergleichen. Eine Landratte, die den Landungssteg um einen oder zwei Fuß weiter vorangeschoben haben wollte, würde sich etwa wie folgt ausgedrückt haben: „James oder William - sei einer von euch so gut, das Brett da vorzuschieben!" Mein Steuermann dagegen ließ aus derselben Veranlassung den folgenden Wortkatarakt los: „Hier, Jungens, das Gangbrett voran! Verdammt noch mal, vorwärts - sag' ich. Was sagt er? Haut ihn auf den Schnabel! Hierher - hier! So, Jungens, noch ein Stück - noch eins! Verwünscht, Herr, wollen Sie auf dem Brett einschlafen – oder darauf wohnen bleiben? Weiter nach hinten, sag' ich. Genug so! Oder soll es gleich hinten über Bord, he? Wohin geht ihr mit dem verdammten Faß? Wenn ihr nicht gleich macht, daß ihr mir damit aus den Augen kommt, laß ich's euch gleich verschlucken, oder ich will des Teufels sein, ihr verdammtes Zwitterding von einer Schildkröte und einem lahmen Esel!"

Und da sollte man dabeistehen und nicht von dem Wunsch verzehrt werden, ebenso sprechen zu können?

Als sich meine Beschämung und mein Kummer über das Abenteuer mit dem Steuermann etwas gelegt hatten, richteten sich meine Blicke auf den letzten und bescheidensten Angestellten des Bootes, den Decknachtwächter, und ich beschloß, wenigstens mit diesem ein persönliches Verhältnis zu erlangen. Zuerst wies er meine Annäherungsversuche in der unfreundlichsten Art zurück, als ich ihm jedoch eine neue Tonpfeife schenkte, wurde er weicher. Erst erlaubte er mir, mit ihm auf dem Sturmdeck bei der großen Glocke zu sitzen, dann schmolz seine Zurückhaltung in zusammenhanglos hingeworfene Worte, und endlich schlossen sich diese zu einer vollständigen Unterhaltung zusammen. Es blieb ihm wohl nichts anderes übrig. Ich hing mit solcher Hingebung an seinen Lippen und machte aus meinen Empfindungen so wenig ein Hehl, daß ihm nicht entgehen konnte, wie sehr mich seine Herablassung beglückte und erhob. Er nannte mir die Namen von dämmernden Ufervorsprüngen und dunklen Flußinseln, als wir in der feierlichen Nacht unter dem friedlichen Blinken der Sterne daran vorüberglitten, und schließlich kam er auch auf sich selbst zu sprechen. Für einen Menschen, dessen wöchentliches Gehalt sechs Dollar betrug, war er vielleicht ein wenig zu gefühlvoll, oder richtiger gesagt, er hätte einer älteren und erfahreneren Person als mir leicht so erscheinen können. Aber ich trank seine Worte förmlich in mich hinein und nahm sie mit einer Gläubigkeit auf, die Berge hätte versetzen müssen – wären sie dazu verwendet worden. Was scherte es mich, daß er schäbig aussah und schmierig war und auf weite Entfernung nach Genever duftete? Was scherte es mich, daß seine Grammatik schlecht, seine Aussprache noch schlechter war und daß die Art seines unerläßlichen Fluchens so sehr jedes künstlerischen Hauchs entbehrte, daß es seine Unterhaltung, anstatt ihr einen höheren Reiz zu verleihen, vielmehr beeinträchtigte? Er war ein Mann, dem übel mitgespielt worden war, der stürmische Zeiten gesehen und viel gelitten hatte. Das war für mich entscheidend. Als es mir gelang, die Schale seines Stolzes so zu durchdringen, daß er mir seine traurige Geschichte erzählte, fielen ihm Tränen von den

Wimpern auf die Laterne in seinem Schoß, und ich schluchzte vor Mitgefühl laut auf. Er teilte mir mit, daß er der Sohn eines englischen Edelmanns sei - er wußte nicht recht, ob eines Grafen oder eines Ratsherren, meinte aber, wahrscheinlich von beiden. Sein Vater liebte ihn zärtlich, aber seine Mutter haßte ihn von der Wiege an. Noch als kleiner Knabe wurde er nach einem von den „alten, uralten Colleges geschickt" – er erinnerte sich aber nicht mehr recht an dessen Namen. Dann starb plötzlich sein Vater; die Mutter riß das ganze Vermögen an sich und setzte ihn „vor die Tür". In dieser Lage boten verschiedene Mitglieder der englischen Aristokratie, mit denen er aufgezogen worden war, ihren ganzen Einfluß auf, um eine Volontär-Schiffsjungenstelle auf einem Westindienfahrer zu besorgen. Und so war er aufs Wasser gekommen. Einmal bei diesem Punkt in seiner Lebensgeschichte angelangt, verlor mein Nachtwächter jeden Faden, und die Fortsetzung seiner Erzählung war nur noch ein einziges Chaos von Daten, Örtlichkeiten, Namen und unglaublichen Abenteuern, eine epische Sintflut voller Schrecknisse und um Haaresbreite abgewendeter Lebensgefahren, so strotzend von bewußter und unbewußter menschlicher Schlechtigkeit und so triefend von Blut und Tränen, daß ich sprachlos lauschte, bewunderte, staunte und ihn verehrte.

Es war kein kleiner Schmerz für mich, als ich später dahinterkam, daß er ein gemeiner, unwissender, sentimentaler, halbverrückter Schwindler war, ein nie in der Welt gewesener Eingeborener der Wildnis von Illinois, der eine Unmenge von Kolportageromanen verschlungen und ihre Ungeheuerlichkeiten in sich aufgenommen hatte, bis er sich am Ende aus den verschiedensten Fäden seine eigene wirre Geschichte zusammenspann, die er unerfahrenem, flüggem Publikum wie mir erzählte, bis er schließlich selbst daran glaubte.

Ich gehe in die Lehre

Die vier Tage, die wir auf dem Felsen bei Louisville festlagen und einen oder den anderen sonstigen Aufenthalt mit eingerechnet, verscherzte der arme alte „Paul Jones“ mit der Fahrt von Cincinnati nach New Orleans volle zwei Wochen. Das gab mir endlich eine Gelegenheit, mit einem der Steuermänner bekannt zu werden, der sich sogar herabließ, mich die Handgriffe seines Rades und die Bewegungen seines Bootes zu lehren, und dadurch den Zauber, den das Flußleben auf mich ausübte, zu einem gewaltigeren als je zuvor machte.

Auch gab es mir Gelegenheit, die Bekanntschaft eines Jünglings zu machen, der im Zwischendeck fuhr und dadurch meine Anteilnahme erregte. Er borgte von mir mit Leichtigkeit sechs Dollar, mit dem Versprechen, am Tag nach unserer Landung auf das Boot zurückzukehren und das Geld zurückzuzahlen. Indessen - er muß gestorben sein oder die Sache vergessen haben, denn er kam nicht.

In New Orleans entdeckte ich sehr bald zwei Dinge: Erstens, daß es nicht sehr wahrscheinlich war, daß ein Schiff vor zehn bis zwölf Jahre von dort nach der Mündung des Amazonas segeln werde. Und zweitens, daß selbst, wenn ich so lange warten könnte, die neun oder zehn Dollar in meiner Tasche zur Ausführung eines so großartigen Unternehmens, wie ich es im Kopf hatte, nicht ausreichen würden. Daraus ergab sich die Notwendigkeit für mich, auf eine neue Karriere zu sinnen. Ich unternahm eine regelrechte Belagerung meines Lotsen und hatte den Triumph, ihn nach drei Tagen kapitulieren zu sehen. Er verpflichtete sich, mich für eine von den ersten Verdiensten meiner künftigen Lotsenstellung zu bezahlende Summe von fünfhundert Dollar den „Mississippi von New Orleans bis St. Louis hinauf zu lehren“, und ich stürzte mich in das geringfügige Wagnis, das darin bestand, zwölf- bis dreizehnhundert Meilen des großen Mississippistromes zu „lernen“ mit der ganzen Selbstvertrauensseligkeit meiner Jahre. Hätte ich allen Ernstes eine Vorstellung von dem gehabt, was ich meinen Fähigkeiten zuzumuten im Begriffe stand, ich würde sicherlich den Mut nicht gefunden haben, es auch nur anzufangen. Ich nahm einfach an, daß ein Lotse nichts weiter zu tun habe, als sein Boot im Strom zu halten, und da derselbe so breit war, hatte ich keine Ahnung davon, welches Kunststück das war.

Wir legten um vier Uhr nachmittags in New Orleans ab, und bis acht Uhr war „unsere Wache". Herr Bixby, mein Chef, richtete das Boot, steuerte es haarscharf längs den Achterenden der übrigen, am Kai liegenden Dampfer hin und sagte dann zu mir: „Da, nimm das Ruder und halte so dicht an den anderen Booten vorbei, als gelte es, einen Apfel zu schälen." Ich ergriff das Rad, aber das Herz schlug mir bis zum Hals hinauf. Es schien mir ein Ding der Unmöglichkeit, an den Schiffen so dicht vorbeizukommen, ohne einem jeden die Seitenwand einzudrücken. Ich hielt den Atem an und begann sofort aus dem Verderben herauszusteuern. Ich hütete mich wohlweislich, es auszusprechen, hatte aber doch meine eigene Ansicht von einem Lotsen, der nichts Besseres zu tun wußte, als uns in eine solche Gefahr zu stürzen. In einer halben Minute hatte ich einen breiten Streifen rettenden Wassers zwischen der „Paul Jones" und die Schiffe am Ufer gebracht – und nach Verlauf weiterer zehn Sekunden wurde ich mit Schimpf und Schande beiseite geschleudert. Herr Bixby aber steuerte unter einer Sturzflut von Schmähungen, die er über mich ausströmte, aufs neue in das Unheil zurück. Ich war aufs tödlichste verletzt, ohne jedoch mich gleichzeitig der höchsten Bewunderung enthalten zu können, wie Herr Bixby am Ruder hin und her tanzte und mit uns so dicht an den anderen Booten vorbeischoß, daß das

Verderben jeden Augenblick unvermeidlich schien. Nachdem er sich ein wenig abgekühlt hatte, erklärte er mir, daß das ruhige Fahrwasser sich längs des Ufers, die Strömung hingegen weiter draußen befände, und daß wir aus diesem Grunde stromaufwärts am Ufer hinhalten müßten, um uns ersteres zunutze zu machen, stromabwärts aber ihm fernzubleiben hätten, um die Vorteile der letzteren für uns zu haben. Sofort beschloß ich bei mir, mich damit zu begnügen, ein Stromablotse zu werden und das Stromaufhandwerk solchen über die gewöhnliche Menschenweisheit hinaus gescheiten Leuten, wie Herrn Bixby, zu überlassen.

Hier und da lenkte Herr Bixby meine Aufmerksamkeit auf gewisse Dinge. Er sagte: „Das ist die Sechsmeilenspitze!" Ich stimmte ihm zu. Es war ganz hübsch, in dieser Weise belehrt zu werden, aber ich sah nicht ein, was dabei herauskommen sollte. Weiterhin hieß es: „Das ist die Neunmeilenspitze!" Noch weiterhin: „Und das ist die Zwölfmeilenspitze!" Ich hatte wirklich keine Ahnung, daß diese Landvorsprünge irgendwie Gegenstände des Interesses für mich seien. Sie lagen fast alle in derselben Höhe mit dem Wasserspiegel, und einer sah aus wie der andere. Zudem waren sie von unmalerischster Eintönigkeit. Ich hoffte ernstlich, Herr Bixby würde nun bald ein anderes Gesprächsthema aufgreifen. Aber nein. Er steuerte, ganz hart ans Ufer haltend, um eine dieser Landspitzen herum und sagte: „Hier hört das tote Wasser auf, gerade oberhalb jener Gruppe von Chinabäumen. Jetzt gehen wir querüber."

Zwei- oder dreimal übergab er mir auch wieder das Rad. Aber ich hatte kein Glück. Bald kam ich nahe daran, auf ein ins Wasser hineinreichendes Zuckerfeld aufzufahren, bald hielt ich zu weit vom Ufer ab. Und so fiel ich immer wieder in Ungnade und hatte für ein paar Minuten die bekannte Sturzflut von Scheltworten aufs neue über mich ergehen zu lassen.

Endlich war die erste Wache beendet. Wir nahmen unser Abendbrot und gingen zur Ruhe. Um Mitternacht fiel mir plötzlich der grelle Schein einer Laterne ins Gesicht, und der Nachtwächter des Boots rief:

„Auf – hinaus an Deck!"

Damit verschwand er. Ich war außerstande, mir dieses seltsame Vorgehen zu erklären. Da ich aber vorderhand keine Neigung verspürte, weiter darüber nachzudenken, wandte ich mich um und begann weiterzuschlafen. Aber schon war auch der Nachtwächter wieder da, und zwar war er diesmal grob. Mich verdroß das, und ich sagte:

„Wer heißt Euch hier mitten in der Nacht herumstöbern und andere stören? Es ist ja gerade, als sollte ich heute nicht mehr zum Einschlafen kommen!"

Der Mann sagte:

„Na, das ist heiter – das muß ich sagen."

In diesem Augenblick kam die abgelöste Wachmannschaft herein, und ich hörte, wie sie unter rohem Gelächter verschiedene Bemerkungen machten, wie die folgenden: „Hallo, Wächter, ist das neue ‚Steuermännchen' noch nicht heraus? Ein zarter Junge, nicht? Gebt ihm ein Stück Zucker in einem Sauglappen und ruft das Stubenmädchen, um ihn einzusingen."

In diesem Augenblick erschien Herr Bixby auf der Szene. Eine Minute später aber klimmte ich bereits die steilen Stufen zum Ruderhaus empor, die eine Hälfte meiner Kleider auf dem Leibe, die andere über dem Arm. Herr Bixby folgte mir auf den Fersen und machte seine Glossen. Das war wirklich neu für mich – so mitten in der Nacht heraus und an die Arbeit zu müssen. Es war das eine jener Eigentümlichkeiten im Lotsenleben, an die ich noch nie gedacht hatte. Ich wußte wohl, daß die Boote die ganze Nacht hindurch fuhren, aber es war mir nie eingefallen, daß ein menschliches Wesen dem warmen Bett entrissen werden müßte, um sie zu steuern. Eine trübe Ahnung überkam mich, daß der Steuermannsberuf doch nicht ganz so romantisch war, wie ich geträumt hatte; wenigstens war in der neuesten Phase, die sich mir da eben enthüllte, wenig von der Romantik der Flußschiffahrt zu spüren.

Es war eine äußerst dunkle Nacht, obwohl eine beträchtliche Anzahl Sterne am Himmel stand. Der zweite Steuermann war gerade am Ruder. Er hielt auf einen bestimmten Stern zu, und das Boot schoß mitten im Strom dahin. Obwohl keines der Ufer weiter als eine Meile von uns entfernt war, schienen doch beide in entlegene Ferne entrückt, ganz unbestimmt, kaum erkennbar. Der zweite Steuermann sagte zu Bixby:

„Wir müssen an Jones' Plantage anlegen, Herr."

Sofort regte sich triumphierend auch der Geist der Verneinung in mir. Ich sagte still zu mir: „Viel Glück zu diesem Unternehmen, Herr Bixby, Sie werden einige Zeit brauchen, um Jones' Plantage in einer so dunklen Nacht zu finden. Und ich hoffe, Sie werden sie überhaupt nicht finden, wenigstens in diesem Leben nicht!"

In diesem Augenblick fragte Herr Bixby den zweiten Steuermann, den er eben ablöste:

„Am unteren oder oberen Ende der Plantage?"

„Am oberen."

„Wird unmöglich sein. Es sind Baumstümpfe dort, die, wie der Fluß eben steht, außerhalb des Wassers sind. Er muß zufrieden sein, wenn wir am unteren Ende halten."

„Jawohl. Wenn es Jones nicht paßt, soll er sehen, wie er zurechtkommt."

Und der zweite Steuermann ging. Meine Schadenfreude verrauchte, und statt ihrer hegte ich wieder große Bewunderung. Da stand ein Mann vor mir, der es nicht nur verstand, eine bestimmte Plantage in einer Nacht wie dieser aufzusuchen, sondern auch das obere oder untere Ende zu bestimmen. Es juckte mich förmlich, eine Frage zu stellen, aber da ich bereits genug kurze Antworten eingeheimst hatte, um meine Schlafkabine damit vollzustauen, schwieg ich lieber. Die Frage, welche ich so gerne an Herrn Bixby gerichtet hätte, war einfach die: ob er wirklich so närrisch sei, sich allen Ernstes einzubilden, diese Plantage in einer Nacht, in der eine Plantage wie die andere aussieht, ausfindig zu machen? Aber wie gesagt, ich schwieg, wie ich denn überhaupt in jenen Tagen in bezug auf das, was klug war, einen trefflichen Instinkt entwickelte.

Herr Bixby steuerte gegen das Ufer und strich an demselben hin, als wäre es helles Tageslicht. Und dazu sang er ganz ruhig:

„Vater im Himmel, der Tag geht zur Rüste!"

Es blieb mir kein Zweifel, ich hatte mein Leben in die Hände eines wahren Ausbunds von Gewissenlosigkeit gelegt. Als mir dies klarzuwerden begann, wandte er sich nach mir um und fragte:

„Wie heißt die erste Landspitze oberhalb New Orleans?"

Erfreulicherweise konnte ich die Frage ohne Besinnen beantworten, und ich tat es. Ich sagte, ich wüßte es nicht.

„Weißt es nicht?"

Die Art, in der dieses „nicht" betont wurde, empörte mich. Aber wie schnell ich meine Fassung auch wiedergewann - ich wußte doch nichts anderes zu sagen, als ich zuvor gesagt hatte.

„Schön so - du bist mir der Rechte!" entgegnete Herr Bixby. „Wie heißt denn die nächste Spitze?"

Wieder wußte ich es nicht.

„Das geht denn doch über alles und jedes. So sage mir den Namen von irgendeinem der Punkte, die ich dir nannte."

Ich sann eine Weile nach und war endlich in der Lage, zu versichern, daß ich keinen einzigen wüßte.

„Gib acht - wo gingen wir oberhalb der Zwölfmeilenspitze quer über den Fluß?"

„Ich - ich - weiß es nicht."

„Du - du - weißt es nicht?" spottete Herr Bixby mir nach. „Was weißt du denn?"

„Ich - nichts - mit Bestimmtheit."

„Beim Geist des großen Propheten, ich glaube dir. Du bist der ärgste Strohkopf, der mir je vorgekommen ist oder wovon ich je gehört habe. Die Idee, aus dir einen Lotsen zu machen - aus dir! Du hast ja nicht Grütze genug, eine alte Kuh eine Straße hinunterzusteuern."

Und immer höher schlug sein Unwille empor. Er war ein nervöser Mann, sprang von einer Seite des Ruders auf die andere, als ob der Fußboden glühend sei, kochte eine Weile für sich allein, um gleich darauf wieder überzulaufen und mich mit seinem Grimm zu verbrühen.

„Gib acht - warum, glaubst du, daß ich dir die Namen von den Spitzen und Punkten da eigentlich genannt habe?"

Ich dachte zitternd einen Moment nach, dann ließ ich mich vom Teufel der Versuchung packen und sagte:

„Nun, zur - zur Unterhaltung, dachte ich."

Das war denn freilich ein rotes Tuch für meinen Stier. Er raste und tobte derartig - wir kreuzten gerade den Fluß -, daß es ihn ganz blind machte, denn er rannte mit dem Boot über das Steuerruder eines stromabwärts gehenden Getreidekahnes hinweg. Natürlich schickte die Bemannung des Kahns einen Hagel heißer Flüche zu uns herüber. Herrn Bixby war das gerade recht; denn voll von Gift und Galle, war er froh, Menschenkinder zu finden, die ihm Rede und Antwort standen. Er riß ein Fenster des Ruderhauses auf und streckte den Kopf hinaus. Und dann erfolgte ein solcher Ausbruch, wie ich ihn nie vorher erlebt hatte. Je weiter sich die beiden Fahrzeuge voneinander entfernten, um so höher wurde Herrn Bixbys Stimme, um so wuchtiger fielen die Beinamen, mit denen er die Enteilenden belegte. Als er endlich das Fenster schloß, war sein Vorrat vollkommen erschöpft. Wenn man ihn nun durch ein Haarsieb hätte sieben können, würde man nicht so viel lästerliche Reden gefunden haben, um eine fromme Frau damit zu erschrecken. Und so kam es denn, daß seine Rede durchaus menschlich und liebreich klang, als er sich plötzlich mit den Worten zu mir wandte:

„Mein Junge, du mußt dir ein kleines Notizbuch anlegen und darin alles, was ich dir erkläre, sogleich aufzeichnen. Es gibt nur ein Mittel, ein guter Steuermann zu werden, und das ist: den ganzen Strom auswendig zu lernen. Du mußt ihn ebenso genau kennen wie dein Abc."

Das war denn eine nicht wenig unheimliche Eröffnung für mich! Mein Gedächtnis war nie mit etwas anderem geladen gewesen als mit leeren Patronen. Trotzdem hielt meine Entmutigung nicht lange an - ich war so sehr überzeugt, daß Herr Bixby in der zwanglosesten Weise übertrieb, daß mir die Überzeugung unwillkürlich Nachsicht mit ihm auferlegte. Auf einmal zog er am Strick der großen Glocke und läutete einige Male. Die Sterne waren verschwunden, und die Nacht war schwarz wie Tinte. Ich konnte deutlich hören, wie die Schaufelräder am Land hinstrichen, war jedoch keineswegs sicher, ob ich das Ufer sah. Die Stimme des unsichtbaren Wächters auf dem Oberdeck rief:

„Was ist dies, Herr?"

„Jones' Plantage!"

Ich bedauerte innerlich auf das tiefste, nicht eine Wette anbieten zu können, daß dies nicht Jones' Plantage sei. Aber ich muckste mich nicht. Ich wartete einfach ab. Herr Bixby zog die zum Maschinenraum führende Glockenleitung, und im nächsten Moment stieß der Bug des Schiffes an das Land. Eine Fackel leuchtete auf dem Vorderdeck auf, ein Mann sprang auf das Ufer hinüber, die Stimme eines Negers klang ihm dort entgegen: „Geben Sie mir die Reisetasche, Massa Jones", und in der nächsten Minute befanden wir uns feierlich und stattlich wieder mitten im offenen Fahrwasser. Eine Weile dachte ich ernstlich nach, dann sagte ich, natürlich nicht laut: „Wenn es je einen glücklichen Zufall gegeben hat, so war es dieses Auffinden von Jones' Plantage. Hundert Jahre mögen vergehen, ehe sich wieder so etwas ereignet!" Und nicht genug, daß ich dies bei mir selbst sagte – ich war förmlich durchdrungen davon, daß es nur ein Zufall gewesen war.

Nach und nach waren wir sieben- bis achthundert Meilen den Fluß hinaufgekommen. Allem zum Trotz hatte ich es allmählich doch gelernt, ein erträglicher Tages-Steuermann zu sein, und ehe wir St. Louis erreichten, sogar in der Nachtarbeit einige Fortschritte gemacht. Ich besaß ein Notizbuch, das in der gediegensten Weise von allerlei Namen von Städten, Landspitzen, Punkten, Sandbänken, Inseln, Buchten und Krümmungen starrte. Aber diese wichtigen Informationen waren alle nur in dem Notizbuch zu finden - in meinem Kopf hätte man vergebens danach gesucht. Auch machte es mir nicht geringen Kummer, nur die Hälfte des Flusses in meinem Buch zu wissen, denn da unsere Wache jedesmal nur vier Stunden währte, denen eine ebenso lange Pause folgte, so gähnte mir in meinen Aufzeichnungen eine ununterbrochene Kette von Vierstundenlücken entgegen, die ich von Reisebeginn an verschlafen hatte.

In St. Louis übernahm mein Chef die Lotsenstelle auf einem der größten New-Orleans-Dampfer. Ich packte meine kleine Handtasche und folgte ihm. Das neue Boot war die Pracht selbst. Als ich zuerst in dem Ruderhäuschen stand, befand ich mich so hoch über dem Wasserspiegel, daß ich mich auf die Spitze eines Berges versetzt wähnte, und die Decks dehnten sich unter mir so weit nach allen Richtungen hin, daß ich es gar nicht mehr begreifen konnte, wie ich an der alten „Paul Jones" jemals Gefallen zu finden vermochte. Alles war anders. Das Steuerhäuschen der „Paul Jones" war eine armselige, lumpige Rattenfalle, in der man die Ellenbogen nicht regen konnte. Hier hatten wir einen schimmernden Glastempel, geräumig genug, um darin zu tanzen, mit rotgemalten und vergoldeten Fensterrahmen, einem üppigen Sofa, ledernen Polstern und einem gastfreundlichen Ofen für den Winter. Das sah denn doch nach etwas aus - und aufs neue wuchs in mir der Mut, den Lotsenberuf allen bisherigen Erfahrungen zum Trotz für etwas Romantisches zu halten. Und wir hatten nicht bloß eine Handvoll Mannschaft, sondern ein ganzes Bataillon Matrosen, Heizer, Deckarbeiter und sonstiger Angestellten. Die Feuer strahlten rotglühend aus einer langen Reihe von Heizflächen her, und über ihnen erhoben sich acht mächtige Kessel. Es war eine unsägliche Großartigkeit. Die riesigen Maschinen – doch genug. Ich hatte mich nie vorher so gehoben gefühlt. Und als ich schließlich gar noch die Entdeckung machte, daß die sauber gekleidete Schiffsdienerschaft mich in respektvoller Weise per „Sir" behandelte, da fühlte ich mich auf dem Gipfel aller Genugtuung!

Ich vollende meine Lehrzeit

Als ich von meiner Umschau auf dem Dampfer nach dem Ruderhaus zurückkehrte, hatten wir St. Louis bereits aus den Augen verloren. Aber ich, ich selber war auch verloren. Da hatten wir gerade eines jener Stücke vom Fluß, die auf das genaueste in meinem Buch standen, und doch konnte ich weder Kopf noch Schwanz daraus machen. Es ist leicht einzusehen, warum – es war jetzt die umgekehrte Geschichte. Ich hatte alles gesehen und aufgeschrieben, als wir den Fluß hinaufgekommen waren, aber ich hatte nie versucht, mir einzuprägen, wie es stromabwärts aussehen möchte. Mein Herz brach aufs neue. Es war klar – ich hatte diesen entsetzlichen Fluß zweimal zu lernen!

Das Steuerhaus war voller Lotsen, die abwärts fuhren, um „einen Blick auf den Fluß zu werfen". Der sogenannte „obere Strom" (die zweihundert englischen Meilen zwischen St. Louis und Kairo, wo der Ohio einmündet) hatte einen niedrigen Stand, und der Mississippi ändert sein Fahrwasser so beständig, daß die Lotsen, wenn ihre Boote eine Woche im Hafen liegen mußten, es stets für nötig hielten, nach Kairo hinabzufahren, um sich den Strom aufs neue anzusehen – das aber nur, wenn der Wasserstand niedrig war. Unter diesen Lotsen, die sich den Fluß „besahen", war stets eine Anzahl armer Teufel, die selten eine Stelle besaßen und deren einzige Hoffnung, eine zu bekommen, darin bestand, daß sie stets auf dem laufenden und jederzeit zur Aushilfe bereit waren, um an die Stelle eines Steuermanns zu treten, der durch plötzliche Krankheit oder sonstige dringende Umstände verhindert wurde. Außerdem fuhren manche fortwährend auf und ab und „sahen sich den Strom an" – nicht weil sie wirklich hofften, einmal eine Stelle auf einem Dampfer zu bekommen, sondern weil es ihnen als Gäste des Dampfboots billiger war, „den Strom anzusehen", denn an Land zu bleiben und Logis und Kostgeld zu bezahlen. Diese Leute wurden nach und nach wählerisch und suchten nur Dampfer heim, deren Küche und Tafel in gutem Ruf standen. Die als Gäste an Bord befindlichen Lotsen machten sich übrigens sehr nützlich und waren im Sommer und im Winter, bei Tag und bei Nacht gern bereit, mit der Jolle hinauszufahren und beim Auslegen der Bojen zu helfen oder den Steuerleuten des Dampfers jeden sonstigen Beistand zu leisten. Sie waren auch sonst willkommen, weil die Lotsen, wenn eine Anzahl von ihnen zusammentrifft, unermüdlich im Plaudern sind; und da sie nur vom Mississippi reden, verstehen sie sich stets und sind immer interessant. Für den echten Lotsen hat nichts in der Welt Interesse als nur der Strom, und er ist auf seine Beschäftigung stolzer als ein König.

Wir hatten diesmal eine hübsche Gesellschaft solcher Flußinspektoren - acht oder zehn, die alle Raum in Fülle in unserem großen Steuerhaus hatten. Zwei oder drei von ihnen trugen glänzende Seidenhüte, kunstvolle Hemdeneinsätze, Diamantbusennadeln, Glacéhandschuhe und Lackstiefel. Sie sprachen ein gewähltes Englisch und benahmen sich mit solcher Würde, wie es sich für Männer von soliden Mitteln und ausgezeichnetem Ruf geziemt. Die anderen waren mehr oder wenig nachlässig gekleidet und trugen hohe Filzhüte, die an die Zeit der Puritaner erinnerten.

Ich erschien mir wie eine Null in dieser erlauchten Gesellschaft und war ganz niedergedrückt, um nicht zu sagen betäubt. Ich war sogar am Ruder überflüssig, wenn es nötig wurde, das Rad rasch nach der einen oder anderen Seite hinüberzudrehen; wer von den

Gästen am nächsten stand, legte Hand an, wenn es erforderlich war - und das war wegen der Krümmung und der Seichtheit des Fahrwassers fast immer der Fall. Ich stand in der Ecke und hörte dem Gespräch aufmerksam zu, das mir alle und jegliche Hoffnung nahm. Einer unserer Gäste sagte zu einem anderen:

„Jim, wie hast du Plum Point stromaufkommend passiert?"

„Es war Nacht, und ich steuerte, wie mir's einer der Jungens von der ‚Diana' gesagt hatte; lief etwa fünfzig Schritt oberhalb des Holzhaufens von der ‚falschen Landspitze' ab und hielt dann auf die Hütte unterhalb Plum Point zu, bis ich das Riff erreichte - ein und dreiviertel Faden -, steuerte darauf direkt nach der mittleren Barre, bis ich reichlich querab von dem einastigen Baumwollbaum in der Biegung war, richtete dann das Heck auf diesen Baum, den Bug auf die flache Stelle oberhalb der Landspitze und lief mit voller Fahrt hindurch - neun und einen halben Fuß."

„Ganz nette Kreuzung, he?"

„Ja, aber die obere Barre arbeitet sich rasch abwärts."

Nun nahm ein anderer Lotse das Wort und sagte:

„Ich hatte besseres Wasser und kreuzte weiter unten; ging von der ‚falschen Landspitze' aus - zwei Faden -, erreichte das zweite Riff querab von dem großen gesunkenen Baumstamm in der Biegung, eindreiviertel Faden."

Einer der vornehmen Lotsen bemerkte:

„Ich will euren Lotwerfern keinen Vorwurf machen, aber das ist, wie mir scheint, reichlich viel Wasser für Plum Point."

Ein billigendes Kopfnicken rundherum zollte dieser ruhigen, aber gründlichen Abfertigung Beifall. Was mir mittlerweile durch den Sinn fuhr, war etwa: Wenn meine Ohren recht hören, muß ich nicht nur die Namen aller der Städte, Inseln und Krümmungen auswendig lernen, sondern sogar die persönliche, innige Bekanntschaft jedes gesunkenen alten Baumstammes, jedes einästigen Baumwollbaumes und jedes obskuren Holzhaufens machen, welcher die Ufer dieses Flusses auf zwölfhundert Meilen Länge schmückt; ja noch mehr - ich muß sogar wissen, wo diese Dinge in der Dunkelheit sind, weil ein Lotse nicht mit Augen ausgestattet ist, die durch zwei Meilen dichter Schwärze sehen können. Ich wollte, die Lotserei wäre im Pfefferland, und ich hätte nie daran gedacht.

Bei Eintritt der Dämmerung schlug Herr Bixby die große Glocke dreimal an (das Signal zum Landen). Der Kapitän tauchte aus seiner Kajüte am vorderen Ende des Hauptdecks auf und blickte fragend empor. Herr Bixby sagte:

„Wir wollen hier die Nacht über liegenbleiben, Kapitän."

„Ganz recht, Herr Bixby."

Das war alles. Das Dampfboot drehte ans Ufer und wurde für die Nacht festgemacht. Es schien mir großartig, daß der Lotse tun konnte, was ihm beliebte, ohne den mächtigen Kapitän um Erlaubnis fragen zu müssen. Nach dem Abendessen ging ich sogleich zu Bett, entmutigt von dem, was ich den Tag über beobachtet und erfahren hatte. Die Notizen über meine letzte Reise waren nur ein Wirrwarr bedeutungsloser Namen; sie hatten mich jedesmal, wenn ich sie während des Tages zu Rate zog, vollkommen verwirrt. Ich hoffte, im Schlaf Erholung zu finden; aber nein, es arbeitete bis zum Sonnenaufgang fortwährend in meinem Kopf umher – ein abscheuliches, unablässiges Alpdrücken.

Am nächsten Morgen war ich recht verdrießlich und niedergeschlagen. Wir fuhren mit vollem Dampf dahin, ziemlich waghalsig, da wir vor Anbruch der Nacht „aus dem Strom" (nach Kairo) zu kommen wünschten. Herrn Bixbys Kollege, der andere Lotse, setzte jedoch sehr bald den Dampfer auf Grund, und wir verloren mit dem Flottmachen des Schiffes so viel Zeit, daß die Nacht hereinbrach, lange bevor wir die Mündung erreichten. Das war ein großes Mißgeschick, besonders für einige der als Gäste bei uns weilenden Lotsen, deren Boote auf ihre Rückkehr warten mußten, egal wie lange es dauerte. Das ernüchterte das Geplauder im Lotsenhaus bedeutend. Stromaufwärts kümmerten die Lotsen sich weder um flaches Wasser noch um die tiefste Finsternis; nur der Nebel hielt sie zurück. Stromabwärts lag die Sache aber ganz anders; wenn eine starke Strömung hinten nachdrängte, waren die Boote nahezu hilflos, und es war daher nicht gebräuchlich, bei niedrigem Wasserstand nachts stromabwärts zu fahren.

Eine kleine Hoffnung schien aber noch übrig zu sein: Wenn wir vor Dunkelwerden die äußerst schwierige und gefährliche Kreuzung bei Hat Island passierten, konnten wir das übrige wagen, weil wir dann mehr geraden Kurs und tiefes Wasser hatten. Diese Kreuzung aber bei Nacht zu versuchen, wäre Wahnsinn gewesen. Den ganzen übrigen Tag wurde viel auf die Uhren gesehen und fortwährend die Fahrgeschwindigkeit berechnet. Das Gespräch drehte sich nur um Hat Island. Manchmal stieg die Hoffnung hoch, um dann wieder zu sinken, wenn wir in einer schwierigen Kreuzung aufgehalten wurden. Stundenlang lastete auf allen diese unterdrückte Erregung, die sich selbst mir mitteilte. Ich sehnte mich so mächtig nach Hat Island und fühlte eine solch schreckliche Verantwortung mich drücken, daß ich für fünf Minuten an Land zu sein wünschte, um tüchtig, voll, erleichternd Atem schöpfen zu können. Wir gingen keine regelmäßigen Wachen. Jeder unserer beiden Lotsen steuerte auf derjenigen Stromstrecke, auf der er stromaufwärts gesteuert hatte und mit der er deshalb besser vertraut war; beide aber blieben fortwährend im Ruderhaus.

Eine Stunde vor Sonnenuntergang übernahm Bixby das Ruder, und W. trat zur Seite. Während der nächsten dreißig Minuten hielt jeder die Uhr in der Hand; jeder war nervös, schweigsam und unruhig. Endlich sagte einer mit einem traurigen Seufzer:

„Ah, dort ist Hat Island, aber wir können's nicht erreichen."

Alle Uhren schlossen sich - schnapp! Jeder seufzte und murmelte etwas zwischen den Zähnen wie: „'s ist zu schlimm - ach, wenn wir nur eine halbe Stunde früher hierhergekommen wären!" Alle waren enttäuscht. Einige wollten schon hinausgehen, zögerten aber noch, weil sie das Glockenzeichen zum Landen noch nicht hörten. Die Sonne verschwand unter dem Horizont, aber das Boot dampfte weiter. Die Gäste tauschten fragende Blicke aus. Der eine, der die Hand schon auf dem Türdrücker hatte, blieb stehen und ließ gleich darauf den Türknopf wieder los. Wir steuerten

stetig die Biegung des Flusses hinab. Wieder wurden Blicke ausgetauscht, auch da und dort ein bewunderndes Kopfnicken - aber keine Worte. Als es anfing dunkel zu werden und einige blasse Sterne sichtbar wurden, drängten sich die Männer hinter Bixby zusammen. Die Totenstille und die Erwartung wurde drückend. Bixby riß am Glockenstrang, und zwei tiefe, weiche Töne der großen Glocke fluteten in die Nacht hinaus. Dann folgte eine kurze Pause, darauf ein dritter Glockenton. Und nun ertönte die Stimme der Lotsen vom Sturmdeck:

„Backbordlot, da! Steuerbordlot!"

Dann erschollen in einiger Entfernung die Rufe der Loter, die von zwei Matrosen auf dem Oberdeck dumpf wiederholt wurden.

„Drei Faden! . . . Drei Faden! . . . Zwei und dreiviertel Faden! . . . Zwei und ein halber Faden! . . . Zwei und ein Viertel Faden! . . . Zwei Faden!* . . . Ein und drei . . ."

Bixby zog an zwei Glockensträngen, was durch schwaches Klingeln weit unten im Maschinenraum beantwortet wurde, worauf sich unsere Geschwindigkeit verringerte. Der Dampf begann durch die Entweichungshähne zu zischen. Das Rufen der Loter dauerte fort - bei Nacht ein seltsamer Schall. Jeder Lotse beobachtete jetzt in höchster Spannung, was vorging, alles sprach leise. Niemand war ruhig und gelassen, außer Bixby. Er legte das Ruder hart über, ganz an Bord, stellte sich auf eine Speiche, und als der Dampfer in die für mich ganz unsichtbaren Marken - denn ringsum schien alles eine weite düstere See zu sein - gebracht war, drehte er das Ruder zurück und hielt das Boot fest auf dem erforderlichen Kurs. Nunmehr hörte man aus den halblauten Gesprächen hier und dort einen zusammenhängenden Satz heraus, wie:

„Da - der Dampfer hat das erste Riff passiert!"

Nach einer Pause:

„Das Heck kommt jetzt haarscharf in die Richtung, bei Gott!"

„Nun ist er in den Marken, da geht er hinüber!"

Und dann wieder:

„Oh, das war schön - wunderschön!"

Dann wurden die Maschinen ganz zum Stehen gebracht, und wir trieben mit der Strömung weiter. Ich will damit nicht sagen, daß ich das Boot treiben sehen konnte; nein - die Sterne waren jetzt alle verschwunden. Dieses Treiben war das Entsetzlichste; das

* Englisch „Mark Twain".

Herz stand einem dabei still. Bald darauf entdeckte ich noch eine schwärzere Finsternis als die, welche uns umgab; das war das obere Ende der Insel. Wir steuerten gerade darauf zu, kamen in den tieferen Schatten hinein, und die Gefahr schien jetzt so unmittelbar drohend, daß ich zu ersticken meinte. Ich empfand den stärksten Antrieb, etwas - irgend etwas zu tun, um das Fahrzeug zu retten. Aber noch stand Bixby am Steuer - schweigsam, aufmerksam wie eine Katze. Und alle Lotsen standen Schulter an Schulter hinter ihm.

„Es wird nicht gehen", flüsterte einer.

Das Wasser wurde nach den Meldungen der Loter flacher und flacher, bis es endlich hieß:

„Acht und ein halb! . . . Acht Fuß! . . . Sieben und . . ."

Bixby rief dem Maschinisten durchs Sprachrohr warnend zu:

„Klar bei der Maschine jetzt!"

„Jawohl, Herr Bixby!"

„Siebeneinhalb! Sieben Fuß! Sechs und . . ."

Wir berührten den Grund! Bixby setzte augenblicklich eine Reihe von Glocken in Bewegung, rief durch das Sprachrohr: „Nun Dampf her, was das Zeug hält!" Dann seinem Kollegen zu: „Hart an Bord mit dem Ruder! Hart über! Noch mal!" Das Dampfboot bahnte sich knirschend und ächzend den Weg durch den Sand, hing einen entsetzlichen Augenblick am Rande des Verderbens und glitt dann hinüber! Ein solches Jubelgeschrei, wie es sich jetzt hinter Bixby erhob, hat noch nie zuvor das Dach eines Ruderhauses erschüttert!

Um sich einen ganz klaren Begriff von der wunderbaren Präzision zu machen, die erforderlich war, den Dampfer in jener finsteren Wasserwüste auf dem richtigen Kurs zu halten, muß man wissen, daß das Boot sich nicht nur zwischen Baumstämmen und blinden Riffen hindurchzwängen und dann so dicht am oberen Ende der Insel hinfahren mußte, daß es das überhängende Laubwerk mit dem Heck berührte, sondern es mußte an einer Stelle beinahe in Armeslänge an einem gesunkenen, unsichtbaren Wrack vorbei, das ihm, wenn es darauf gestoßen wäre, den Boden fortgerissen und binnen fünf Minuten das Dampfschiff mit der Ladung im Gesamtwert von etwa einer Viertelmillion Dollar und obendrein noch etwa einhundertfünfzig Menschenleben vernichtet hätte.

Kunst und Wissenschaft des Lotsen

Es dauerte eine geraume und, wie mir schien, nicht wenig mühselige Zeit, bis ich es endlich dahin gebracht hatte, meinen Kopf mit Inseln, Städten, Bänken und Landspitzen vollzupacken und mich dieses leblosen Ballasts sicher zu fühlen. Aber natürlich - kaum hatte sich mein Selbstgefühl so weit erholt, daß ich wagte, den Kopf wieder höher zu tragen, als auch Bixby es schon für seine Pflicht hielt, ihn wieder sinken zu machen. Eines Tages richtete er ganz plötzlich die Frage an mich:

„Welche Form hat die Walnußbucht?"

Er hätte mich ebensogut nach der Ansicht meiner Großmutter über die Protoplasmentheorie fragen mögen. Ich dachte eine kleine Weile unter achtungsvollem Schweigen nach und erwiderte dann, es sei mir nicht bewußt, daß die Walnußbucht überhaupt irgendeine Form habe. Mein Pulverfaß von Chef fuhr natürlich mit einem Krach auf, und sofort begann ein Feuern und Schießen, bis er wieder einmal sein ganzes Pulver von Beinamen total verschossen hatte. Indessen, meine Erfahrung mit ihm hatte mich bereits gelehrt, wie groß sein Munitionsvorrat war, und daß ich sicher sein konnte, er werde sich nach Verbrauch desselben alsbald wieder in den gewohnten alten Patron verwandeln. Dieses „alt" ist lediglich als ein Prädikat der Zuneigung zu nehmen, denn in Wirklichkeit war Herr Bixby vierunddreißig Jahre.

Es war mir klar, daß ich mich in erster Linie mit den Ufern des Flusses in jeder erdenklichen Weise vertraut machen mußte - stromaufwärts und stromabwärts, von hinten und vorne, von innen und außen, bei Tag und bei Nacht - und damit nicht genug, sollte ich auch Bescheid wissen in grauen Nebelnächten, in denen der Fluß überhaupt keine Gestalt und keine Ufer mehr hatte. Ich tat alles, was in meinen Kräften stand, dieser Erkenntnis gerecht zu werden, bis ich dann endlich im Laufe der Zeit und mannigfacher Fahrten zwischen New Orleans und St. Louis meine verzwickte Lektion allen Ernstes zu meistern anfing und sich mein Selbstbewußtsein aufs neue mächtig zu regen begann. Aber auch jetzt noch war Herr Bixby jeden Augenblick gerüstet, diese Regungen zu unterdrücken und mich schnell wieder in meine alte

Demut und Zerknirschung zurückzustoßen. Eines Tages sagte er zu mir:

„Wieviel Wasser hatten wir auf unserer vorvorigen Reise in der Mitte der Durchfahrt von Hole-in-the-Wall?"

Diese Frage kam mir wie eine Beleidigung vor. Ich entgegnete:

„Bei jeder Fahrt, stromauf- und stromabwärts, wirft der Bootsmann an jener verteufelten Stelle alle Minuten das Lot und ruft ununterbrochen die Tiefen aus. Glauben Sie denn, ich könne eine solche Menge Zeug im Kopf behalten?"

„Du mußt das genau behalten, mein Junge. Du hast dir den Platz und den Wasserstand des seichtesten Fahrwassers in all den fünfhundert seichten Stellen zwischen New Orleans und St. Louis für jede Fahrt zu merken und darfst ja nicht die Messungen von einer Fahrt mit denen der anderen verwechseln, denn es ist kaum denkbar, daß sie je ganz gleich seien."

Als ich wieder zu mir selbst kam, rief ich aus:

„Wenn ich das jemals fertigbringe, so werde ich auch imstande sein, Tote aufzuwecken, und dann habe ich nicht mehr nötig, Steuermann zu sein, um meinen Unterhalt zu gewinnen. Ich möchte dieses Geschäft lieber aufgeben. Ich bin nur ein Mensch und bitte um einen Wassereimer und eine Scheuerbürste, um fortan nur noch als Deckarbeiter zu schaffen. Ich bin zu nichts anderem geeignet. Ich habe nicht Gehirn genug, um Lotse zu werden."

„Schon gut, mein Junge. Wenn ich einmal gesagt habe, ich ‚lerne'* jemand den Fluß, so meine ich auch, was ich gesagt habe. Du kannst dich darauf verlassen – ich bringe ihm die Geschichte bei oder bringe ihn um."

Mit einem solchen Menschen war es unmöglich, sich zu verständigen. Ich fügte mich in mein Schicksal und spannte mein Ge-

* „lehren" steht nicht im Mississippi-Lotsen-Wörterbuch.

dächtnis in einer Weise an, daß ich schließlich sogar die seichten Stellen, ihre verschiedenen Wasserstände und die zahllosen Punkte, an denen das Wasser gekreuzt werden mußte, in meinen Kopf gepfropft hatte. Aber damit hatte ich noch nicht gewonnen. Denn kaum hatte ich eine verwickelte Aufgabe gelöst, als sich auch schon eine neue und womöglich noch schwierigere aufdrängte. So hatte ich unter anderem oft beobachtet, wie die Lotsen auf das Wasser hinabzuschauen pflegten, genau mit dem Blick von Leuten, die in einem Buch lesen. Auch ich versuchte dies hin und wieder, aber es war für mich ein Buch, welches mir nichts sagte. Endlich kam jener Augenblick, da Bixby mich für hinlänglich vorangeschritten hielt, um auch der Lektion des „Wasserlesens" gewachsen zu sein.

„Siehst du dort die lange, quer über den Fluß sich ziehende Linie? Das ist ein Flußriff! Und mehr als das, es ist ein wirkliches, aus Sand und Schlamm bestehendes Riff! Eine solide Sandbank liegt dort unter dem Wasserspiegel, steil aufsteigend wie die Mauer eines Hauses. Dicht daneben ist Fahrwasser genug, auf seinem Kamm dagegen nur verwünscht wenig davon. Würdest du auf diesen letzteren auffahren, so wäre es einfach um das Boot geschehen. Aber dort weiterhin, wo die Linie in einzelne leichte Striche verläuft und dann ganz aufhört - siehst du es? Dort magst du ohne Furcht mit dem Boot hinhalten und darüber hinwegschießen, ohne daß es im mindesten etwas täte."

Und so war es. Ich folgte seiner Anweisung - denn eben hatte er mir das Rad übergeben und sich als Zuschauer hinter mich gestellt -, und wir kamen glücklich über das Riff hinweg. Aber auch nach dieser Seite hin blieb mir, wie ich nur zu bald einsehen sollte, noch mancherlei zu lernen, und ich vergesse den Tag nie, als ich aus Furcht, auf ein Riff aufzufahren, das Boot um Haaresbreite auf das Ufer gesetzt hätte. Bixby, der mir eine Viertelstunde vorher das Steuerrad übergeben hatte, trat eben im entscheidenden Augenblick wieder ins Ruderhaus und fragte mich mit einem Sarkasmus, der mir durch Mark und Bein schnitt:

„Warum gehst du ans Land, mein Junge? Hat man vom Ufer aus gerufen?"

Ich errötete und erwiderte, daß man uns nicht angerufen habe.

„Ah - so war es sicherlich, um Holz einzunehmen. Aber du solltest doch damit warten, bis der erste Heizer dir anzeigen würde, daß dies nötig ist."

Ich biß mich auf die Lippen und sagte, daß es auch nicht geschehen sei, um Holz einzunehmen.

„Wirklich? Ja, aber was hast du denn sonst hier hart am Land gesucht? Hast du je gehört, daß man bei einem Wasserstand wie diesem an ein Ufer wie dieses auf hundert Ellen, geschweige denn auf zehn Fuß herangeht?"

„Nein, Herr - und ich wollte auch gar nicht an das Ufer heran, sondern nur jenem Riff da aus dem Wege gehen."

„Jenem Riff da? Aber wir haben ja auf drei Meilen Entfernung nicht das geringste, was einem Flußriff ähnlich sieht."

„Aber ich sehe es doch dort - das ist doch ein Riff, wenn ich je eins gesehen habe!"

„Wohl, mein Junge! Nimm es getrost aufs Korn, fasse es, wo du's eben bekommen kannst - je mehr in der Mitte, um so besser!"

„Ist das Ihr Befehl?"

„Jawohl - nur frisch darüber hinweg."

„Aber um Himmels willen, Herr Bixby, ich stürbe, wenn's nicht gelingt!"

„Schon recht, ich übernehme die Verantwortung."

Ich konnte mich kaum fassen. Eine wahrhaft teuflische Begierde ergriff mich, das Boot und alles was darin war, Bixby und mich selbst eingerechnet, umzubringen. Und so hielt ich stramm auf die Höhe der das Riff anzeigenden Wasserlinie hin. Aber noch ehe wir sie erreichten, schien sie mir zu verschwinden - und gleich darauf glitten wir sanft und leicht darüber hin wie auf Öl.

Bixby lachte und sagte:

„Siehst du nun den Unterschied? Es war nichts als ein ‚Windriff' - und das ist ein anderes Ding als ein wirkliches Flußriff! Der Wind macht das - das ist alles."

„Ich verstehe. Aber es sieht doch genau wie ein Flußriff aus. Wie soll ich denn dergleichen voneinander unterscheiden können?"

„Bei meiner Seele, mein Junge, das kann ich dir selbst nicht sagen. Aber mit der Zeit wirst du sie voneinander unterscheiden lernen, und nachher wird dir's gerade so gehen und du wirst nicht imstande sein, einem anderen den Unterschied zu erklären."

Und wieder sollte Bixby recht haben. Mit der Zeit wurde mir auch die Oberfläche des Wassers zu einem Buch - zu einem Buch, das für den gewöhnlichen Flußfahrer sieben Siegel trug, das aber zu mir ohne jede Rückhaltung sprach und seine geheimsten

Geheimnisse mit einer Bereitwilligkeit preisgab, als spräche es mit einer Stimme zu mir wie meine eigene. Und zwar war es keines jener Bücher, das man einmal liest und dann beiseite wirft, denn es wußte an jedem neuen Tag eine neue Geschichte zu erzählen. Auf diesen ganzen zwölfhundert Meilen zwischen St. Louis und New Orleans gab es keine Seite, die nicht ein eigenes Interesse bot; keine, welche man ohne Verlust ungelesen lassen konnte; keine, welche man Lust hatte zu überschlagen, im Wahn, an etwas anderem mehr Vergnügen zu finden. Es war ein Buch, so wundervoll, wie es nie von Menschenhänden geschrieben, von Menschenköpfen hätte erdacht werden können. Der gewöhnliche Reisende, der es nicht zu lesen verstand, erblickte vielleicht hin und wieder (wenn er überhaupt etwas Derartiges erblickte) ein leichtes, flüchtiges Zeichen auf seiner Oberfläche. Dem Steuermann war dieses Zeichen eine leuchtende Schrift und mehr als das, eine ganze Geschichte, gedruckt mit mächtigen Initialen, gesperrten Sätzen und weithin sichtbaren Ausrufungszeichen, denn es sprach ihm von einer Sandbank, einem Riff oder einem in der Tiefe liegenden Wrack, die dort unten nach Schiff und Menschenleben lechzten. Der gewöhnliche Reisende, der dieses Buch nicht zu lesen verstand, sah nichts als allerlei hübsche und freundliche Bilder, von der Sonne vergoldet, von den Wolken überschattet. Für den kundigen Mann am Ruder war dieses Bilderwerk der feierlichste, unerschöpflichste, tödlich ernsteste Lesestoff!

Als ich in dieser Weise endlich auch die Sprache des Wassers gemeistert hatte und mir endlich alles, was zu dem großen Strom in irgendeiner Beziehung stand, geläufig war wie das Abc, da fühlte ich, daß ich einen wertvollen Schatz erworben hatte. Aber ich fühlte zugleich auch, daß ich etwas eingebüßt hatte, und zwar etwas, das mir, so lange ich lebe, nicht wieder zurückerstattet werden kann. Alle Anmut, alle Schönheit, jeglicher poetische Reiz waren für mich aus dem majestätischen Fluß entschwunden.

Noch heute bewahre ich aus jener Zeit, als ich ein Neuling auf dem Fluß war, das Andenken an einen ganz bestimmten wundervollen Sonnenuntergang. Eine breite Fläche des Wasserspiegels erschien zu Blut verwandelt. In der Mitte verklärte sich der rote Schimmer zu flammendem Gold, durch das ein einsamer Baumstamm scharf abgezeichnet und schwarz dahintrieb. An einer Stelle zog sich ein leicht schäumender Streifen über die Flut; an einer anderen war die glatte Fläche durch zitternde, sich ewig erneuernde Kreise unterbrochen, die in allen Farben des Opals spielten. Das Ufer zur Rechten war dicht bewaldet, und die dunklen Schatten, die von dort aus ins Wasser fielen, wurden an einer Stelle von einem langen, gekräuselten Streifen unterbrochen, der wie Silber glitzerte. Aus dem Gehölz aber erhob sich ein mächtiger abgestorbener Baumriese, dessen einziger noch belaubter Ast im ungebrochenen Sonnenlicht wie eine Flamme sprühte. Wo das Auge hinfiel, erblickte es anmutige Wellenlinien, bunte Spiegelbilder, bewaldete Höhen, weiche Uferumrisse. Und über dem allen gaukelten und zitterten wechselnde Lichter, die den Gegenständen, die sie verklärten, mit jedem Moment neue Farbenwunder liehen.

Ich stand wie bezaubert. Ich sog es ein in stummem Entzücken. Die Welt war wie neu für mich; ich hatte dergleichen daheim nie gesehen. Aber, wie ich schon sagte, es kam ein Tag, an dem ich aufhörte, ein waches Auge für all diese Pracht und all diese Reize zu haben, die Sonne, Mond und Zwielicht über das Antlitz des Riesenstromes auszugießen wußten. Und dann kam noch ein Tag, an dem ich aufhörte, überhaupt ein Auge für sie zu haben. Jener Sonnenuntergang, der mich einst in so maßloses Entzücken versetzt hatte, würde mich jetzt nicht nur nicht mehr entzückt haben, sondern ich hätte ihn bloß noch betrachtet, um folgenden Kommentar daran zu knüpfen: „Diese blutige Sonne deutet an, daß wir morgen Wind haben werden; jener schwimmende Baumstamm, daß der Fluß steigt, jener zitternde Querstreif weist auf ein Sandriff, das nicht verfehlen wird, in einer der nächsten Nächte ein Schiff umzubringen; jene tanzenden Kreise im Wasser sagen an, daß sich dort ein neuer Fahrkanal bildet; und jener alte Baumriese mit dem einen belaubten Zweig winkt uns etwas wie ein letztes Lebewohl zu - und wer soll sich, wenn er niedergestürzt sein wird, ohne den alten wohlbekannten Wegweiser hier noch zurechtfinden?“

Nein - mit der Romantik und der Schönheit des Flusses war es für mich auf ewig vorbei! Die vielen Naturschönheiten auf seinem Weg hatten nur noch insoweit einen Wert für mich, als sie für die Leitung eines Dampfbootes in Betracht kamen. Das war alles.

Wie oft habe ich seitdem aus tiefstem Herzen den Mann der ärztlichen Wissenschaft beklagt! Wie häufig ist ihm nicht das holde Erröten auf den Wangen der Schönheit nichts anderes als ein flüchtiges Phänomen, das über ein verstecktes tödliches Übel hinzuckt! Sind ihm nicht die meisten ihrer sichtbaren Reize ebenso viele Verräter und Anzeichen verborgenen Verfalls? Ja, vermag er die Schönheit überhaupt noch zu sehen, und wenn er sie sieht, anders als mit dem Blick des Fachmanns? Und fragt nicht auch er sich wieder und wieder: ob er durch den Erwerb all seiner Erkenntnis mehr gewonnen oder verloren hat . . .

Ich vervollständige meine Ausbildung

Wer so höflich war, die vorhergehenden Kapitel zu lesen, wird sich vielleicht wundern, daß ich das Lotsen als Wissenschaft so eingehend behandelt habe. Es war der Hauptzweck jener Kapitel, und ich bin noch nicht ganz fertig damit, denn ich möchte aufs eingehendste beweisen, welch wunderbare Wissenschaft das Lotsen ist.

Die Schiffahrtskanäle werden mit Bojen und Leuchtfeuern versehen, und es ist deshalb ein vergleichsweise leichtes Unternehmen, sie kennenzulernen und zu befahren. Flüsse mit klarem Wasser und Kiesgrund ändern ihr Fahrwasser sehr allmählich, und man braucht sie daher nur einmal zu „lernen". Das Lotsen wird aber eine ganz andere Sache, wenn es sich um ungeheure Ströme wie den Mississippi und den Missouri handelt, wo die angeschwemmten Ufer sich fortwährend aushöhlen und verändern, die treibenden Baumstämme fortwährend neue Plätze aufsuchen, die Sandbänke nie zur Ruhe kommen, das Fahrwasser ewig Winkelzüge und Abweichungen macht, und die Hindernisse bei jeder Dunkelheit und jedem Wetter bekämpft werden müssen – ohne die Hilfe eines einzigen Leuchtturms oder einer einzigen Boje; denn auf dem drei- bis viertausend Meilen langen verwünschten Strom ist nirgendwo ein Leuchtfeuer oder eine Boje zu finden.* Ich fühle die Berechtigung, mich über diese große Wissenschaft weitläufig zu verbreiten, weil ich überzeugt bin, daß niemals jemand, der selbst ein Dampfboot gelotst hat und also den Gegenstand praktisch kannte, einen Satz darüber geschrieben hat. Wäre das Thema abgedroschen, dann müßte ich mir Enthaltsamkeit auferlegen; da es aber ganz neu ist, glaube ich der Sache beträchtlichen Raum widmen zu dürfen.

Als ich Namen und Lage jedes sichtbaren Merkmals des Stromes gelernt hatte und seinen Lauf so meisterte, daß ich ihn mit geschlossenen Augen von St. Louis bis New Orleans verfolgen konnte – als ich gelernt hatte, die Oberfläche des Wassers zu lesen, wie man die Neuigkeiten aus der Morgenzeitung herausfischt – als

* Seitdem ist das anders geworden.

ich schließlich mein stumpfes Gedächtnis so weit geschult hatte, daß es eine endlose Reihe von Lotungen und Kreuzungsmarken aufgespeichert hatte und festhielt, da glaubte ich, daß meine Ausbildung vollständig wäre. Ich rückte die Mütze auf die Seite und behielt am Ruder einen Zahnstocher im Mund. Bixby beobachtete mein dünkelhaftes Wesen. Eines Tages sagte er:

„Wie hoch ist jenes Ufer da drüben?"

„Wie soll ich das wissen? Es ist fast eine halbe Stunde entfernt."

„Sehr schlechtes Auge, wahrhaftig. Nimm das Fernglas."

Ich nahm es und bemerkte gleich darauf:

„Ich kann's nicht sagen. Meiner Ansicht nach ist jenes Ufer etwa anderthalb Fuß hoch."

„Anderthalb Fuß? Ja – sechs Fuß! Wie hoch war es bei der letzten Fahrt?"

„Das weiß ich nicht; ich habe nicht darauf geachtet."

„Nicht? Du mußt von nun an immer darauf achtgeben."

„Weshalb?"

„Weil du eine Menge Dinge wissen mußt, die das Achtgeben offenbart. Es gibt dir zum Beispiel den Stand des Flusses an – sagt dir, ob mehr oder weniger Wasser hier ist als bei der letzten Reise."

„Nun, das sagt mir das Lot." Ich glaubte, ihn damit entwaffnet zu haben.

„Ja, aber wenn das Lot lügt? Das sagt dir das Wasser, und dann gehst du hin und rüttelst den Mann am Lot aus seinem Dusel auf. Bei der letzten Fahrt war das Ufer zehn, jetzt ist es nur noch sechs Fuß hoch. Was bedeutet das?"

„Daß der Fluß seitdem um vier Fuß gestiegen ist."

„Ganz recht. Steigt oder fällt der Fluß?"

„Er steigt."

„Nein, er steigt nicht."

„Ich habe recht, Sir. Dort treibt Holz den Strom herab."

„Ein Ansteigen setzt das Treibholz in Bewegung, aber wohlverstanden, es schwimmt noch eine Zeitlang fort, nachdem der Strom aufgehört hat zu steigen. Und darüber wird das Ufer dich aufklären. Warte, bis wir an eine Stelle kommen, wo es nur wenig abschüssig ist - hier jetzt! Siehst du diesen schmalen Streifen feinen Niederschlages? Der hat sich abgelagert, als das Wasser höher stand. Auch siehst du wohl, daß das Holz allmählich strandet. Das Ufer belehrt auch noch in anderer Weise. Siehst du den Baumstumpf auf der ‚falschen Landspitze'?"

„Ja, Sir."

„Nun, das Wasser reicht gerade bis an seine Wurzeln. Das mußt du dir notieren."

„Weshalb?"

„Weil das bedeutet, daß in der Passage 103 sieben Fuß Wasser stehen."

„Aber 103 ist ja noch eine große Strecke weiter flußaufwärts."

„Da zeigt sich eben die Wohltat des Ufers. Jetzt ist Wasser genug in 103, vielleicht aber nicht mehr, wenn wir hinkommen; aber das Ufer wird uns darüber auf dem laufenden halten. Bei fallendem Fluß fährt man stromaufwärts überhaupt durch keine schmalen Durchlässe, und stromabwärts darf man nur äußerst wenige passieren; das ist gegen die Gesetze der Vereinigten Staaten. Der Strom kann vielleicht steigen, bis wir nach 103 kommen, und in diesem Falle werden wir hindurchfahren. Wieviel Tiefgang haben wir?"

„Sechs Fuß hinten - sechseinhalb vorn."

„Nun, du scheinst doch etwas zu wissen."

„Was ich wissen möchte ist aber, ob ich fortwährend, jahraus, jahrein, die zwölfhundert Meilen dieses Ufers messen muß."

„Natürlich."

Meine Stimmung war eine Zeitlang zu erregt für Worte; endlich sagte ich:

„Und wie ist es mit den Durchlässen? Gibt es deren viele?"

„Das will ich meinen. Ich glaube, wir werden auf dieser Fahrt keinen einzigen so durchfahren, wie du es bisher gesehen hast. Wenn der Strom wieder zu steigen anfängt, werden wir über Sandbänke hinwegfahren, die du bisher stets hoch und trocken wie das Dach eines Hauses aus dem Wasser emporragen sahest. Wir werden seichte Stellen passieren, die du noch nie überhaupt beobachtet hast, mitten durch Sandbänke, die dreihundert Morgen bedecken. Wir werden durch Spalte kriechen, wo du stets festes Land vermutetest. Wir werden durch die Wälder dampfen, den Strom in einer Breite von fünfundzwanzig englischen Meilen auf einer Seite lassen und die Rückseite jeder Insel zwischen New Orleans und Kairo sehen."

„Dann muß ich mich dahintermachen und noch genau ebensoviel vom Strom lernen, wie ich bereits weiß."

„Gerade noch zweimal soviel, sofern es dir möglich ist."

„Nun, man lebt ja, um zu lernen. Allein mir scheint, ich war ein Narr, als ich mich auf dieses Geschäft einließ."

„Ja, das ist wahr, und du bist's noch, wirst's aber nicht mehr sein, wenn du es gelernt hast."

„Ach, ich werde es niemals lernen."

„Ich will sehen, daß du es doch lernst."

Bald darauf wagte ich eine weitere Frage:

„Muß ich das alles gerade so lernen, wie ich den Rest des Stromes kenne - Gestaltung und alles -, so daß ich auch bei Nacht danach steuern kann?"

„Ja. Und du mußt gute, zuverlässige Merkzeichen von einem Ende des Stromes zum anderen haben, die dir in Verbindung mit dem Ufer sagen werden, ob Wasser genug auf jeder dieser zahllosen Stellen ist - wie jener Baumstumpf, weißt du. Wenn der Strom zu steigen anfängt, kann man ein halbes Dutzend der tiefsten Durchlässe durchfahren; steigt er einen Fuß weiter, ein weiteres Dutzend. Beim nächsten Fuß kommen ein paar Dutzend dazu, und so fort. Du siehst also, daß du deine Ufer und Merkzeichen unbedingt sicher kennen mußt und sie nie miteinander verwechseln darfst. Bist du einmal in eine dieser Engen hineingefahren, kannst du nicht mehr zurück wie im großen Strom. Du mußt hindurch oder ein halbes Jahr dort bleiben, wenn du vom fallenden Wasser überrascht wirst. Etwa fünfzig dieser Engen kannst du überhaupt nur dann passieren, wenn der Strom zum Überlaufen voll oder über die Ufer getreten ist."

„Diese neue Lehre ist eine heitere Aussicht."

„Allerdings. Und beachte, was ich dir soeben gesagt habe: Wenn du in eine dieser Engen einfährst, mußt du hindurch. Sie sind zu schmal zum Wenden, zu gekrümmt zum Rückwärtsherausfahren, und das seichte Wasser ist immer am oberen Ende, nie anderswo. Und es ist immer anzunehmen, daß das obere Ende sich ganz allmählich auffüllt, so daß die Marken, nach denen du jetzt ihre Tiefe berechnest, in der nächsten Saison vielleicht nicht zutreffen."

„Ich muß also jedes Jahr das Alphabet von neuem lernen?"

„Versteht sich! Steuere nahe an die Sandbank hinan! Weshalb fährst du mitten im Strom?"

Die nächsten paar Monate zeigten mir seltsame Dinge. Am selben Tag, als diese Unterredung stattfand, begann der Strom stark zu steigen. Die ganze weite Wasserfläche war schwarz von treibenden Baumstämmen, abgebrochenen Ästen und starken Bäumen, die unterspült und weggewaschen worden waren. Es bedurfte des sorgfältigsten Steuerns, um den Weg durch dieses in Bewegung befindliche Floß zu suchen, selbst bei Tage, wenn man von einer Landspitze nach der anderen hinübersteuerte. Bei Nacht war die Schwierigkeit noch bedeutend größer; hier und da erschien plötzlich ein ungeheurer, tief im Wasser treibender Baumstamm gerade unter unserem Bug, mit dem einen Ende voran. Es war unnütz, ihm ausweichen zu wollen, wir konnten bloß die Maschinen stoppen. Dann ging eines der Schaufelräder von einem Ende zum anderen mit donnerndem Getöse über den Baumstamm, wobei das Schiff sich in einer Weise überlegte, die den Passagieren sehr unangenehm war. Hin und wieder versetzten wir einem dieser halb gesunkenen Stämme unter vollem Dampf einen krachenden Stoß in die Mitte, wobei das Boot erzitterte, als wäre es auf einen Kontinent gestoßen. Manchmal blieb dieser Klotz dann quer vor dem Steven liegen; dann mußten wir krebsartig ein wenig zurückfahren, um von dem Hindernis freizukommen. Im Dunkeln stießen wir oft auf Stämme, denn wir sahen sie nicht eher, als bis wir auf ihnen waren.

Selbstverständlich kam bei dem großen Steigen des Flusses ein Schwarm von ungeheuren Holzflößen von den oberen Gewässern des Mississippi herab, dann Kohlenleichter von Pittsburg, kleine Handelsfahrzeuge von überall her und breite Flachboote von Posey County in Indiana, die letzteren meist mit Früchten beladen. Die Lotsen hegten einen tödlichen Haß gegen diese Fahrzeuge, was deren Schiffer mit reichen Zinsen vergalten. Das Gesetz verlangte, daß alle diese unbeholfenen Handelsfahrzeuge ein Licht führten; allein das war eine Verordnung, die nur zu oft unbeachtet blieb. In dunkler Nacht tauchte plötzlich dicht unter unserem Auge ein Licht auf, worauf dann eine heisere Stimme im Hinterwälder-Jargon zu rufen pflegte:

„In des Teufels Namen, wohin steuert ihr? Könnt ihr nicht sehen, ihr verdammten Maulbeeren fressenden Schafe, ihr einäugigen Söhne eines ausgestopften Affen?"

Während wir vorbeischossen, enthüllte uns dann die rote Glut unter den Kesseln wie der Blitz auf einen Augenblick das Flachboot und die Gestalt des gestikulierenden Redners, und in demselben Moment pflegten unsere Heizer und Deckleute eine Wolke von Wurfgegenständen und einen Hagel von Schimpfworten zu empfangen und fortzusenden, worauf dann eines unserer Schaufelräder gewöhnlich die Bruchstücke zertrümmerter Schiffsteile mit fortnahm und alles wieder von schwarzer Dunkelheit eingehüllt war. Und sicherlich ging dann der Besitzer jenes Flachbootes nach New Orleans, um unseren Dampfer zu verklagen und auf das entschiedenste zu beschwören, daß er zu der betreffenden Zeit ein Licht brennen gehabt habe, während in Wirklichkeit seine Mannschaft, um zu spielen, zu singen und zu trinken, die Laterne in die Kajüte genommen, aber keine Wache an Deck gehalten hatte. Einmal hätten wir nachts in einer jener vom Wald begrenzten Passagen hinter einer Insel, die von den Dampfbootleuten als „so dunkel, wie das Innere einer Kuh" beschrieben werden, beinahe eine ganze Familie aus Posey County nebst ihrer Ladung in den Grund gebohrt, wenn nicht zufällig in der Kajüte auf einer Fiedel gespielt worden wäre und wir nicht den Schall der Musik rechtzeitig gehört hätten, um abscheren zu können, wobei leider kein ernsthafter Schaden angerichtet wurde, wir jedoch so nahe kamen, daß wir einen Augenblick die schönste Hoffnung in dieser Beziehung hatten. Selbstverständlich brachten die Leute dann ihre Laterne an Deck, wo sie die ganze Familie – beide Geschlechter verschiedenen Alters - beleuchtete, während wir bei ihrem Fluchen mit der Maschine vorwärts und rückwärts arbeiteten, um freizukommen. Ein anderes Mal schickte uns ein Kohlenschiffer eine Kugel durch das Ruderhaus, als wir uns an einer sehr engen Stelle einen Steuerriemen von ihm geborgt hatten.

Ich nehme einige Extrastunden

Während dieses starken Steigens des Flusses waren die kleinen Fahrzeuge eine unausstehliche Plage. Wir passierten eine Enge nach der anderen – eine neue Welt für mich - , und wenn in einer engen Passage sich eine recht schwierige Stelle befand, durften wir mit ziemlicher Gewißheit erwarten, dort ein Flachboot zu treffen; und wenn nicht dort, dann gewiß an einer noch schlimmeren Stelle, nämlich am oberen Ende der Enge, im seichtesten Wasser. Und dann fand ein endloser Austausch liebreicher Zurufe statt.

Manchmal, wenn wir draußen auf dem großen Strom vorsichtig unseren Weg durch den Nebel hin fühlten, wurde plötzlich die tiefe Stille durch gellendes Geschrei und das Klappern von Blechpfannen unterbrochen, und einen Augenblick später zeigte sich unklar durch den Nebelschleier dicht vor uns ein Holzfloß. Da warteten wir dann nicht lange, sondern rissen heftig an den Maschinenglocken und wandten allen Dampf an, um aus dem Wege zu kommen. Man stößt mit einem Dampfboot nicht gern auf einen Felsen oder auf ein solides Holzfloß, wenn man es vermeiden kann.

Es mag seltsam erscheinen, aber häufig führten die Buchhalter auf den Dampfbooten in jenen vergangenen Zeiten des Dampfbootfahrens eine große Auswahl von religiösen Traktätchen bei sich. Wohl ein dutzendmal an einem Tag kämpften wir uns aufwärts durch die schwierigsten Passagen, während uns eine Menge dieser kleiner Racker von Fahrzeugen, welche von oben den engen Kanal herabfuhren, die Arbeit noch mehr erschwerten; da stieß blitzschnell ein Kahn von einem derselben ab und bahnte sich mühsam kämpfend einen Weg durch die Wasserwüste. Im Schatten unseres Bugs drehte er bei, und die keuchenden Ruderer riefen: „Gebt uns eine Zeitung!“, während der Kahn rasch an uns vorbeiglitt. Der Buchhalter warf ihnen ein Päckchen New Orleanser Zeitungen hinüber. Wurden diese ohne Bemerkung aufgenommen, dann konnte man wahrnehmen, daß nunmehr ein Dutzend anderer Boote auf uns zutrieb, ohne etwas zu sagen. Sie hatten abgewartet, wie es Nr. 1 gehen würde. Da Nr. 1 keine

Bemerkung machte, legten sich die übrigen alle in die Ruder und kamen nun heran; und so schnell sie kamen, warf der Buchhalter ihnen kleine Päckchen religiöser Traktätchen, auf ein flaches Stück Holz gebunden, zu. Es ist einfach unglaublich, welche Menge schwerer Flüche zwölf Päckchen mit religiöser Literatur hervorrufen, wenn sie unparteiisch an die Mannschaften von zwölf Flößen verteilt werden, die eigens deshalb an einem heißen Tag eine Stunde weit gerudert waren.

Wie schon gesagt, das starke Steigen des Flusses brachte eine neue Welt in meinen Gesichtskreis. Sobald der Strom über seine Ufer getreten war, hatten wir unsere alten Pfade verlassen und kletterten stündlich über Sandbänke, die vorher zehn Fuß aus dem Wasser emporragten. Wir fuhren dicht an steilen Ufern hin, wie am unteren Ende von Madrid Bend, die ich vorher immer hatte meiden sehen; wir steuerten durch Engen wie die von 82, wo die Einfahrt am unteren Ende eine ununterbrochene Waldmauer war, daß wir sie fast mit dem Bug berührten. In einigen dieser Engpässe glaubte man sich in einen Urwald versetzt. Dichter jungfräulicher Wald hing an beiden Ufern über den gewundenen Fahrpaß, und man erhielt den Eindruck, als ob noch nie ein menschliches Wesen hier eingedrungen sei. Hängende Weinreben schlangen sich von Baum zu Baum, schimmernde Lichtungen und grüne Winkel zeigten sich dem Blick beim Vorüberdampfen; blühende Schlingpflanzen, deren rote Blüten sich auf den Gipfeln abgestorbener Bäume wiegten; der ganze Reichtum des Waldlaubwerks schien hier mit verschwenderischer Hand ausgestreut. In den engen Durchfahrten steuerte es sich prächtig, sie waren tief, ausgenommen am oberen Ende; die Strömung war schwach; unterhalb der Landspitzen stand das Wasser geradezu still; die steilen Ufer waren in dichtes Weidengebüsch eingehüllt, welches weit in den Fluß hineinragte, so daß das Boot beim Vorüberfahren zur Hälfte darin begraben war.

Hinter einigen Inseln fanden wir elende kleine Farmen und noch elendere kleine Blockhütten; da ragten gebrechliche Holzzäune einen oder zwei Fuß aus dem Wasser, und oben auf dem Zaun kauerten ein paar gelblich aussehende, fieberfröstelnde Mannsleute, die Ellbogen auf den Knien, das Kinn in die Hände gestützt, tabakkauend und das Resultat durch die Zahnlücken auf vorübertreibende Holzstücke entladend, während die übrigen Familienmitglieder und die wenigen Haustiere sich auf einem leeren Flachboot zusammendrängten, das in der Nähe verankert lag. In diesem Flachboot mußte die Familie eine Reihe von Tagen, zuweilen sogar Wochen, kochen, essen und schlafen, bis der Fluß zwei oder drei Fuß fiel und ihnen die Rückkehr zu ihrer Blockhütte gestattete. Diesem Kampieren auf dem Wasser waren diese

Leute ein paarmal im Jahr ausgesetzt: beim Steigen des Ohio im Dezember und beim Steigen des Mississippi im Juni. Und das waren noch glückliche Fügungen, denn sie ermöglichten es den armen Geschöpfen, wenigstens hin und wieder von den Toten aufzuerstehen und einen Blick aufs Leben zu werfen, wenn ein Dampfboot vorüberfuhr. Sie wußten die Segnungen auch zu würdigen, denn sie rissen Mäuler und Augen weit auf und benützten diese Gelegenheit in ausgiebiger Weise. Was mochten diese verbannten Geschöpfe wohl während der Zeit des niederen Wasserstandes anfangen, um nicht an Langeweile und Schwermut zu sterben?

Einmal fanden wir in einer dieser lieblichen Inselpassagen unser Fahrwasser von einem hohen umgefallenen Baum vollständig überbrückt. Das läßt ersehen, wie schmal einige dieser Engen waren. Die Passagiere konnten sich eine Stunde lang in einer jungfräulichen Wildnis vergnügen, während die Schiffsmannschaft den Baum abhackte, denn an ein Umkehren war gar nicht zu denken.

Von Kairo bis Baton Rouge hat man, wenn der Strom über die Ufer getreten ist, bei Nacht keine besondere Schwierigkeit, denn die tausend Meilen lange dichte Waldmauer, die den Weg der ganzen Länge nach einfaßt, wird nur hier und da von einer Farm oder einem Holzplatz unterbrochen; es ist deshalb ebensowenig möglich, aus dem Fahrwasser zu kommen als aus einer eingezäunten Gasse. Von Baton Rouge bis New Orleans aber liegt die Sache ganz anders: Der Strom ist mehr als eine englische Meile breit und sehr tief - an manchen Stellen bis zu zweihundert Fuß. Beide Ufer sind auf einer Strecke von weit mehr als hundert englischen Meilen ganz von Gehölz entblößt und von einer ununterbrochenen Reihe von Zuckerrohrfeldern eingefaßt, zwischen denen nur hier und da ein einzelner oder eine Reihe, gleichsam zur Zierde dienender Chinabäume steht. Das Gehölz ist zwei bis vier Meilen weit bis hinter die Pflanzungen gänzlich ausgerodet. Wenn der erste Frost droht, bringen die Pflanzer eiligst ihre Ernte herein; wenn sie mit dem Mahlen des Zuckerrohrs fertig sind, bilden sie aus dem Abfall, der sogenannten Bagasse, große Haufen, die dann verbrannt werden. In anderen Zuckerländern wird dieser Abfall als Brennmaterial für die Öfen der Zuckermühlen verwendet. Diese feuchten Bagassehaufen verbrennen sehr langsam und rauchen wie die Küche des Teufels.

Ein zehn bis fünfzehn Fuß hoher Damm schützt beide Ufer des Mississippi auf der ganzen Strecke des unteren Stromlaufes; dieser Damm zieht sich in einer Entfernung von zehn bis zu hundert Fuß rückwärts vom Uferrand entlang - meist sind es dreißig bis vierzig Fuß. Nun lasse man diese ganze Strecke von einer undurchdringlichen Masse Rauchs, der aus einer hundert Meilen langen Reihe von brennenden Bagassehaufen emporsteigt, erfüllt sein, während der Fluß die Ufer überschwemmt hat, und versetze sich auf einen Dampfer, der um Mitternacht passieren muß! Und dann denke man sich hinein, wie einem dabei zumute ist! Man befindet sich draußen inmitten einer trüben uferlosen See, die in der düsteren Ferne verschwimmt und sich verliert, denn die Umrisse des schmalen Dammes sind nicht zu erkennen. Den Pflanzungen selbst hat der Rauch ein ganz verändertes Aussehen gegeben, und sie sehen wie ein Teil der See aus. Während der ganzen Wache wird man von der Qual der größten Ungewißheit gefoltert; man hofft noch im Strom zu sein, weiß es aber nicht. Man weiß nur so viel gewiß, daß man dem Ufer und dem Untergang auf sechs Fuß nahe sein kann, während man eine gute halbe englische Meile vom Ufer entfernt zu sein glaubt. Und falls das Boot plötzlich auf den Damm stößt und die Schornsteine über Bord fallen, bleibt einem jedenfalls der geringe Trost, daß man eigentlich nichts anderes erwartet hat. Eines der großen Vicksburger Paketboote schoß eines Nachts in eine Zuckerrohrpflanzung hinein und mußte eine volle Woche dort bleiben. Aber dies war nichts Neues; es war schon öfters geschehen.

Ich glaube dieses Kapitel schon beendet zu haben, möchte aber jetzt noch einen seltsamen Vorgang erwähnen, solange er mir im Sinne ist. Es gab einmal einen ausgezeichneten Lotsen auf dem Fluß, einen Herrn X., der ein Nachtwandler war. Wenn er sich wegen einer schwierigen Stromstrecke Sorgen machte, stand er, wie man erzählt, des Nachts auf, wandelte im Schlaf umher und tat allerlei seltsame Dinge. Einmal war er während einiger Fahrten mit einem gewissen George Ealer zusammen Lotse auf einem großen Passagierdampfer aus New Orleans. Letzterem war es daher auf der ersten Reise neben einem solchen Kameraden anfangs ziemlich unbehaglich; er beruhigte sich indessen bald, als er wahrnahm, daß X. ruhig im Bett schlief. Eines Abends kam das Boot spät nach Helena in Arkansas. Der Wasserstand war niedrig und die Überfahrt oberhalb der Stadt von einem Ufer zum anderen eine sehr schwierige und verwickelte Aufgabe. X. hatte die Stelle später passiert als Ealer, und da die Nacht besonders regnerisch, düster und neblig war, überlegte Ealer, ob es nicht besser wäre, X. zur Mithilfe beim Passieren der Strecke zu rufen, als sich die Tür öffnete und X. eintrat. Nun ist in sehr finsteren Nächten das Licht ein Todfeind des Lotsen. Es ist bekannt, daß man aus einem erleuchteten Zimmer die Gegenstände auf der dunklen Straße nicht genau erkennen kann, während man sie ziemlich deutlich sieht, wenn man das Licht löscht und sich in der Dunkelheit befindet. Deshalb rauchen die Lotsen bei sehr dunkler Nacht nicht, dulden im Steuerhaus kein Feuer im Ofen, wenn dieser einen Sprung hat, durch den auch nur der schwächste Strahl entweichen kann, lassen die Feuerstellen mit großen Segeltüchern verhängen und das Oberlicht dicht verschließen. Dann strahlt kein Licht vom Boot aus. Die unbestimmte Gestalt, die jetzt ins Steuerhaus trat, hatte Herrn X.s Stimme und sagte:

„Laß mich das Boot führen, George. Ich habe die Strecke erst kürzlich gesehen, und sie ist so gekrümmt, daß ich dort leichter selbst lotsen als dir sagen kann, wie man's machen muß."

„Sehr freundlich von dir; ich nehme mit Dank an. Hab' keinen Tropfen Schweiß mehr im Leibe. Ich bin wie ein Eichhörnchen mit dem Ruder herumgetanzt, so oft hab' ich hin- und herdrehen müssen. Es ist so finster, daß ich nicht sagen kann, nach welcher Richtung das Boot sich wendet."

Damit setzte sich Ealer keuchend und atemlos auf die Bank. Das schwarze Gespenst ergriff, ohne ein Wort zu sagen, das Ruder, gab dem walzenden Dampfer mit einigen Drehungen eine feste Richtung und stand dann gemächlich da und steuerte so ruhig und stetig, als ob es Mittag gewesen wäre. Als Ealer dieses wunderbare Steuern beobachtete, wünschte er, er hätte nicht gebeichtet. Er war ganz starr vor Verwunderung und sagte schließlich:

„Ich hatte mir eingebildet, ich könne ein Dampfboot steuern, sehe aber ein, daß ich mich wieder einmal geirrt habe."

X. sagte nichts, sondern steuerte ganz gemächlich und ruhig weiter. Er gab mit der Glocke Befehle für den Mann am Lot, ließ den Dampf teilweise abblasen und steuerte das Boot sorgfältig und glatt nach unsichtbaren Merkzeichen, stand dann ruhig vor der Mitte des Rades und blickte in die schwarze Nacht hinaus, vorwärts und rückwärts, um seine Position festzustellen. Als die

Lotungen immer seichteres Wasser anzeigten, ließ er die Maschinen gänzlich stoppen; daraufhin folgte Totenstille und das Hangen und Bangen des „Treibens". Als das seichteste Wasser erreicht war, ließ er volle Dampfkraft geben, führte das Boot prächtig hinüber und begann es vorsichtig in das nächste System der Flachwasser-Marken zu steuern. Dort arbeitete er mit Lot und Maschinen in derselben geduldigen, sorgfältigen Weise. Das Boot glitt hindurch, ohne den Grund zu berühren, und dampfte in die dritte und letzte Schwierigkeit der Kreuzungsstrecke. Unmerklich bewegte es sich durch die Finsternis, fuhr langsam zwischen den Marken, trieb allmählich weiter, bis das seichteste Wasser ausgerufen wurde, und schwang sich dann mit vollem Dampf über das Riff, in tiefes Wasser und in Sicherheit!

„Das ist das netteste Stück Lotsenarbeit, das je auf dem Mississippi geschah! Würde nicht glauben, daß es möglich wäre, wenn ich's nicht selbst gesehen hätte."

Da keine Antwort erfolgte, fügte er hinzu:

„Halte das Ruder nur noch fünf Minuten, Kamerad, damit ich hinunterlaufen und eine Tasse Kaffee trinken kann."

Eine Minute später aß Ealer unten in der Kajüte ein Stück Kuchen und labte sich an einer Tasse Kaffee. Da kam zufällig der Nachtwächter herein. Als er wieder hinaus wollte, bemerkte er Ealer und rief: „Wer ist am Ruder, Sir?"

„X."

„Rennen Sie nach dem Steuerhaus, rascher wie der Blitz."

Im nächsten Augenblick flogen beide Männer die Treppe zum Steuerhaus hinauf, immer drei Stufen auf einmal. Niemand dort!

Bald darauf kam der Wächter zurück und fragte:

„Hat Ihnen denn der Mondsüchtige nicht gesagt, daß er schlief, als er zuerst heraufkam?"

„Nein."

„Nun, ich kann's bezeugen. Ich kam gerade dazu, wie er oben auf den Geländern herumspazierte, so sorglos, wie ein anderer auf dem Straßenpflaster gehen würde, und brachte ihn zu Bett."

„Nun, wenn er wieder einen von diesen Anfällen hat, will ich dabeibleiben; aber ich hoffe, daß er noch oft solche hat. Herrgott, wenn er so ‚goldblatt-, glacéhandschuh-, diamantnadelartig' lotsen kann, während er fest schläft, was müßte der erst leisten, wenn er tot wäre!"

Das Loten

Wenn der Wasserstand des Flusses sehr niedrig ist und das Dampfboot gerade so tief geht, ja noch ein paar Zoll mehr, als Wasser da ist, wie es damals häufig vorkam, dann muß man beim Lotsen ziemlich vorsichtig sein. Bei sehr niedrigem Stand des Flusses mußten wir fast auf jeder Reise auf einer Anzahl besonders schlimmer Stellen loten.

Das Loten geschieht in folgender Weise: Das Boot wird zunächst dicht am Ufer festgemacht, gerade oberhalb der seichten Kreuzung; dann nimmt der wachfreie Lotse seinen Lehrling oder Steuerer und eine auserlesene Schar Matrosen (manchmal auch einen Offizier) und fährt - vorausgesetzt, daß das Boot nicht jenen seltenen und kostbaren Luxusartikel, ein eigens gebautes Lotungsboot besitzt - mit der Jolle hinaus, um nach dem besten Wasser zu suchen, während der wachhabende Lotse auf dem Dampfboot inzwischen seine Bewegungen durch ein Fernglas beobachtet und dieselben zuweilen durch Signale mit der Dampfpfeife „Versucht's weiter oben“ oder „Versucht's weiter unten“ unterstützt; denn die Oberfläche des Wassers ist wie ein Ölgemälde und, aus einiger Entfernung betrachtet, ausdrucksvoller und verständlicher, als aus der Nähe gesehen. Die Pfeifsignale sind indessen nur selten notwendig - und vielleicht nur dann, wenn der Wind die bedeutungsvollen kleinen krausen Wellenbewegungen auf dem Wasser stört. Wenn die Jolle die seichte Stelle erreicht hat, wird die Fahrgeschwindigkeit vermindert, der Lotse beginnt mit einer zehn bis zwölf Fuß langen Stange die Tiefe zu messen, und der Mann an der Ruderpinne gehorcht aufs schnellste jedem Befehl des Lotsen, das Boot nach Steuerbord oder Backbord zu lenken oder den geraden Kurs zu verfolgen.

Wenn die Messungen anzeigen, daß sich das Boot dem flachsten Teil des Riffs nähert, folgt das Kommando: „Stopp Rudern!“ Die Leute hören auf zu rudern, und die Jolle treibt mit der Strömung. Der nächste Befehl ist: „Klar bei der Boje!“ In dem Augenblick, wenn der seichteste Punkt erreicht ist, ruft der Lotse: „Los die Boje!“, die dann über Bord geht. Ist der Lotse nicht ganz befriedigt, so peilt er die Stelle nochmals; und wenn er weiter nach oben oder unten mehr Wasser findet, so läßt er die Boje dorthin bringen. Ist er endlich befriedigt, so gibt er den Befehl, daß alle Leute ihre Riemen in einer Linie in die Höhe halten; ein Pfiff vom Dampfboot zeigt an, daß man das Signal gesehen hat; die Leute ziehen die Riemen an und legen die Jolle längsseits der Boje. Der

Dampfer kommt nunmehr langsam und behutsam herab, den Bug gerade auf die Boje gerichtet, spart seine Kraft aber auf für den bevorstehenden Kampf. Im kritischen Augenblick geht er mit vollem Dampf knirschend und schwankend über Boje und Sand, um das tiefe Wasser auf der anderen Seite zu gewinnen - oder auch nicht; vielleicht „stößt er auf und schwingt herum" und muß dann stunden- oder tagelang arbeiten, bis er wieder flott wird.

Zuweilen wird gar keine Boje gelegt, sondern die Jolle fährt voran, um das beste Wasser aufzusuchen, und der Dampfer folgt in ihrem Kielwasser. Oft ist das Loten sehr lustig und aufregend, besonders an schönen Sommertagen oder in stürmischen Nächten.

Im Winter wird der Spaß aber durch Kälte und Gefahr größtenteils verdorben.

Eine Boje ist nichts anderes als ein vier oder fünf Fuß langes Brett, dessen eines Ende rechtwinklig umgebogen ist. Sie ist wie eine umgekehrte Schulbank, die nur einen Fuß besitzt, während der andere abgenommen ist. Sie wird an der flachsten Stelle des Riffs mit einem Tau, an dem ein schwerer Stein hängt, verankert; ohne den Widerstand des umgebogenen Teils des Brettes würde die Strömung die Boje unter Wasser ziehen. In der Nacht wird oben auf der Boje eine Papierlaterne mit einer Kerze darin befestigt, die als kleiner schimmernder Fleck eine englische Meile weit und mehr in der schwarzen Wüstenei zu sehen ist.

Nichts freut einen Lotsenlehrling mehr als eine Gelegenheit zum Loten. Die Sache hat einen abenteuerlichen Zug; oft ist Gefahr dabei, und dann ist es so lustig und kriegsschiffmäßig, hinten im Boot zu sitzen und eine schnelle Jolle zu steuern. Es ist etwas Köstliches, das fröhliche Hüpfen eines Boots, wenn auserlesene alte Matrosen mit aller Macht sich in die Riemen legen. Lieblich ist's zu sehen, wie der weiße Schaum vom Bug wegströmt. Es liegt Musik im Rauschen des Wassers, und im Sommer ist es erheiternd, über die kühlen Stromflächen dahinzuschießen, wenn eine Menge kleiner Wellen in der Sonne tanzt. Und dann ist es so erhaben für den Lehrling, vielleicht die Gelegenheit zu haben, einen Befehl geben zu dürfen; denn oft sagt der Lotse einfach „Wenden!" und überläßt das andere seinem Lehrling, der mit kräftiger Kommandostimme augenblicklich ruft: „Langsam an Steuerbord! Pull Backbord! Pull weg, Steuerbord! Tüchtig, Leute!" Den angehenden Lotsen freut das Loten aus dem Grund, weil die Blicke der Passagiere alle Bewegungen der Jolle mit gespanntem Interesse verfolgen – das heißt bei Tag. Und wenn es Nacht ist, weiß er, daß dieselben staunenden Augen auf die Laterne des Bootes gerichtet sind, wie sie hinausgleitet in die Finsternis und in weiter Ferne allmählich verschwindet.

Auf einer Fahrt verbrachte ein hübsches Mädchen von sechszehn Jahren, das mit Onkel und Tante reiste, seine ganze Zeit im Ruderhaus. Ich verliebte mich in sie, Tom G., Herrn Thornburys Lehrling, gleichfalls. Tom und ich waren bis dahin Busenfreunde gewesen; jetzt aber begann eine gewisse Kälte zwischen uns einzutreten. Ich erzählte dem Mädchen viele meiner Abenteuer auf dem Strom und spielte mich so heldenmäßig wie möglich auf.

Ebenso wollte Tom sich für einen Helden ausgeben, und es gelang ihm auch bis zu einem gewissen Grad; er schmückte eben alles aus. Aber die Tugend findet ihren Lohn in sich selbst, und so war ich denn in dem Wettlauf um ihre Gunst ein wenig voraus. Um diese Zeit geschah etwas, von dem ich mir sehr viel versprach: Die Lotsen beschlossen, die Wassertiefe der Kreuzung am oberen Ende von 21 zu peilen. Das würde etwa um neun oder zehn Uhr abends geschehen, zu einer Zeit, in der die Passagiere noch wach waren. Herr Thornbury würde die Wache, mein Lehrmeister also das Loten zu besorgen haben. Wir hatten ein allerliebstes Boot zum Loten – lang, schmuck, anmutig und so schnell wie ein Windspiel. Die Ruderbänke waren gepolstert; es führte zwölf Ruderer; und einer der Steuerleute wurde stets mitgeschickt, um der Rudermannschaft die Befehle zu übermitteln, da es auf unserem Dampfer unendlich stilvoll zuging.

Wir befestigten den Dampfer oberhalb 21 am Ufer und machten alles bereit. Es war eine schlimme Nacht und der Fluß so breit, daß die ungeübten Augen einer Landratte durch eine solche Finsternis das entgegengesetzte Ufer nicht erkennen konnten. Die Passagiere waren munter und voll Interesse, alles ging befriedigend. Als ich, malerisch in Ölzeug gehüllt, durch den Maschinenraum eilte, begegnete mir Tom, und ich konnte nicht unterlassen, ihn anzureden. Ich fragte ihn:

„Bist du nicht froh, daß du nicht zum Loten hinaus mußt?"

Tom wollte vorübergehen, wandte sich aber rasch um und sagte:

„Höre, nun kannst du dir selbst die Peilstange holen. Ich war auf dem Weg danach, möchte dich jetzt aber lieber in – Halifax sehen, als sie holen."

„Wer verlangt, daß du sie holst? Ich nicht. Sie ist im Boot."

„Nein, sie ist nicht dort. Sie ist frisch angestrichen worden und liegt seit zwei Tagen auf der Damenkajüte zum Trocknen."

Ich flog zurück und gelangte unter die Schar staunender Damen – gerade früh genug, um das Kommando zu hören:

„Stoßt ab, Leute!"

Ich schaute hinüber und sah das schmucke Boot dahinfliegen, der gewissenlose Tom saß am Steuer, neben ihm mein Lehrmeister mit der Peilstange, mit der ich in den April geschickt worden war. Da sagte das junge Mädchen zu mir:

„Wie entsetzlich, in einer solchen Nacht in dem kleinen Boot hinausfahren zu müssen! Glauben Sie, daß Gefahr dabei ist?"

Ich wünschte mir geradezu den Tod. Voller Gift entfernte ich mich, um im Ruderhaus zu helfen. Bald darauf verschwand die Bootslaterne, und nach einer kurzen Zwischenzeit blitzte in der Entfernung von etwa einer Meile ein ganz schwacher Funke auf dem Wasser auf. Herr Thornbury gab zum Zeichen, daß er das Licht gesehen, ein Signal mit der Dampfpfeife, brachte den Dampfer in den Strom und steuerte auf das Licht zu. Wir flogen dahin, verlangsamten dann die Fahrt und glitten vorsichtig auf den Lichtfunken zu. Gleich darauf rief Herr Thornbury.

„Hallo, die Bojenlaterne ist verlöscht!"

Er ließ die Maschinen stoppen. Kurz darauf sagte er:

„Ei, da ist sie wieder!"

Wieder setzte er die Maschinen in Gang und ließ das Lot auswerfen. Nach und nach wurde das Wasser seichter, dann wurde es wieder tiefer. Herr Thornbury murmelte:

„Nun, das begreife ich nicht. Ich glaube, die Boje ist von dem Riff weggetrieben; scheint mir ein wenig zu weit links zu sein. Gleichviel, es ist jedenfalls am sichersten, darüber wegzufahren."

So steuerten wir denn in der undurchdringlichen Finsternis langsam auf das Licht zu. Gerade als unser Bug darüber hinpflügen wollte, griff Herr Thornbury nach den Glockenzügen, schellte mit aller Macht und rief aus:

„Bei meiner Seele, es ist das Boot!"

Ein Chor von wilden Alarmrufen stieg plötzlich von unten herauf - eine Pause –, und dann folgte ein knirschender, krachender Ton. Herr Thornbury schrie:

„Da! Das Schaufelrad hat das Boot zerschmettert! Geschwind, sieh nach, wer getötet ist!"

Im Nu war ich auf dem Hauptdeck. Mein Lehrmeister, der dritte Steuermann und fast alle Ruderer waren wohlbehalten. Sie hatten die Gefahr, in der sie schwebten, erst entdeckt, als es zu spät zum Ausweichen war. Im Moment, als der große Radkasten sie beschattete, waren sie bereits gefaßt und wußten, was sie zu tun hatten. Auf Befehl meines Lehrmeisters sprangen sie im rechten Augenblick auf, ergriffen den Radkasten und wurden an Bord gezogen. Im nächsten Augenblick wurde die Jolle nach dem Schaufelrad geschleudert, von diesem erfaßt und zu Atomen zersplittert. Zwei der Leute und Tom fehlten - eine Tatsache, die sich wie ein Lauffeuer auf dem Dampfer verbreitete. Die Passagiere kamen in Scharen nach den vorderen Gängen, alle Damen und Herren mit besorgten Blicken, blassen Wangen, und sprachen mit gepreßter Stimme von dem schrecklichen Vorfall. Und oft und immer wieder hörte ich sie sagen: „Arme Burschen! Armer Junge!"

Mittlerweile war eine Jolle bemannt worden und hatte abgelegt, um nach den Vermißten zu suchen. Jetzt ließ sich ein schwacher Ruf hören, weit entfernt nach links, während die Jolle in der entgegengesetzten Richtung verschwunden war. Die Hälfte der Leute stürzte nach der einen Seite, um den Schwimmer mit ihren Zurufen zu ermutigen; die andere Hälfte eilte nach rechts, um der

Jolle zuzuschreien, daß sie umkehren solle. Dem Schall nach näherte sich der Schwimmer, aber einige sagten, das Rufen zeige ein Nachlassen der Kräfte. Die Menge drängte sich an der Reling des Kesseldecks zusammen, lehnte sich hinüber und starrte in die Finsternis hinaus, und jeder schwache und schwächere Schrei entrang ihnen Worte wie: „Ach der arme, arme Kerl! Ist denn keine Möglichkeit vorhanden, ihn zu retten?"

Aber noch immer dauerten die Rufe fort und kamen näher, und endlich erschollen die Worte:

„Ich kann's aushalten! Klar bei Leine!"

Mit welch donnerndem Hurra sie ihn empfingen! Der erste Steuermann, mit einer langen Leine in der Hand, stellte sich in den Schein einer Laterne, und seine Leute gruppierten sich um ihn. Im nächsten Augenblick erschien das Gesicht des Schwimmers im Lichtkreis, und in einem weiteren Augenblick war der letztere ermattet und durchnäßt an Bord geholt, während zahllose Hurrarufe ihn begrüßten. Es war der verteufelte Tom.

Die Bootsmannschaft suchte überall, fand aber keine Spur von den beiden Ruderern. Es war ihnen wahrscheinlich nicht gelungen, den Radkasten zu erfassen, und sie waren zurückgefallen, vom Rad getroffen und getötet worden. Tom war überhaupt nicht nach dem Radkasten gesprungen, sondern hatte sich kopfüber in den Strom gestürzt und war unter das Rad getaucht. Es war nicht viel dabei. Ich hätte es leicht nachmachen können und sagte es auch. Aber trotzdem fuhr jedermann fort, soviel Aufhebens von dem Esel zu machen, als ob er wunder was getan hätte. Jenes Mädchen schien während der übrigen Dauer der Fahrt gar nicht genug bekommen zu können von jenem kläglichen „Helden". Mir war's aber einerlei, ich verabscheute sie so oder so.

Daß wir die Laterne des Peilbootes irrtümlich für das Bojenlicht hielten, hatte folgenden Grund: Mein Lehrmeister sagte, er sei, nachdem die Boje gelegt war, weitergetrieben und habe sie beobachtet, bis sie festzuliegen schien. Dann habe er etwa hundert Meter unter ihr Stellung genommen, etwas seitwärts vom Kurs des Dampfers, den Bug des Boots stromaufwärts gerichtet und gewartet. Da einige Zeit verfloß, begannen er und der Steuermann zu plaudern. Als er glaubte, daß der Dampfer ungefähr auf dem Riff sein mußte, blickte er auf und sah, daß die Boje fort war, meinte aber, der Dampfer sei bereits darüber hinweggefahren. Er plauderte daher fort und bemerkte dann, daß der Dampfer sehr dicht an ihn herankam. Indessen war das ganz korrekt - er mußte dicht an ihm vorbeifahren, um die Mannschaft bequem an Bord nehmen zu können. Er erwartete bis zum letzten Augenblick, daß der Dampfer abscheren würde. Da derselbe die Richtung jedoch nicht änderte, ging ihm plötzlich durch den Sinn, ob nicht der Dampfer seine Laterne für das Bojenlicht hielt und das Boot niederrennen würde. Er rief also: „Klar zum Überspringen auf den Radkasten, Leute!" Und im nächsten Augenblick wurde der Sprung ausgeführt.

Was ein Lotse braucht

Ich schweife aber von meinem Vorsatz ab, einige besondere Erfordernisse der Lotsenwissenschaft klarer zu machen, als vielleicht aus den vorhergehenden Artikeln ersichtlich ist. Da ist vor allem eine Fähigkeit, die ein Lotse unaufhörlich pflegen muß, bis er es darin zu absoluter Vollkommenheit gebracht hat; nur die Vollkommenheit genügt. Diese Fähigkeit ist das Gedächtnis. Er darf sich nicht damit begnügen, daß er bloß denkt, ein Ding ist so und so; er muß es wissen, denn das Lotsen ist in hohem Grade eine „exakte“ Wissenschaft. Mit welcher Verachtung wurde doch in den alten Zeiten ein Lotse angeschaut, wenn er es je wagte, sich der schwachen Redensart „Ich denke“ zu bedienen, statt der kräftigen „Ich weiß“. Man kann sich nicht leicht einen Begriff davon machen, wie schwer es ist, jede geringfügige Einzelheit an einem zwölfhundert Meilen langen Strom, und zwar mit unbedingter Genauigkeit zu kennen. Man nehme die längste Straße in New York zum Beispiel, gehe darin auf und ab und studiere geduldig alle Merkmale, bis man jedes Haus, jedes Fenster, jede Tür, jeden Laternenpfahl und jedes große und kleine Zeichen auswendig und so genau kennt, daß man augenblicklich weiß, wo man sich befindet, wenn man mitten in einer tintenschwarzen Nacht in jener Straße niedergesetzt wird – dann wird man einen ungefähren Begriff vom Umfang und der Genauigkeit der Kenntnis eines Lotsen haben, der den ganzen Mississippistrom in seinem Kopf herumträgt. Und wenn man dann fortfährt, bis man jede Straßenkreuzung, das Aussehen, die Größe und Lage der Steine des Gehsteigs und die wechselnde Tiefe des Kotes an jeder dieser zahllosen Stellen kennt, dann hat man eine Idee von dem, was der Lotse wissen muß, um einen Mississippidampfer vor Unheil zu bewahren. Wenn man dann die Hälfte jener Merkzeichen nimmt, ihre Plätze monatlich ändert und es trotzdem fertigbringt, ihre neue Lage bei dunkler Nacht genau zu wissen und sich auf dem laufenden zu halten bezüglich dieser Änderungen, ohne größere Irrtümer zu begehen, so wird man verstehen, was der unbeständige Mississippi von dem unvergleichlichen Gedächtnis eines Lotsen fordert.

Ich glaube, das Gedächtnis eines Lotsen ist so ziemlich das Wunderbarste in der Welt. Das alte und neue Testament auswendig wissen und vorwärts und rückwärts fließend hersagen oder irgendwo in der Bibel aufs Geratewohl anfangen und sie nach beiden Richtungen hersagen zu können, ohne je zu stocken oder einen Irrtum zu begehen, ist kein übertrieben großes Maß von Wissen und nichts Wunderbares, verglichen mit dem aufgespeicherten Wissen eines Lotsen vom Mississippi und seiner merkwürdigen Leichtigkeit der Handhabung desselben. Ich stellte diesen Vergleich nach reiflichster Überlegung an und glaube, damit der Wahrheit keinen Zwang anzutun. Viele werden das Gleichnis für übertrieben halten, Lotsen aber nicht.

Und wie leicht und gemächlich tut das Gedächtnis des Lotsen seine Arbeit, wie still und mühelos ist seine Methode, wie unbewußt häuft es seine ungeheuren Schätze auf, Stunde für Stunde, Tag für Tag, ohne je ein einziges wertvolles Päckchen davon zu verlieren oder zu verlegen! Nehmen wir ein Beispiel. Der Mann am Lot ruft: „Zweieinhalb Faden! Zweieinhalb Faden! Zweieinhalb Faden!", bis der Ruf so eintönig wird wie das Ticken einer Uhr. Die Unterhaltung geht unterdessen weiter, der Lotse nimmt ebenfalls daran teil und lauscht dem Rufen nur noch unbewußt. Nun werde inmitten dieser endlosen Reihe von „Zweieinhalb Faden" ein einziges „Zweieinviertel Faden!" geworfen, und dann möge es wieder weitergehen wie zuvor. Zwei oder drei Wochen später kann der Lotse ganz genau die Lage des Bootes im Strom in dem Augenblick, als jener Ruf „Zweieinviertel Faden!" ertönte, beschreiben und einem so viele Marken nach vorn, nach hinten und nach den Seiten angeben, daß man selbst imstande sein würde, das Boot dorthin und in die nämliche Lage zu bringen. Der Ruf „Zweieinviertel Faden" zog seine Gedanken in Wirklichkeit nicht von dem Gespräch ab, aber sein trefflich geschulter Geist vergegenwärtigte sich sogar die Peilungen bildlich, bemerkte die Veränderung in der Tiefe und bewahrte die wichtigen Einzelheiten für künftige Fälle auf, alles wie von selbst und ohne sein Wissen und Wollen. Wenn du, lieber Leser, mit einem Freund spazierengingest und plaudertest, und ein zweiter Freund an deiner Seite wiederholte fortwährend ein paar hundertmal den Buchstaben A und würfe einmal - ganz unauffällig - ein R dazwischen, so würdest du nach zwei oder drei Wochen weder sagen, ob überhaupt ein R eingeworfen wurde noch die Gegenstände beschreiben können, an denen du vorübergingst, als das R geäußert wurde. Du würdest aber dazu imstande sein, wenn du dein Gedächtnis durch beharrliche und mühsame Schulung dahin gebracht hättest, diese Art Arbeit mechanisch zu verrichten.

Hat ein Mann von Anfang an ein ziemlich gutes Gedächtnis, so wird dieses durch das Lotsen zu einem wahren Koloß an Leistungsfähigkeit entwickelt werden – aber nur in den Dingen, in welchen es täglich geübt wird. Mit der Zeit muß es soweit kommen, daß der Geist eines solchen Mannes nicht umhin kann, sich die Landmarken und Wassertiefen zu merken, und daß sein Gedächtnis daran festhält mit der Zähigkeit eines Lasters. Aber wenn man denselben Mann um Mittag fragen würde, wo er gefrühstückt habe, so wäre zehn gegen eins zu wetten, daß er es nicht mehr weiß. Mit dem menschlichen Gedächtnis kann Erstaunliches vollbracht werden, wenn man es treulich einem besonderen Berufszweig widmet.

Zu der Zeit, als die Löhne auf dem Missouri sehr hoch hinaufgingen, begab sich mein Lehrmeister, Herr Bixby, dorthin und „lernte" mit erstaunlicher Leichtigkeit und Raschheit mehr als tausend Meilen von jenem Strom. Als er jeden Teil des Flusses einmal bei Tag und einmal bei Nacht gesehen hatte, war seine Ausbildung so nahezu vollendet, daß er sich eine „Tageslizenz" löste. Nach ein paar weiteren Fahrten löste er sich eine volle Lizenz und begann Tag und Nacht zu lotsen – und zwar als Lotse ersten Ranges.

Herr Bixby gab mich für einige Zeit als Steurer einem Lotsen mit, dessen Gedächtnisleistungen mir fortwährend ein Wunder waren. Ich glaube jedoch, das Gedächtnis war ihm angeboren, nicht anerzogen. Erwähnte zum Beispiel jemand einen Namen, so fiel Herr Brown – so hieß er – augenblicklich ein:

„Oh, ich kannte ihn. Blasser, rotköpfiger Bursche mit einer kleinen Narbe auf der rechten Seite des Halses wie ein Splitter unterm Fleisch. Er trieb erst seit sechs Monaten Handel im Süden; das war vor dreizehn Jahren. Machte eine Reise mit ihm. Der obere Lauf des Flusses war damals fünf Fuß tief. Die ‚Henry Blake' geriet am unteren Ende der Turminsel mit viereinhalb Fuß Tiefgang fest; die ‚George Elliot' verlor ihr Ruder am Wrack der ‚Sonnenblume' . . ."

„Ei, die ‚Sonnenblume' sank ja erst ..."

„Ich weiß, wann sie sank; es war drei Jahre vorher, am 2. Dezember. Asa Hardy war Kapitän und sein Bruder erster Buchhalter auf ihr. Es war auch seine erste Fahrt auf ihr. Tom Jones erzählte mir alles dies acht Tage später in New Orleans. Er war erster Steuermann auf der ‚Sonnenblume'. Kapitän Hardy trat sich am 6. Juli nächsten Jahres einen Nagel in den Fuß und starb am 15. an der Mundklemme. Sein Bruder John starb zwei Jahre später am 3. März – Rotlauf. Sah nie einen von den Hardys – fuhren auf dem Alleghany –, aber Leute, die sie gekannt haben, erzählten mir alles. Und sie sagten auch, Kapitän Hardy habe Sommer wie Winter gestrickte Socken getragen. Seine erste Frau hieß Johanna Schook – sie war aus Neu-England –, und seine zweite starb im Irrenhaus. Es lag im Blut. Sie stammte aus Lexington in Kentucky und hieß Norton vor ihrer Verheiratung."

Und so arbeitete seine Zunge stundenlang fort. Er konnte absolut nichts vergessen; das war ihm rein unmöglich. Die geringfügigsten Einzelheiten waren noch ebenso deutlich und klar in seinem Gedächtnis, nachdem sie jahrelang darin bewahrt waren, wie die denkwürdigsten Ereignisse. Er hatte nicht bloß ein Lotsengedächtnis; der Umfang desselben war universal. Wenn er von einem unwichtigen Brief sprach, den er vor sieben Jahre empfangen hatte, durfte man sicher sein, daß er den ganzen Inhalt wortgetreu aus dem Gedächtnis hersagen konnte. Und dann war es mehr als wahrscheinlich, daß er, ohne es selbst zu bemerken, vom rechten Ziel seines Gesprächs abwich und eine weitschweifige Lebensbeschreibung des Schreibers jenes Briefes einfügte. Man konnte wirklich von Glück sagen, wenn er nicht des Schreibers Verwandte, einen nach dem anderen, vornahm und auch ihre Lebensläufe schilderte.

Ein derartiges Gedächtnis ist ein großes Unglück. Für ein solches sind alle Vorfälle von derselben Wichtigkeit. Sein Besitzer kann einen interessanten Umstand von einem uninteressanten nicht unterscheiden. Im Gespräch kann er nicht umhin, seine Geschichte mit ermüdenden Einzelheiten zu überlasten und sich zu einem unausstehlichen Plagegeist zu machen. Und dann vermag er sich nicht an seinen Gegenstand zu halten. Er liest jedes Körnchen der Erinnerung, das er auf seinem Wege sieht, auf und wird so abseits geführt. Herr Brown begann zum Beispiel in der redlichen Absicht, uns eine ungeheuer spaßhafte Anekdote von einem Hund zu erzählen. Er kam dabei so sehr ins Lachen, daß er kaum anfangen konnte. Dann begann sein Gedächtnis mit der Abstammung und körperlichen Erscheinung des Hundes, ging allmählich über in eine Geschichte seines Besitzers und dessen Familie mit Beschreibung von Hochzeiten und Begräbnissen, die sich ereignet hatten, und mit Rezitationen von dadurch hervorgerufenen poetischen Glückwünschen und Nachrufen. Dann erinnerte sich sein Gedächtnis, daß eines dieser Ereignisse während des berühmten „strengen Winters“ in dem und dem Jahre vorfiel, und nun folgte eine eingehende Beschreibung jenes Winters mit den Namen der Leute, die erfroren waren, und eine Statistik der hohen Preise, welche Schweinefleisch und Heu erreichten. Schweinefleisch und Heu erinnerten an Getreide und Futterpflanzen, diese an Kühe und Pferde; letztere brachten ihn auf den Zirkus und berühmte Reiter auf ungesattelten Pferden. Der Übergang vom Zirkus zur Menagerie war leicht und natürlich. Vom Elefanten nach Zentralafrika war nur ein Schritt. Dann dachte er bei den heidnischen Wilden natürlich an Religion. Am Ende eines drei- oder vierstündigen langweiligen Geschwätzes wurde die Wache abgelöst, und Brown schritt aus dem Ruderhaus, Auszüge aus Predigten murmelnd, die er vor Jahren über die Wirksamkeit des Gebets als Gnadenmittel gehört hatte. Und die ursprüngliche erste Erwähnung des Hundes war alles, was man nach all dem Warten und Hungern über diesen erfahren hatte.

Der Lotse muß ein Gedächtnis haben. Aber es gibt noch höhere Eigenschaften, die er besitzen muß: gute und schnelle Urteilskraft, Entschlossenheit und einen kühlen, gelassenen Mut, den keine Gefahr erschüttern kann. Ist ein Mann von Anfang an nur ein bißchen herzhaft, so vermag er, wenn er Lotse geworden ist, durch keine Gefahr, in die ein Dampfboot geraten kann, entmutigt zu werden. Von der Urteilskraft kann man nicht ganz dasselbe sagen. Das Urteilsvermögen ist Sache des Gehirns, und man muß von diesem Artikel schon von Anfang an einen bedeutenden Vorrat haben, wenn man als Lotse Erfolg haben will.

Der Mut wächst im Ruderhaus fortwährend und stetig, erreicht aber nicht eher einen hohen und befriedigenden Grad, als bis der junge Lotse eine Zeitlang allein und unter dem drückenden Gewicht der ganzen mit der Stellung verbundenen Verantwortlichkeit selbst die Wache befehligt hat. Wenn ein Lehrling mit dem Strom gründlich bekanntgeworden ist, jagt er mit seinem Dampfboot bei Tag oder Nacht so furchtlos dahin, daß er sich bald einzubilden beginnt, daß der eigene Mut ihn beseelt. Aber sobald sein Meister einmal hinausgeht und ihn sich selbst überläßt, erkennt er, daß es der Mut des letzteren war. Er entdeckt, daß dieser Artikel in seiner Ladung gänzlich fehlt. Der ganze Strom wimmelt im Augenblick von drohenden Gefahren. Er ist nicht darauf vorbereitet, weiß nicht, wie er ihnen begegnen soll. All sein Wissen läßt ihn im Stich, und in zehn Minuten ist er so bleich wie ein Leintuch und fast zu Tode erschreckt. Deshalb erziehen die Lotsen diese Anfänger weise durch strategische Finten dazu, der Gefahr etwas gelassener ins Angesicht zu sehen. Eine ihrer Lieblingsmethoden ist es, den Kandidaten auf den Leim zu locken.

Herr Bixby spielte mir einmal in dieser Weise mit, und noch Jahre nachher errötete ich selbst im Schlaf, wenn ich daran dachte. Ich war ein guter Steuerer geworden – ein so guter, daß ich auf unserer Wache bei Tag und Nacht so ziemlich alle Arbeit zu tun hatte. Herr Bixby machte mir gegenüber selten eine Andeutung. Alles, was er je tat, war, daß er in besonders schlimmen Nächten oder an besonders schwierigen Stellen das Rad ergriff, daß er das Boot ans Land legte, wenn es nötig war, daß er während neun Zehnteln der Wache den müßigen Herrn spielte und die Gage einstrich. Wenn jemand meine Fähigkeit, irgendeine Kreuzung zwischen Kairo und New Orleans ohne Hilfe und Anweisung zu passieren, bezweifelt hätte, würde ich mich schwer beleidigt gefühlt haben. Der Gedanke, daß ich mich vor einer dieser Kreuzungen bei Tag scheuen sollte, war zu unsinnig, um überhaupt in Betracht zu kommen. Nun, eines unvergleichlich schönen Sommertags dampfte ich die Krümmung oberhalb der Insel 66 hinab. Ich war voll Selbstgefühl und trug die Nase so hoch wie eine Giraffe. Auf einmal sagte Herr Bixby:

„Ich gehe ein wenig hinunter. Ich glaube, du kennst die nächste Kreuzung, nicht wahr?"

Das war fast eine Beschimpfung. Die Kreuzung war so ziemlich die einfachste und leichteste im ganzen Strom. Man konnte nicht zu Schaden kommen, ob man sie nun richtig durchfuhr oder nicht; und was die Tiefe anbelangt, so hatte man dort noch niemals beim Loten Grund bekommen. Ich wußte das alles sehr gut.

„Ob ich die Kreuzung kenne? Ei, ich könnte sie mit geschlossenen Augen passieren."

„Wieviel Wasser ist dort?"

„Nun, das ist eine sonderbare Frage. Ich würde dort mit einem Kirchturm keinen Grund bekommen."

„Meinst du?"

Schon der Ton dieser Frage erschütterte meine Zuversicht; und das war's, was Herr Bixby erwartete. Er entfernte sich darauf, ohne ein Wort weiter zu sagen. Ich begann mir alles mögliche einzubilden. Herr Bixby sandte – natürlich ohne mein Wissen – einen Matrosen nach der Back mit geheimnisvollen Weisungen für die Loter. Ein anderer Bote flüsterte mit den Offizieren, und dann versteckte sich Herr Bixby hinter einem der Schornsteine, wo er die Folgen beobachten konnte. Gleich darauf schritt der Kapitän auf das Sturmdeck hinaus; dann erschien der Erste Steuermann und schließlich der Zahlmeister. Jeden Augenblick vermehrte sich mein Auditorium um einen weiteren Nachzügler, und noch ehe ich zum oberen Ende der Insel kam, waren fünfzehn bis zwanzig Personen vor meiner Nase versammelt. Ich begann neugierig zu werden, was eigentlich los wäre. Als ich quer über den Fluß zu steuern anfing, blickte der Kapitän zu mir herauf und fragte mich in erheuchelter Unruhe:

„Wo ist Herr Bixby?“

„Hinuntergegangen, Sir.“

Das gab mir den Rest. Meine Einbildung begann Gefahren aus dem Nichts zu konstruieren, die sich rascher vermehrten, als daß ich sie hätte überblicken können. Ganz plötzlich bildete ich mir ein, ich sähe flaches Wasser vor uns. Der Schrecken, der mir durch die Adern schoß, lähmte fast alle meine Glieder. All mein Vertrauen in jene Kreuzung war auf einmal verschwunden. Ich ergriff den Glockenzug, ließ ihn beschämt wieder fallen, ergriff ihn nochmals, ließ ihn wieder los, umklammerte ihn zitternd nochmals und zog so schwach daran, daß ich selbst den Ton kaum hören konnte. In demselben Augenblick riefen Kapitän und Steuermann wie aus einer Kehle:

„Das Lot an Steuerbord! Und rasch dabei!“

Das war ein zweiter Schlag. Ich ließ das Rad wie ein Eichhörnchen laufen. Aber kaum hatte ich das Boot nach Backbord gewendet, als ich auf dieser Seite neue Gefahren sah und wieder auf die andere zusteuerte, nur um an Steuerbord die Gefahren sich anhäufen zu sehen und wieder wie rasend nach Backbord hinüberzuhalten. Und nun ertönte die Grabesstimme des Mannes am Lot:

„Vier Faden!“

Vier Faden in einer bodenlosen Kreuzung! Der Schreck benahm mir den Atem.

„Drei Faden! . . . Drei Faden! . . . Zweidreiviertel Faden! . . . Zweieinhalb Faden! . . .“

Das war entsetzlich! Ich ergriff den Glockenzug und stoppte die Maschinen.

„Zweieinviertel Faden! Zweieinviertel Faden! Zwei Faden!“

Ich war hilflos und wußte nicht, was in aller Welt ich tun sollte. Ich zitterte vom Scheitel bis zur Zehe und hätte meinen Hut an den Augen aufhängen können, so weit standen sie heraus.

„Eindreiviertel Faden! Neuneinhalb Fuß!“

Wir gingen neun Fuß tief! Meine Hände waren in nervöser Erregung; ich konnte kein verständliches Glockenzeichen geben. Ich flog zum Sprachrohr und rief dem Maschinisten zu:

„Ben, wenn du mich liebhast, rückwärts! Rasch, Ben, rückwärts mit allem Dampf, den du hast!“

Ich hörte, wie sich die Tür des Ruderhauses leise schloß, sah mich um, und – da stand Herr Bixby und lächelte in sanfter, gewinnender Weise. Und nun entstand bei dem Auditorium auf dem Sturmdeck ein wahres Gewitter von demütigendem Gelächter. Ich wußte jetzt, woran ich war, und kam mir niedriger vor als der niedrigste Mensch in der ganzen menschlichen Geschichte. Ich ließ das Loten einstellen, brachte das Boot in seine Marken, ließ die Maschinen wieder vorwärts arbeiten und sagte dann:

„Das war ein feiner Streich, den Sie da einem armen Waisenknaben gespielt haben, nicht wahr? Ich werde es wohl in alle Ewigkeit hören müssen, daß ich ein solcher Esel war, am oberen Ende von 66 das Lot werfen zu lassen.“

„Nun, das ist wohl möglich, aber das macht gar nichts; denn ich will, daß du aus dieser Erfahrung etwas lernst. Wußtest du nicht, daß in jener Kreuzung kein Grund ist?“

„Ja, Sir, ich wußte es.“

„Nun denn, dann hättest du dein Vertrauen auf dieses Wissen weder von mir noch von einem andern erschüttern lassen sollen. Merke dir das – und noch eins: Wenn du an eine gefährliche Stelle kommst, so werde kein Feigling. Das macht die Sache um kein Haar breit besser.“

Eine recht gute Lehre das, aber recht hart erlernt. Das härteste daran war aber, daß ich monatelang oft eine Redensart hören mußte, gegen die ich einen besonderen Widerwillen gefaßt hatte. Sie lautete: „Oh, Ben, wenn du mich liebhast, rückwärts!“

Rang und Würde des Lotsen

In den vorangegangenen Kapiteln habe ich versucht, durch Eingehen auf die Einzelheiten der Wissenschaft des Lotsens den Leser Schritt für Schritt zu einem Verständnis dessen zu führen, woraus diese Wissenschaft besteht, und gleichzeitig den Beweis zu liefern, daß sie eine sehr eigenartige Wissenschaft und seiner Aufmerksamkeit wohl wert ist. Wenn ich gern bei meinem Thema verweilt habe, so ist das nicht überraschend, denn ich liebte den Beruf weit mehr als irgendeinen anderen, den ich kenne, und war maßlos stolz darauf. Der Grund ist klar: Ein Lotse war in jenen Tagen das einzige ungebundene und gänzlich unabhängige menschliche Wesen, das auf Erden lebte. Die Könige sind nur die abhängigen Diener des Parlaments und des Volkes; die Parlamente sitzen in Ketten, welche ihre Wähler schmiedeten; der Herausgeber einer Zeitung darf nicht selbständig sein, sondern muß, mit der einen Hand durch Partei und Gönner gefesselt, arbeiten und kann zufrieden sein, wenn er seine Meinung halb oder zu zwei Dritteln sagen darf; kein Geistlicher ist ein freier Mann und darf die ganze Wahrheit sagen, ohne auf die Meinungen seiner Pfarrgemeinde Rücksicht zu nehmen; die Schriftsteller jeder Art sind die gefesselten Sklaven des Publikums. Wir schreiben furchtlos und freimütig, aber wir „modifizieren“, ehe wir das Geschriebene drucken lassen. In Wahrheit haben alle – Mann, Weib und Kind – einen Herrn und mühen und quälen sich in der Knechtschaft. Nur der Lotse auf dem Mississippi hatte zu den Zeiten, von denen ich schreibe, keinen Herrn. Der Kapitän konnte im Glanz einer sehr kurzen Autorität auf dem Sturmdeck stehen und ihm ein paar Befehle geben, während das Dampfboot auf den Strom hinausdampfte, aber dann war seine Herrschaft vorüber. Sobald das Boot auf dem Fluß in Fahrt war, stand es unter der alleinigen und unbestrittenen Leitung des Lotsen. Er konnte damit tun, was er wollte, konnte fahren, wann und wohin es ihm beliebte, und es am Ufer festlegen, sobald ihm das ratsam erschien. Seine Bewegungen waren vollkommen frei. Er zog niemanden zu Rate, empfing von niemandem Befehle und wies schon den leisesten Ratschlag zurück. Ja, das Gesetz der Vereinigten Staaten verbot ihm geradezu, auf Befehle oder Ratschläge zu hören, von der ganz richtigen Annahme ausgehend, daß der Lotse notwendigerweise besser wissen müsse, wie ein Dampfer zu steuern sei, als sonst irgend jemand. Hier gab es also etwas ganz Neues: einen König ohne Aufseher, einen Monarchen, dessen Herrschaft im vollsten Sinne des Wortes absolut war und nicht bloß dem Namen nach. Ich habe gesehen, wie ein achtzehnjähriger Bursche einen großen Dampfer dem scheinbar ganz sicheren Untergang entgegensteuerte, während der bejahrte Kapitän stumm dabeistand, voller Befürchtungen, aber machtlos, einzugreifen. Letzteres wäre in diesem besonderen Fall vielleicht sehr nützlich gewesen, aber hätte man es gestattet, so wäre ein unguter Präzedenzfall geschaffen worden. In Anbetracht der unbegrenzten Autorität des Lotsen kann man sich leicht denken, daß er in den alten Zeiten des Dampfbootfahrens eine wichtige Persönlichkeit war. Er wurde vom Kapitän mit großer Höflichkeit und von allen Offizieren und Bediensteten mit größter Ehrerbietung behandelt; und diese ehrerbietige Haltung teilte sich rasch auch den Passagieren mit. Ich glaube, die Lotsen waren von den Menschen, die ich je kennenlernte, so ziemlich die einzigen, die in Gegenwart reisender fremder Fürstlichkeiten keinerlei Befangenheit zeigten. Denn natürlich, Leute in unserem eigenen Rang machen uns selten verlegen.

Infolge langjähriger Gewohnheit kam es dahin, daß die Lotsen alle ihre Wünsche in die Form von Befehlen kleideten. Noch heute wurmt es mich, daß ich meinen Willen in der schwachen Form eines Wunsches äußern muß, statt in der bündigen Form eines Befehls.

Zu jener Zeit brauchte man im Durchschnitt etwa fünfundzwanzig Tage, um ein Schiff in St. Louis zu befrachten, es nach New Orleans und wieder zurückzubringen und die Ladung zu löschen. Sieben oder acht Tage davon verbrachte das Dampfboot an den Hafendämmen von St. Louis und New Orleans, wo die ganze Mannschaft tüchtig zu arbeiten hatte, die beiden Lotsen allein ausgenommen; sie taten weiter nichts, als in der Stadt die feinen Herren zu spielen, und empfingen dafür dieselbe Gage, als wenn sie im Dienst gewesen wären. Sobald der Dampfer in einer der beiden Städte den Kai berührte, waren sie an Land, und gewöhnlich sah man sie nicht eher wieder, bis das letzte Glockenzeichen ertönte und alles für die nächste Fahrt bereit war.

Hatte ein Kapitän einen Lotsen von besonders hohem Ansehen gefunden, so gab er sich Mühe, ihn zu behalten. Als die Löhne auf dem oberen Mississippi bis auf vierhundert Dollar im Monat gestiegen waren, kannte ich einen Kapitän, der einem solchen Lotsen drei Monate lang sein volles Gehalt als Wartegeld zahlte, während der Strom zugefroren war. Dabei darf man nicht vergessen, daß vierhundert Dollar monatlich in jenen billigen Zeiten ein fast unbegreiflich glänzendes Gehalt waren. Nur wenige Leute auf dem Land wurden so hoch bezahlt, waren aber dann auch höchst angesehen. Kamen Lotsen von dem einen oder anderen Ende des Stromes in unser Städtchen am Missouri, so bewarben sich die besten Kreise um ihre Gesellschaft und behandelte sie mit übertriebenem Respekt. Auf Wartegeld im Hafen liegen, war eine bei vielen Lotsen sehr beliebte und geschätzte Sache, besonders zur Blütezeit der Schiffahrt auf dem Missouri, in den sogenannten Kansaszeiten, als sie neunhundert Dollar für die Reise bekamen, was etwa achtzehnhundert Dollar für den Monat gleichkam. Hier zur Probe ein Gespräch aus jener Zeit. Ein Mann vom Illinois-River mit einem kleinen Hinterraddampfer redet ein paar geputzte und goldgeschmückte Missourilotsen an:

„Meine Herren, ich habe eine hübsche Fahrt nach dem Oberland und würde Sie etwa vier Wochen lang brauchen. Wieviel wird das kosten?"

„Achtzehnhundert Dollar für jeden."

„Himmel und Erde! Da wollen wir lieber tauschen. Nehmen Sie mein Boot und geben Sie mir Ihren Verdienst."

Ich will hier beiläufig bemerken, daß die Dampfbootleute auf dem Mississippi in den Augen der Landbewohner (und bis zu einem gewissen Grade auch in ihren eigenen) eine Wichtigkeit besaßen, die derjenigen des Bootes entsprach, auf dem sie dienten. So war es etwas höchst Ehrenvolles, zu der Mannschaft eines so stattlichen Fahrzeuges wie der „Aleck Scott" oder des „Großtürken" zu gehören. Die schwarzen Heizer, Matrosen und Barbiere von jenen Dampfern waren in ihren Kreisen hervorragende Persönlichkeiten und sich dessen wohl bewußt. Ein strammer Schwarzer erregte einmal durch sein hochmütiges Benehmen Ärgernis auf einem Negerball in New Orleans. Schließlich eilte einer der Ballordner auf ihn zu und sagte:

„Wer bist du denn? Wer bist du? Das möchte ich wissen!"

Der Missetäter kam nicht im geringsten außer Fassung, sondern warf sich in die Brust und sprach in einem Ton, der zeigte, daß er sich wohl bewußt war, weshalb er so stolz auftrat:

„Wer ich bin? Ihr sollt gleich erfahren, wer ich bin! Ihr Nigger müßt wissen, daß ich den mittleren Kessel auf der ‚Aleck Scott' heize!"

Dies genügte.

Der Barbier des „Großtürken" war ein putziger junger Neger, der seine Wichtigkeit mit höchster Selbstgefälligkeit zur Schau trug und in dem Kreis, in dem er sich bewegte, äußerst angesehen war. Die farbige junge Welt in New Orleans trieb gern Liebeleien im Zwielicht auf den hölzernen Bänken der Seitenstraßen, wo jemand eines Abends folgendes mitangehört hat: Eine Negerin von mittlerem Alter steckte den Kopf durch eine zerbrochene Scheibe und rief sehr laut (damit die ganze Nachbarschaft es hören und sie beneiden konnte): „Marianne, komm sofort ins Haus! Stehst da draußen und treibst Torheiten mit dem gemeinen Gesindel, und hier drinnen ist der Barbier vom ‚Großtürken' und will mit dir plaudern!"

Meine obige Erwähnung der Tatsache, daß der Lotse infolge seiner eigenartigen dienstlichen Stellung außerhalb des Bereichs der Kritik und der Befehle stand, erinnert mich an Stephen W. Er war ein begabter Lotse, ein gutherziger Mensch, ein unermüdlicher Plauderer voll Witz und guten Humors. Im Gefühl seiner Selbständigkeit benahm er sich Leuten von Reichtum, Würden und Alter gegenüber mit köstlicher Unbefangenheit. Er hatte stets Beschäftigung, ersparte sich nie einen Pfennig, war ein beharrlicher Borger und jedem Lotsen auf dem Mississippi sowie den meisten Kapitänen Geld schuldig. Er verstand es, sein sorgloses und waghalsiges Lotsen mit einem gewissen Glanz zu umgeben, der es fast bezaubernd machte – aber nicht für jedermann. Einmal machte er eine Fahrt mit dem guten alten Kapitän D. und wurde aus dem Dienst entlassen, als das Boot nach New Orleans kam. Als jemand seine Verwunderung darüber ausdrückte, schauderte Kapitän D. schon bei der bloßen Erwähnung Stephens; dann flötete seine schwache, dünne Stimme etwa wie folgt:

„Guter Gott! Ich möchte um die Welt kein solches Ungetüm auf meinem Dampfer haben – nicht um die ganze Welt! Er flucht, er singt, er pfeift, er gellt – habe nie einen Indianer so gellen hören. Und zwar zu allen Zeiten der Nacht – das ist ihm alles einerlei. Er gellt just drauf los, nicht aus einem besonderen Grunde, sondern weil es ihm ein gewisses teuflisches Vergnügen gewährt. Wenn ich im besten Schlaf lag, wurde ich plötzlich durch einen jener fürchterlichen Kriegsschreie aus dem Bett geschreckt. Ein komischer Kauz – sehr komisch; keinerlei Respekt vor irgend etwas oder irgend jemand. Manchmal nannte er mich einfach Jahnny. Und dann hielt er sich eine Geige und eine Katze. Er spielte schauderhaft. Das schien die Katze zu kränken, die dann zu heulen pflegte. Niemand konnte schlafen, wo dieser Mensch – und seine Familie – war. Und leichtsinnig! So etwas ist noch nicht dagewesen. Sie mögen es mir glauben oder nicht, aber so wahr ich hier sitze, er jagte mit vollem Dampf durch jene schrecklichen Baumstämme bei Chicot, und dazu wehte der Wind ganz satanisch! Meine Offiziere können es Ihnen sagen, sie haben's mitangesehen. Und ich will zeitlebens den Mund nicht mehr auftun, wenn er nicht die Lippen spitzte und zu pfeifen begann, während wir durch die Baumstämme jagten und ich, an allen Gliedern zitternd, betete. Ja, Sir, er pfiff: ‚Mädel von Buffalo, kommst du nicht heute nacht?' Und als ich ihm deshalb Vorstellungen machte, blickte er lächelnd auf mich herab, als ob ich ein kleines Kind wäre, und sagte, ich solle in die Kajüte gehen, brav sein und meine Vorgesetzten nicht belästigen!"

Eines Tages wurde Stephen, stellenlos und wie gewöhnlich ohne Geld, in New Orleans von einem ziemlich filzigen Kapitän angetroffen. Da Stephen „bös in der Klemme" war, willigte er auf vieles Zureden endlich ein, für hundertfünfundzwanzig Dollar monatlich – gerade die Hälfte des üblichen Lohnes – zu lotsen, wobei der Kapitän sich verpflichtete, das Geheimnis zu bewahren, um dem armen Kerl nicht die Verachtung der ganzen Gilde zuzuziehen. Aber das Boot war kaum einen Tag unterwegs, als Stephen entdeckte, daß der Kapitän sich seines Handels mit ihm gerühmt und allen seinen Offizieren davon erzählt hatte. Stephen zwinkerte mit den Augen, sagte aber nichts. Um die Mitte des Nachmittags betrat der Kapitän das Sturmdeck, blickte um sich und schien sehr überrascht zu sein.

„Scheint hier eine starke Strömung zu sein."

„Stark ist zuwenig gesagt, sie ist stärker als ein Mühlstrom."

„Ist die Strömung näher am Ufer nicht geringer als hier in der Mitte?"

„Ja, ich denke wohl; aber man kann mit einem Dampfer nicht vorsichtig genug sein. Hier draußen ist's ziemlich sicher, können den Boden nicht berühren, darauf können Sie sich verlassen."

Der Kapitän entfernte sich ziemlich mißmutig. Wenn es so fortging, konnte er am Ende an Altersschwäche sterben, ehe sein Dampfer nach St. Louis kam. Als er am nächsten Tag wieder auf Deck erschien, steuerte Stephen wieder getreulich mitten im Strom hinauf und kämpfte gegen die gewaltige Kraft des Mississippi an, wobei er in seiner ruhigen Weise eine Melodie pfiff. Die Sache wurde ernst. Drüben am Ufer dampfte ein langsameres Boot lustig im stillen Wasser dahin und gewann immer mehr Vorsprung. Es begann auf eine Inseldurchfahrt zuzusteuern, während Stephen sich mitten im Strom hielt. Da entrang sich der Kapitän die gepreßte Frage:

„Herr W., schneidet jener Arm nicht eine hübsche Strecke Weges ab?"

„Ich glaube wohl, weiß es aber nicht."

„Sie wissen es nicht? Ist denn jetzt nicht Wasser genug darin zum Durchfahren?"

„Ich glaube wohl, weiß es aber nicht sicher."

„Bei meiner Seele, das ist sonderbar. Ei, die Lotsen auf dem Boot da drüben wollen es probieren. Wollen Sie etwa sagen, daß Sie nicht soviel wissen wie die?"

„Die? Ei, das sind Zweihundertfünfzigdollar-Lotsen, Kapitän! Aber beruhigen Sie sich nur; ich weiß soviel, wie ein Mann für hundertfünfundzwanzig Dollar zu wissen braucht!"

Der Kapitän streckte die Waffen.

Fünf Minuten später dampfte Stephen durch die Passage und zeigte dem anderen Boot für zweihundertfünfzig Dollar die Fersen.

Das Lotsenmonopol

Eines Tages steuerte mein Lehrmeister, Herr Bixby, mit der „Aleck Scott“ vorsichtig durch eine enge Stelle bei der Katzeninsel. Beide Lote waren im Gang, und jeder hielt den Atem an. Der Kapitän, ein nervöser, ängstlicher Mann, verhielt sich ruhig, so lange er konnte. Endlich vermochte er's aber nicht länger auszuhalten und rief vom Sturmdeck herunter:

„Um Gottes willen, geben Sie Dampf, Herr Bixby! Geben Sie Dampf! Wir kommen sonst nie über das Riff da!“

Nach dem Eindruck, den diese Rede auf Herrn Bixby machte, hätte man annehmen können, daß gar nichts gesagt worden wäre. Fünf Minuten später aber, als die Gefahr vorüber war und die Lote eingeholt worden waren, brach ein wahres Gewitter von vernichtenden Flüchen über den Kapitän herein, wie ich es nie prächtiger hörte. Es folgte kein Blutvergießen – aber nur, weil die Sache des Kapitäns auf schlechten Füßen stand, denn für gewöhnlich war er nicht der Mann, der eine Zurechtweisung ruhig hinnahm.

Nachdem ich nun die Natur der Wissenschaft des Lotsens eingehend auseinandergesetzt und zugleich den Rang beschrieben habe, den der Lotse unter der Brüderschaft der Dampfschiffsleute einnahm, scheint es mir am Platze zu sein, einige Worte über eine Organisation zu sagen, welche die Lotsen einstens zum Schutz ihrer Gilde gebildet haben. Sie war eigenartig und insofern bemerkenswert, als sie vielleicht die geschlossenste und stärkste berufliche Organisation gewesen ist, die je gebildet wurde.

Die Heuern hatten lange Zeit zweihundertfünfzig Dollar monatlich betragen. Aber als die Dampfboote sich mehrten und das Geschäft sich immer mehr hob, begannen die Löhne allmählich zu fallen. Der Grund dieser seltsamen Erscheinung war indessen leicht zu finden: Es wurden zu viele Lotsen „gemacht“. Es war hübsch, einen Lehrling zu haben, der einige Jahre lang alle schwere Arbeit umsonst verrichtete, während sein Herr auf einer hohen Bank saß und rauchte. Alle Lotsen und Kapitäne hatten Söhne oder Neffen, die Lotsen werden wollten. Nach und nach kam es soweit, daß fast jeder Lotse auf dem Mississippi einen eigenen Steuerer hatte. Wenn ein Steuerer solche Fortschritte gemacht hatte, daß sie zwei Lotsen befriedigten, konnten diese eine Lizenz für ihn erwirken, indem sie ein Gesuch an den Inspektor der Stromschiffahrt richteten. Weiter war nichts nötig. Fragen wurden gewöhnlich nicht gestellt und ein besonderer Befähigungsnachweis nicht verlangt.

Nun, dieser zunehmende Schwarm von neuen Lotsen, welche Beschäftigung suchten, begann die Löhne herabzudrücken. Es scheint, daß die Ritter von der Ruderpinne ihren Mißgriff zu spät erkannten. Es mußte offenbar etwas geschehen, und das bald. Aber was? Nur eine geschlossene Organisation konnte helfen, alles andere war umsonst. Die Sache wurde besprochen und wieder besprochen und schließlich fallengelassen, da die Schwierigkeiten so groß waren. Es war nur zu wahrscheinlich, daß alle, die in der Sache vorzugehen wagten, für ihre Person große Gefahr liefen. Endlich aber wagten es ein Dutzend der kühnsten – darunter einige der besten – Lotsen und nahmen das ganze Risiko auf sich. Die Gesetzgebung verlieh ihnen einen besonderen Freibrief mit ausgedehnten Vollmachten unter dem Namen: Wohltätigkeitsverein der Lotsen (Pilot's Benevolent Association). Man wählte den Vorstand, vollendete die Organisation, legte Kapital ein, setzte die Vereinslöhne sogeich auf zweihundertfünfzig Dollar fest – und kehrte dann an den häuslichen Herd zurück, denn die Vereinslotsen wurden sofort entlassen. Aber in ihren Satzungen fanden sich ein paar Körnchen, die die Keime zur Entwicklung in sich trugen. So waren alle beschäftigungslosen Mitglieder von gutem Ruf zu einer monatlichen Pension von fünfundzwanzig Dollar berechtigt. Das zog wegen der flauen Geschäftszeit im Sommer einen nach dem anderen der kaum flügge gewordenen Lotsen heran, denn besser fünfundzwanzig Dollar monatlich als verhungern. Die Aufnahmegebühr betrug nur zwölf Dollar, und von den Beschäftigungslosen wurde ein Beitrag nicht verlangt.

Auch die Witwen von verstorbenen Mitgliedern konnten fünfundzwanzig Dollar monatlich beziehen sowie eine gewisse Summe für jedes ihrer Kinder; ebenso wurden die verstorbenen Mitglieder auf Kosten des Vereins begraben. Diese Bestimmungen brachten alle abgedankten und vergessenen Lotsen im ganzen Mississippital wieder zum Vorschein. Sie kamen von Farmen, von Städtchen im Innern, von überall herbei – auf Krücken, Karren, in

Krankenwagen, wie es ging. Sie zahlten ihre zwölf Dollar und begannen sofort monatlich ihre fünfundzwanzig Dollar zu beziehen und ihre Beerdigungskosten zu berechnen.

Nach und nach waren alle unbrauchbaren, hilflosen Lotsen und ein Dutzend Lotsen ersten Ranges im Verein, während neun Zehntel der besten Lotsen sich demselben fernhielten und über ihn lachten. Der Verein gab dem ganzen Fluß Stoff zu Scherzen.

Jedermann witzelte über die Bestimmung, daß die Mitglieder monatlich zehn Prozent ihres Verdienstes zur Erhaltung des Vereins in die Kasse zahlen sollten, während alle Mitglieder verstoßen und geächtet waren und niemand sie beschäftigen wollte. Jedermann war dem Verein dankbar dafür, daß er alle unbrauchbaren Lotsen aus dem Wege räumte und so das ganze Feld den Vortrefflichsten und Würdigsten überließ. Und nicht nur dafür war man dankbar, sondern auch für das naturgemäß folgende Resultat – nämlich das allmähliche Steigen der Löhne, als die rege Geschäftszeit herankam. Die Löhne waren von hundert auf hundertfünfundzwanzig, in einzelnen Fällen auf hundertfünfzig Dollar angestiegen. Es war äußerst spaßhaft, daß dieses reizende Ergebnis durch eine Körperschaft von Männern herbeigeführt worden war, von denen nicht einer den geringsten Nutzen davon hatte. Einige der Spaßmacher besuchten manchmal das Vereinslokal und erboten sich spöttisch, Mitglieder des Vereins aus Barmherzigkeit für eine Fahrt als Steuerer mitzunehmen, damit dieselben den Strom nicht ganz vergäßen. Der Verein indessen war zufrieden; wenigstens gab er kein Zeichen vom Gegenteil. Hin und wieder nahm er einen Lotsen auf, der gerade „Pech“ hatte, und fügte dessen Namen seiner Liste bei. Dieser spätere Zuwachs war sehr wertvoll, weil es gute Lotsen waren und die schlechten dem Verein schon lange angehörten. Als das Geschäft lebhafter wurde, stiegen die Löhne nach und nach auf zweihundertfünfzig Dollar – die vom Verein festgesetzte Höhe – und hielten sich dauernd auf diesem Satz. Die Heiterkeit auf Kosten des Vereins überstieg jetzt alle Grenzen, denn noch immer zog kein Mitglied Nutzen daraus, weil niemand engagiert wurde. Endlos waren die Späße, welche die armen Märtyrer über sich ergehen lassen mußten.

Doch keine Gasse ist so lang, daß sie nicht ein Ende hat. Der Winter kam heran, das Geschäft verdoppelte und verdreifachte sich, und eine Lawine von Dampfbooten kam vom Missouri, Illinois und dem oberen Mississippi herab, um es einmal in der New-Orleans-Fahrt zu versuchen. Urplötzlich waren Lotsen sehr gesucht, aber in verhältnismäßig geringer Anzahl vorhanden. Die Zeit der Vergeltung war gekommen. Es war eine bittere Pille, endlich Vereinslotsen annehmen zu müssen, doch Kapitäne und Schiffseigentümer sahen beide ein, daß es keinen anderen Ausweg gab. Aber keiner von diesen Geächteten bot sich an! Es war also eine noch bitterere Pille hinunterzuwürgen: Sie mußten aufgesucht und um ihre Dienste gebeten werden. Kapitän N. war der erste, der es nötig fand, die Dosis einzunehmen, obgleich er der lauteste Spötter gewesen war. Er suchte einen der besten Vereinslotsen auf und sagte:

„Nun, ihr Lotsen habt jetzt auf eine Weile die Oberhand über uns gewonnen. Ich will daher möglichst gute Miene zum bösen Spiel machen. Ich bin gekommen, um Sie zu engagieren. Schaffen Sie sofort Ihre Koffer an Bord. Um zwölf Uhr fahren wir."

„Das weiß ich noch nicht gewiß. Wer ist Ihr zweiter Lotse?"

„J. S. – Warum?"

„Ich kann nicht mit ihm fahren. Er gehört dem Verein nicht an."

„Was?"

„Wie ich gesagt habe."

„Wollen Sie damit sagen, daß Sie nicht mit einem der besten und ältesten Lotsen auf dem Fluß fahren können, weil er Ihrem Verein nicht angehört?"

„Ja, das will ich."

„Nun, das ist aber stark! Ich glaubte Ihnen eine Wohltat zu erweisen, merke aber nun, daß ich es bin, der eine Gunst verlangt. Handeln Sie nach einer Satzung des Vereins?"

„Ja."

„Zeigen Sie mir dieselbe."

Sie begaben sich nach dem Vereinslokal, wo der Sekretär dem Kapitän die Satzungen vorlegte. Dieser sagte:

„Nun, was soll ich tun? Ich habe Herrn S. für die ganze Saison engagiert."

„Ich will Ihnen einen zweiten Lotsen nachweisen, und er soll um zwölf Uhr an Bord sein", sagte der Sekretär.

„Aber wenn ich S. entlasse, wird er seine Gage für die ganze Saison von mir verlangen."

„Das haben Sie natürlich mit Herrn S. abzumachen, Kapitän. Wir können uns in Ihre Privatangelegenheiten nicht einmischen."

Der Kapitän wütete, aber umsonst. Schließlich mußte er S. entlassen, ihm etwa tausend Dollar zahlen und an seiner Stelle einen Vereinslotsen nehmen. Das Lachen begann sich jetzt gegen die andere Seite zu wenden. Jeden Tag fiel von da an ein neues Opfer; jeden Tag mußte ein zum äußersten gebrachter Kapitän unter Flüchen und Tränen ein begünstigtes Nichtvereinsmitglied entlassen und einem verhaßten Vereinslotsen dessen Posten geben. Nach ganz kurzer Zeit gab es stellenlose Nichtvereinsmitglieder in ziemlicher Menge, so flott auch das Geschäft ging und sosehr man ihrer Dienste bedurfte. Das Lachen war jetzt sehr entschieden auf der anderen Seite. Diese Opfer, ebenso wie die Kapitäne und Schiffseigentümer, hörten bald ganz auf zu lachen und drohten mit der schrecklichen Rache, die sie nehmen wollten, wenn der jetzige „Rummel" vorüber wäre.

Bald waren die einzigen noch übrigen Lacher die Eigentümer und Mannschaften der Boote, die zwei Nichtvereinslotsen hatten. Aber ihr Triumph war nur von kurzer Dauer, und zwar aus folgendem Grund: Es war eine strenge Vorschrift des Vereins, daß die Mitglieder nie und unter keinen Umständen einem Nichtmitglied Nachrichten über das Fahrwasser zukommen lassen sollten. Mittlerweile waren auf der einen Hälfte der Boote nur Vereinsmitglieder, auf der anderen Hälfte nur Nichtmitglieder als Lotsen beschäftigt. Auf den ersten Blick möchte es scheinen, daß in bezug auf das Verbot der Mitteilungen über den Fluß beide Teile gleichermaßen davon betroffen waren; dem war aber nicht so. Bei jedem größeren Städtchen, von einem Ende des Stromes bis zum anderen, befand sich ein „Werftboot" zum Landen, statt eines Kais oder eines Hafendammes. Darin wurde die Fracht zum Transport aufgespeichert, und in den Kajüten schliefen die wartenden Passagiere. Auf jedem dieser Boote hatten die Beamten des Vereins ein festes eisernes Kästchen aufgestellt, das mit einem eigenartigen Schloß versperrt war, wie es nur in einem Dienst – im Postdienst der Vereinigten Staaten – verwendet wurde. Das Briefkastenschloß war eine geheiligte Regierungssache. Durch vieles Bitten hatte sich die Regierung dazu bereden lassen, dem Verein den Gebrauch dieses Schlosses zu gestatten. Jeder Vereinslotse führte einen Schlüssel zu diesem Schloß bei sich. Dieser Schlüssel oder eigentlich eine besondere Art, ihn in der Hand zu halten, wenn sein Besitzer von einem Unbekannten um Auskunft über den Fluß gebeten wurde – denn der Erfolg des Vereins von St. Louis und New Orleans hatte bald gedeihende Zweigvereine auf benachbarten Dampferlinien hervorgerufen –, war dem Vereinslotsen das Zeichen und die Garantie für die Mitgliedschaft. Und wenn der Fremde nicht dadurch antwortete, daß er einen gleichen Schlüssel hervorzog und in einer gewissen, genau vorgeschriebenen Weise in der Hand hielt, wurde seine Frage einfach nicht beachtet. Vom Vereinssekretär erhielt jedes Mitglied ein Päckchen mehr oder weniger hübscher Formulare, auf nettes, gehörig rubriziertes Papier gedruckt, etwa so:

Dampfer „Grosse Republik“

John Smith, Kapitän

Lotsen: John Jones und Thomas Brown

Kreuzungen	Lotungen	Marken	Bemerkungen

Diese Formulare wurden während des Fortgangs der Reise Tag für Tag ausgefüllt und in die verschiedenen Werftbootkästen niedergelegt. Sobald zum Beispiel die erste Kreuzung von St. Louis aus passiert war, wurden die Daten in die gehörigen Rubriken wie folgt eingetragen:

„St. Louis. Neuneinhalb (Fuß). Heck aufs Gerichtshaus, Bug auf den abgestorbenen Baumwollbaum oberhalb des Holzhofs gerichtet, bis man ans erste Riff gelangt, dann geradeaus steuern.“ Dann unter der Rubrik Bemerkungen: „Außerhalb des Wracks halten; das ist wichtig. Ein neuer Baumstamm, gerade wo man den Kurs abwärts richtet; daher oberhalb passieren.“

Der Lotse, welcher dieses ausgefüllte Formular im Werftbootkästchen zu Kairo niederlegte (nachdem er die Einzelheiten aller Kreuzungen von St. Louis bis Kairo hinzugefügt), fand dort ein halbes Dutzend frischer Berichte von stromaufwärts fahrenden Dampfern über den Zustand des Stroms zwischen Kairo und Memphis, informierte sich vollständig, legte die Berichte wieder in das Kästchen und kehrte auf sein Boot zurück, gegen jede Gefahr so gewappnet, daß er sein Boot nicht zu Schaden bringen konnte, ohne die genialste Sorglosigkeit zu Hilfe zu nehmen.

Man stelle sich die Wohltaten eines so bewunderungswürdigen Systems vor, auf einer zwölf- bis dreizehnhundert Meilen langen Strecke eines Flusses, dessen Fahrwasser sich täglich ändert! Der Lotse, der sich früher damit begnügen mußte, eine flache Stelle ein- oder möglicherweise auch zweimal monatlich zu sehen, verfügte jetzt über hundert scharfe Augen, die für ihn beobachteten und ihn darüber belehrten, wie die Stelle zu passieren war. Seine Information war selten vierundzwanzig Stunden alt. Wenn die Berichte im letzten Kästchen noch Bedenken bezüglich einer heimtückischen Kreuzung offenließen, so hatte er dagegen ein Mittel: Er gab, sobald er ein Dampfboot nahen sah, ein Zeichen mit der Dampfpfeife. Dieses Zeichen wurde in besonderer Weise beantwortet, wenn die Lotsen auf jenem Boot dem Verein angehörten; dann legten die beiden Dampfer Bord an Bord, und alle Ungewißheiten wurden durch frische Information, die der Frager mündlich und ganz eingehend erhielt, vollständig behoben.

Wenn ein Lotse New Orleans oder St. Louis erreichte, war es sein erstes, seinen endgültigen und ausführlichen Bericht nach dem Vereinslokal zu bringen und dort aufzuhängen – dann erst war er frei und konnte seine Familie aufsuchen. Im Vereinslokal war stets eine Menge Lotsen versammelt, die die Veränderungen im Fahrwasser diskutierten. Sobald ein neuer Ankömmling erschien, hörten alle auf zu reden, bis dieser Zeuge die neuesten Nachrichten erzählt und die letzte Ungewißheit beseitigt hatte. Andere Gewerbsleute können manchmal die Bude schließen und sich mit anderen Dingen befassen, nicht so der Lotse. Er muß sich ganz seinem Beruf widmen und darf von nichts anderem reden, denn es würde ihm wenig nützen, den einen Tag vollkommen und den nächsten unvollkommen zu sein. Er hat weder Zeit noch Worte zu verlieren, wenn er sich auf dem laufenden halten will.

Die Nichtvereinsmitglieder hatten jetzt eine schwere Zeit: keinen Mittelpunkt, wo sie sich treffen und ihre Nachrichten austauschen konnten, keine Werftbootberichte, nichts als zufällige und ungenügende Mittel, um Nachrichten zu erlangen. Die Folge davon war, daß ein Lotse manchmal eine Strecke von fünfhundert Meilen zu fahren hatte auf Grund von Auskünften, die acht bis zehn Tage alt waren. Bei ziemlich hohem Wasserstand hätte das angehen können; als aber der niedrigste Wasserstand kam, wurde es verhängnisvoll.

Und jetzt kam ein anderes, vollkommen logisches Resultat. Die Nichtvereinslotsen begannen, ihre Dampfboote auf den Grund zu setzen und in alle möglichen Gefahren zu bringen, während sich die Unfälle von den Vereinslotsen gänzlich fern zu halten schienen. Und jetzt wurde selbst den Eigentümern und Kapitänen von Dampfbooten mit nur Nichtvereinslotsen, die bisher geglaubt hatten, ganz unabhängig vom Verein zu sein und darüber lachen und spotten zu können, recht unbehaglich zumute. Sie ließen sich das aber nicht merken, bis eines schönen Tages diese sämtlichen Kapitäne den förmlichen Befehl erhielten, ihre Nichtvereinslotsen auf der Stelle zu entlassen und dafür Vereinslotsen zu engagieren. Und wer war es, der die ungeheure Anmaßung besaß, das zu tun? Nun, es kam von einer Macht hinter dem Thron, die größer war als der Thron selbst – von den Versicherungsgesellschaften!

Es war keine Zeit zum Fackeln. Jedes Nichtvereinsmitglied mußte sogleich seinen Koffer an Land schaffen. Natürlich glaubte man, daß der Verein und die Versicherungsgesellschaften im Einverständnis wären, doch war das nicht der Fall. Die letzteren hatten die Vorzüglichkeit des Berichtsystems des Vereins und die Sicherheit, die dasselbe gewährte, erkannt und deshalb unter sich und nach gewöhnlichen geschäftlichen Grundsätzen ihre Entscheidung getroffen.

Nun herrschten Klagen und Jammern und Zähneknirschen im Lager der Nichtvereinsmitglieder. Aber gleichviel – es gab nur einen Ausweg für sie, und den schlugen sie ein. Sie kamen gruppen- und paarweise, boten ihre zwölf Dollar an und baten um Aufnahme in den Verein. Sie waren überrascht, als sie erfuhren, daß längst verschiedene neue Bestimmungen eingeführt worden waren; daß beispielsweise das Eintrittsgeld auf fünfzig Dollar erhöht worden war und diese Summe hinterlegt werden mußte samt zehn Prozent der Gage, welche der Gesuchsteller seit der

Gründung des Vereins erhalten hatte. In manchen Fällen belief sich das auf drei- bis vierhundert Dollar. Der Verein aber lehnte jedes Gesuch ab, bis das Geld da war; ferner wurde das Gesuch abgewiesen, wenn eine einzige Stimme dagegen war. Jedes Mitglied mußte in Person und vor Zeugen mit Ja oder Nein abstimmen. Es dauerte daher wochenlang, bis über ein Aufnahmegesuch entschieden war, weil viele Lotsen so lange auf Reisen abwesend waren. Die reuigen Sünder scharrten indessen ihre Ersparnisse zusammen und wurden allmählich einer nach dem anderen in den Verein aufgenommen. Schließlich kam eine Zeit, wo nur noch etwa zehn Lotsen dem Verein nicht angehörten. Diese sagten, sie wollten lieber verhungern, als um Aufnahme nachsuchen. Sie blieben lange Zeit müßig, weil natürlich niemand wagen konnte, sie zu beschäftigen.

Nach einiger Zeit machte der Verein bekannt, daß von einem gewissen Tage an die Gage auf fünfhundert Dollar monatlich erhöht werden würde. Alle Zweigvereine waren mittlerweile stark geworden, und derjenige am Red River hatte die Heuern auf siebenhundert Dollar monatlich erhöht. Widerstrebend gaben endlich die letzten zehn Nichtvereinsmitglieder im Hinblick auf diese günstigen Aussichten nach und reichten ihre Aufnahmegesuche ein. Jedoch war mittlerweile eine neue Bestimmung hinzugekommen, die verlangte, daß sie nicht nur von der seit der Gründung des Vereins empfangenen ganzen Gage zehn Prozent „Abgaben" zahlen sollten, sondern auch von allem, was sie empfangen haben würden, wenn sie bis zur Zeit der Einreichung ihres Aufnahmegesuchs in Tätigkeit gewesen wären, anstatt müßig zu schmollen. Es erwies sich als schwierig, sie aufzunehmen; man brachte es aber endlich doch fertig. Der ärgste von diesen Sündern hatte die „Abgaben" so lange anschwellen lassen, bis er schließlich sechshundertfünfundzwanzig Dollar mit seinem Aufnahmegesuch einzusenden hatte.

Der Verein hatte jetzt ein gutes Bankkonto und war in der Fülle seiner Macht: Es gab keinen Nichtvereinslotsen mehr. Dann wurde eine weitere Bestimmung getroffen, welche die Aufnahme von Lehrlingen auf fünf Jahre verbot. Nach Verlauf dieser Zeit sollte eine begrenzte Anzahl angenommen werden, nicht von einzelnen Lotsen, sondern vom Verein unter folgenden Bedingungen: Der Aufzunehmende mußte mindestens achtzehn Jahre alt und von achtbarer Familie und gutem Charakter sein; er mußte eine Prüfung bezüglich seiner Bildung bestehen, im voraus tausend Dollar für das Privileg, Lehrling zu werden, bezahlen und unter den Befehlen des Vereins bleiben, bis ein großer Teil der Mitglieder (mehr als die Hälfte, glaube ich) gewillt war, sein Gesuch um eine Lotsenlizenz zu unterschreiben.

Alle vorher angenommenen Lehrlinge wurden jetzt ihren Lehrmeistern weggenommen und vom Verein adoptiert. Der Präsident und Sekretär wiesen sie nach Gutdünken dem einen oder anderen Boot zum Dienst zu und versetzten sie nach gewissen Regeln von Boot zu Boot. Wenn ein Lotse nachweisen konnte, daß er kränklich war und Hilfe brauchte, wurde ihm einer der Lehrlinge übergeben.

Die Liste der Witwen und Waisen wuchs, ebenso nahmen aber auch die finanziellen Hilfsquellen zu. Der Verein sorgte für eine feierliche Bestattung seiner Mitglieder und bezahlte auch die Kosten. Wenn erforderlich, sandte er Mitglieder zum Aufsuchen der Leichname von Kollegen ab, die bei Dampferunfällen verunglückt waren; eine Nachforschung dieser Art kostete manchmal tausend Dollar.

Der Verein erwirkte sich auch die Befugnis, das Versicherungsgeschäft zu betreiben. Er versicherte nicht nur das Leben seiner Mitglieder, sondern übernahm auch Risikos auf Dampfbooten.

Die Organisation schien unzerstörbar, sie war das stärkste Monopol in der Welt. Nach dem Gesetz der Vereinigten Staaten konnte keiner Lotse werden, wenn nicht zwei die Lizenz besitzende Lotsen sein Gesuch unterzeichneten. Und da außerhalb des Vereins niemand zum Unterzeichnen kompetent war, so war das „Lotsenmachen" jetzt zu Ende. Jedes Jahr starben einige Lotsen, während andere durch Alter und Kränklichkeit dienstunfähig wurden, doch war niemand vorhanden, der ihre Plätze einnahm. So konnte der Verein nach einer gewissen Zeit die Gagen ganz nach Belieben erhöhen. Und solange er klug genug war, die Sache nicht zu weit zu treiben und die Staatsregierung zu einer Abänderung des Lizenzsystems zu veranlassen, hatten die Schiffseigentümer sich zu unterwerfen, da es keinen anderen Ausweg gab.

Die Eigentümer und Kapitäne waren das einzige Hindernis, das zwischen dem Verein und absoluter Gewalt lag, und schließlich wurde auch dieses beseitigt. So unglaublich es scheinen mag, die Eigentümer und Kapitäne taten es selbst. Als der Lotsenverein einige Monate vorher ankündigte, daß am 1. September 1861 die Löhne auf fünfhundert Dollar erhöht werden sollten, erhöhten die Schiffseigentümer und Kapitäne sofort die Frachten um einige Cents und erklärten den Farmern am Fluß entlang die Notwendigkeit dieser Maßregel, indem sie deren Aufmerksamkeit auf die drückende Lohnrate lenkten, welche eingeführt werden sollte. Es war das eine ziemlich schwache Begründung, aber die Farmer schienen es nicht zu merken. Ihnen schien es nur billig und durch die Umstände gerechtfertigt, daß der Frachtsatz für den Scheffel Getreide um fünf Cents erhöht werde, wobei sie jedoch die Tatsache übersahen, daß diese Erhöhung bei einer Ladung von vierzigtausend Säcken bedeutend mehr als notwendig war, um die Lohnerhöhung zu decken.

Sofort bildeten nun die Kapitäne und Eigentümer einen eigenen Verein und schlugen vor, die Bezüge der Kapitäne ebenfalls auf fünfhundert Dollar zu erhöhen und eine weitere Erhöhung der Frachtsätze anzuregen. Man kalkulierte, daß, wenn man einmal erfolgreich gewesen, man es auch ein zweites Mal sein konnte. Der neue Verein dekretierte (es war das nämlich, ehe alle Lotsen dem Verein angehörten), daß ein Kapitän, der einen nicht dem Verein angehörigen Lotsen beschäftigte, denselben entlassen müsse und außerdem eine Geldbuße von fünfhundert Dollar bezahlen solle. Mehrfach mußte diese schwere Geldstrafe auch bezahlt werden, ehe der Verein der Kapitäne stark genug geworden war, um volle Autorität über seine Mitglieder auszuüben. Aber das alles hörte bald danach auf. Die Kapitäne suchten nun die Lotsen zu der Bestimmung zu bewegen, daß kein Mitglied ihres Vereins unter einem Kapitän dienen dürfe, der nicht ihrem Verein angehöre; dieser Antrag wurde aber abgelehnt. Die Lotsen sahen ein, daß die Kapitäne und Versicherungsgesellschaften sie ohnehin unterstützen würden, und ließen sich deshalb klugerweise auf beengende Bündnisse nicht ein.

Wie schon bemerkt, war der Lotsenverein jetzt vielleicht das kompakteste Monopol der Welt und schien ganz unzerstörbar. Und doch waren die Tage seines Glanzes gezählt. Zuerst begann die neue Eisenbahn, die durch Mississippi, Tennessee und Kentucky nach den Bahnzentren des Nordens führte, die Passagiere von den Dampfern abzulenken. Dann kam der Krieg und vernichtete die Dampfbootindustrie für einige Jahre fast gänzlich, so daß die meisten Lotsen erwerbslos waren, während die Lebensmittel immer teurer wurden. Dann leerte der Schatzmeister des Vereins zu St. Louis die volle Kasse bis auf den letzten Dollar und wurde damit flüchtig, und als schließlich die Eisenbahnen überall eindrangen, gab es nach Beendigung des Krieges für die Dampfer fast nichts mehr zu tun, als Güter zu befördern. Und nun führte noch ein Genie von der atlantischen Küste den Plan ein, mit einem gewöhnlichen kleinen Schleppdampfer ein Dutzend Dampferladungen nach New Orleans hinabzubugsieren. Und siehe da, gleichsam im Handumdrehen waren der Verein und die edle Wissenschaft des Lotsens Dinge der Vergangenheit!

Die Zeit der Dampferwettfahrten

Es war allgemein üblich, daß die Dampfer New Orleans zwischen vier und fünf Uhr nachmittags verließen. Von drei Uhr an wurden sie zum Zeichen der Vorbereitung mit Harz und Fichtenholz geheizt, und so hatte man das malerische Schauspiel einer zwei bis drei englische Meilen langen Reihe von hohen kohl-

schwarzen Rauchsäulen, die ein schwarzes Dach desselben dichten Rauches trugen, das sich weit über die Stadt hin ausbreitete. Auf jedem abfahrenden Boot wehte die Flagge an der Gaffel und manchmal eine zweite über dem Heck. Die Steuerleute kommandierten und fluchten mit mehr als gewöhnlichem Nachdruck. Zahllose Züge von Fässern und Kisten mit Fracht rollten über den Hafendamm und die Laufplanken an Bord. Verspätete Passagiere schlüpften und hüpften dazwischen umher in der unsicheren

Hoffnung, die vordere Fallreepstreppe lebend zu erreichen. Frauen mit Reisetaschen und Handköfferchen suchten ihren mit Reisesäcken und weinenden Kindern bepackten Gatten an der Seite zu bleiben, meist vergebens, da sie in dem Wirrwarr und Getümmel gewöhnlich den Kopf verloren. Karren und Gepäckwagen rasselten in wilder Hast hierhin und dorthin und verfuhren sich zuweilen ineinander, worauf man dann zehn Sekunden lang vor lauter Flüchen nichts deutlich sehen konnte. Alle bei den Luken stehenden Dampfwinden, von einem Ende der langen Dampferreihe zum anderen, unterhielten fortwährend ein betäubendes Rasseln und Schwirren, während sie die Ladung in den Schiffsraum hinabließen. Die halbnackten, schwitzenden Neger, die an der Ladung arbeiteten, brüllten Lieder wie „Der letzte Sack! Der letzte Sack!" voll Begeisterung und Entzücken über das Chaos von Lärm und Verwirrung, das alle anderen Menschen zum Rasen brachte. Mittlerweile wimmelte es auf dem Sturm- und Kesseldeck von Passagieren. Dann wurden die letzten Glockenzeichen auf der ganzen Linie gegeben, und nun schien der Trubel sich zu verdoppeln. Ein paar Augenblicke später erfolgte das letzte Signal, ein gleichzeitiges Getöse chinesischer Gongs mit dem Schrei: „Wer nicht mitfährt, wird gebeten, ans Ufer zu gehen!" – und siehe da, der Trubel vervierfachte sich. Die Leute strömten in Schwärmen an Land, wobei sie andere Scharen erregter Nachzügler, die noch an Bord wollten, über den Haufen rannten. Einen Augenblick später wurden eine lange Reihe von Laufplanken eingeholt, jede mit dem obligaten letzten Passagier, der sich an deren Ende mit den Zähnen, Nägeln und allem möglichen festhielt, und dem obligaten letzten Zauderer, der einen verzweifelten Sprung über den Kopf des Nachzüglers hinweg ans Land machte.

Nun gleitet eine Anzahl der Dampfer rückwärts in den Strom hinaus und läßt weite Lücken in der dichten Reihe zurück. Auf den Decks der liegenbleibenden Schiffe sammeln sich die Bewohner der Stadt an, um das Schauspiel zu betrachten. Ein Dampfer nach dem anderen wendet sich stromaufwärts, nimmt all seine Kraft zusammen und fliegt dann unter vollstem Dampf mit wehenden Flaggen und emporwirbelnden schwarzen Rauchwolken vorbei. Die ganze Mannschaft, Heizer und Matrosen (gewöhnlich braunschwarze Neger), sind auf der Back versammelt, wo die beste „Stimme" aus der ganzen Schar hoch über allen auf dem Gangspill thront, einen Hut oder eine Flagge schwingt und alle einen mächtigen Chor brüllen. Die Salutschüsse knallen und die vielköpfige Zuschauerschaft schwenkt die Hüte und schreit hurra! Dampfer auf Dampfer schließt sich an die Linie an, und die stattliche Prozession steuert stromaufwärts.

Sooft in den alten Zeiten zwei schnelle Boote unter den Blicken einer ungeheuren Zuschauermenge eine Wettfahrt begannen, war es köstlich, die Mannschaften singen zu hören, besonders bei Anbruch der Nacht, wenn die Back von dem düsterroten Glanz der Fackeln beleuchtet war. Das Wettfahren war ein königlicher Spaß. Das Publikum war stets der Meinung, daß das Wettfahren gefährlich sei, während just das Gegenteil der Fall war. Nach dem Erlaß der Gesetze, wonach jedes Dampfboot auf einen gewissen Dampfdruck pro Quadratzoll beschränkt wurde. Kein Maschinenmeister war je schläfrig oder nachlässig, wenn Herz und Seele an einer Wettfahrt beteiligt waren, sondern er paßte fortwährend scharf auf, achtete auf die Ventilhähne und wachte über alles. Gefährlich war es nur auf langsamen, schwerfälligen Booten, auf denen die Maschinisten schläfrig umhergingen und Holzspäne in die Saugrohre geraten ließen, wo sie den Kesseln die Wasserzufuhr abschnitten.

In den Blütezeiten der Dampfbootfahrt war eine Wettfahrt zwischen zwei anerkannt schnellen Dampfern ein Ereignis von ungemeiner Wichtigkeit. Die Zeit wurde schon mehrere Wochen vorher festgesetzt, und von da an war das ganze ungeheure Mississippital im Zustand höchster Erregung. Man sprach nur noch von der bevorstehenden Wettfahrt. Wenn die Zeit herankam, takelten die beiden Dampfer ab und machten sich bereit. Jedes Hindernis, das die Last vermehrte oder dem Wind und Wasser Widerstand bot, wurde entfernt, wenn das Boot es irgendwie entbehren konnte. Als die „Eclipse“ und die „A. L. Shotwell“ vor vielen Jahren ihre große Wettfahrt machten, soll man sich, wie erzählt wird, sogar die Mühe gegeben haben, die Vergoldung von der phantastischen Verzierung zwischen den Schornsteinen der „Eclipse“ abzukratzen und der Kapitän für jene Fahrt seine Glacéhandschuhe nicht getragen haben und sich den Bart haben abnehmen lassen. Ich setzte diesen Gerüchten allerdings stets Zweifel entgegen.

Wußte man, daß das Boot am schnellsten lief, wenn es vorn fünfeinhalb und hinten fünf Fuß tief ging, so wurde es genau bis zu diesem Tiefgang beladen – und dann würde es nicht einmal eine Dosis homöopathischer Pillen mehr mitgenommen haben. Passagiere nahm man nur ausnahmsweise mit, weil sie nicht nur die Last vermehrten, sondern auch das Boot im richtigen Geichgewicht hinderten. Sie liefen stets nach derjenigen Seite, wo es etwas zu sehen gab, während ein gewissenhafter und erfahrener Dampfbootmann stets in der Mitte des Bootes zu bleiben und seine Haare

genau in der Mitte zu scheiteln pflegte. Frachtgüter und Passagiere nach Zwischenstationen wurden überhaupt nicht angenommen, weil die Schiffe nur bei den größten Städten anlegten, und auch dann hieß es nur kommen und wieder gehen. Die Flachboote mit Kohlen und Holz wurden im voraus bestellt und bereitgehalten, um im Handumdrehen an die vorbeifliegenden Dampfer angehängt zu werden; auch führten die Dampfer doppelte Mannschaft, damit alle Arbeit rasch vonstatten ging.

Als der Tag gekommen und alles in Bereitschaft war, dampften die zwei großen Dampfer rückwärts auf den Strom hinaus, lagen dort schaukelnd einen Augenblick still und beobachteten scheinbar wie fühlende Wesen gegenseitig die geringsten Bewegungen. Jetzt wird die Flagge gesenkt, der abgesperrte Dampf zischt durch die Sicherheitsventile, der schwarze Rauch rollt und wälzt sich aus den Schloten und verdunkelt die ganze Atmosphäre. Menschen, Menschen überall; die Ufer, die Hausdächer, die Dampfboote, alle Schiffe sind dicht besetzt, und es ist zu erwarten, daß die Ufer des breiten Mississippi zwölfhundert Meilen weit nordwärts von Zuschauern eingesäumt sein werden, welche diese Renner bewillkommnen wollen.

Bald darauf entweichen hohe Dampfsäulen aus den Abströmungsröhren beider Dampfer, zwei Kanonen donnern ein Lebewohl, zwei Helden in roten Hemden schwingen vom Gangspill herab ihre kleinen Flaggen über der auf der Back versammelten Mannschaft, zwei empfindungsvolle Solos zögern einige Sekunden in der Luft, zwei mächtige Chöre stimmen ein – und da kommen sie! Blechmusikchöre schmettern das „Heil Columbia", Hurra auf Hurra donnert von den Ufern her, und die stattlichen Fahrzeuge pfeifen vorbei wie der Wind.

Die rennenden Dampfer halten zwischen New Orleans und St. Louis nur in großen Städten auf einige Sekunden an oder um ein paar Boote mit je dreißig Klafter Holz längsseits zu nehmen. Das muß man sehen, wie sie diese Fahrzeuge ins Schlepptau nehmen und auf jedes einen Schwarm Mannschaft schicken. Wenn man sich die Augengläser abgewischt und wieder aufgesetzt hat, wird man sich wundern, was aus dem Holz geworden ist.

Zwei Dampfer, die einander ziemlich gewachsen sind, behalten einander Tag für Tag in Sicht. Sie könnten immer Seite an Seite bleiben, allein da nicht alle Lotsen gleich sind, so müssen die gewandtesten den Sieg erringen. Wenn einer der Dampfer einen „Blitzlotsen" hat, dessen Kollege ihm nur ein bißchen nachsteht, so vermag man zu sagen, wer von ihnen auf Wache ist, indem man beobachtet, ob das Boot während jeder vierstündigen Frist einen Vorsprung gewonnen hat oder zurückgeblieben ist. Der klügste Lotse kann einen Dampfer aufhalten, wenn er kein ausgesprochenes Talent zum Steuern hat. Das Steuern ist eine sehr große Kunst. Man darf das Ruder nicht quer hinter dem Steven des Bootes schleppen lassen, wenn man rasch stromaufwärts fahren will.

Die Boote sind natürlich sehr verschieden. Ich war eine Zeitlang auf einem Boot, das so langsam fuhr, daß wir vergaßen, in welchem Jahr wir den Hafen verlassen hatten. Aber das geschah natürlich nur selten. Fährboote verloren zuweilen einträgliche Fahrten, weil ihre Passagiere alt wurden und starben, während sie auf unsere Ankunft warteten. Das kam indessen noch seltener vor. Ich hatte die darauf bezüglichen Urkunden in Händen, habe sie aber leider wieder verlegt. Dieser Dampfer, die „John J. Roe", war so langsam, daß es, als er schließlich in Madrid Bend sank, fünf Jahre dauerte, bis die Eigentümer davon erfuhren. Dies war für mich stets eine verblüffende Tatsache, doch ist sie aktenmäßig festgehalten. Er war entsetzlich langsam, doch hatten wir oft recht aufregende Zeiten, wenn wir mit Inseln, Flößen und dergleichen Dingen um die Wette fuhren. Einmal aber ging es ziemlich rasch vonstatten: Wir brauchten nur sechzehn Tage nach St. Louis. Aber selbst bei dieser erstaunlichen Geschwindigkeit wechselten wir in der geraden, fünf Meilen langen Strecke bei Fort Adams dreimal die Wache. Auf solchen geraden Strecken ist die Strömung natürlich sehr lebhaft.

Auf dieser Reise fuhren wir in vier Tagen von New Orleans nach Grand Gulf (340 engl. Meilen); die „Eclipse" und die „Shotwell" brauchten einen Tag. Bei der Durchfahrt 63 waren wir neun, jene beiden Schiffe zwei Tage unterwegs. Vor etwas mehr als einem Menschenalter (1844) fuhr das Dampfboot „J. M. White" eine gewisse Strecke in drei Tagen, sechs Stunden und vierundvierzig Minuten; 1853 machte die „Eclipse" dieselbe Fahrt in drei Tagen, drei Stunden und zwanzig Minuten (andere sagen in drei Tagen, vier Stunden, sechsunddreißig Minuten). Die „R. E. Lee" brauchte im Jahre 1870 drei Tage und eine Stunde. Dies soll die schnellste Fahrt sein, die je gemacht worden ist. Ich werde aber zu beweisen versuchen, daß sie es nicht war. Die Entfernung zwischen New Orleans und Kairo betrug 1106 engl. Meilen, als die „J. M. White" ihre Fahrt machte, die mittlere Geschwindigkeit also etwas über 14 Meilen in der Stunde. Zur Zeit der Fahrt der „Eclipse" hatte sie die Entfernung auf 1080 Meilen verringert, folglich war die mittlere Geschwindigkeit einen Schatten unter 14,3 Meilen in der Stunde. Zur Zeit der Fahrt der „R. E. Lee" betrug die Entfernung nur noch 1030 Meilen, folglich war deren mittlere Geschwindigkeit etwa 14,1 Meilen in der Stunde. Man sieht also, daß die Fahrt der „Eclipse" die schnellste war, die je gemacht wurde.

Abkürzungen des Stromlaufs
Stephen

Die vorstehenden trockenen Einzelheiten sind in einer Beziehung von Wichtigkeit: Sie geben mir Gelegenheit, eine der sonderbarsten Eigenheiten des Mississippi zu besprechen – die, daß seine Länge von Zeit zu Zeit abnimmt. Wenn man eine lange, geringelte Apfelschale in die Luft wirft, so wird sie sich so ziemlich wie eine Strecke des Mississippi gestalten, wie die neunhundert bis tausend Meilen, die sich von Kairo im Staat Illinois südwärts bis New Orleans erstrecken; dieser Teil des Stromes ist wunderbar gewunden und hat nur hier und da und in weiten Zwischenräumen kurze gerade Strecken. Die zweihundert Meilen lange Strecke von Kairo nordwärts bis St. Louis dagegen ist keineswegs so gekrümmt, da dort felsiges Land ist, in das der Strom nicht leicht einschneiden kann.

Das Wasser höhlt die angeschwemmten Ufer des „unteren" Stromes zu tiefen hufeisenförmigen Kurven aus – so tief, daß, wenn man an manchen Stellen an einem äußersten Ende des Hufeisens ans Ufer gehen und die ein Viertelstündchen breite Landzunge überschreiten würde, man sich niedersetzen und ein paar Stunden ausruhen könnte, während der Dampfer mit einer Geschwindigkeit von zehn Meilen in der Stunde um den langen Ellenbogen fährt. Wenn der Strom rasch anschwillt, braucht ein Spitzbube, dessen Pflanzung vom Ufer entfernt liegt und deshalb von geringem Wert ist, nur die günstige Gelegenheit abzupassen, in einer dunklen Nacht eine kleine Rinne über den schmalsten Teil der Landzunge zu graben und das Wasser in diese zu leiten, und in überraschend kurzer Zeit hat sich ein Wunder ereignet: Der ganze Mississippi hat jenen kleinen Graben in Besitz genommen und die Pflanzung jenes Spitzbuben an das Ufer versetzt und so deren Wert vervierfacht, während die früher wertvolle Pflanzung des anderen jetzt weit draußen auf einer großen Insel liegt. Der alte sie umspülende Wasserlauf wird bald versanden, Boote können nicht mehr an sie herankommen und die Pflanzung sinkt auf den vierten

Teil ihres vorigen Wertes herab. Auf jenen schmalen Landzungen wird daher, wenn es notwendig erscheint, scharfe Wache gehalten. Und wenn etwa einer beim Ziehen eines Grabens betroffen werden sollte, so ist alle Aussicht vorhanden, daß er niemals eine zweite Gelegenheit dazu finden wird.

Und nun beobachte man einige Folgen dieses Geschäfts. Port Hudson gegenüber befand sich einst eine Landzunge, die an der schmalsten Stelle nur eine halbe englische Meile breit war. Man konnte in fünfzehn Minuten hinübergehen. Wenn man aber die Reise um das Kap auf dem Fluß machte, hatte der Weg eine Länge von fünfunddreißig Meilen. Im Jahre 1722 stürzte der Strom durch den Hals jener Landzunge, verließ sein altes Bett und verkürzte sich so um fünfunddreißig Meilen. In derselben Weise verkürzte er sich 1699 bei Black Hawk Point um fünfundzwanzig Meilen. Ein Durchstich unterhalb Red River Landing vor etwa vierzig oder fünfzig Jahren verkürzte den Strom um achtundzwanzig Meilen. Wenn man heutzutage vom südlichsten dieser drei Durchstiche zum nördlichsten fährt, hat man einen Weg von siebzig Meilen. Vor hundertsechsundsiebzig Jahren war der Weg hundertachtundfünfzig Meilen lang – eine Verkürzung von achtundachtzig Meilen auf jene unbedeutende Entfernung. Zu irgendeiner vergessenen Zeit wurden Durchstiche gemacht bei Vidalia, in Louisiana, bei den Inseln 92 und 84 und bei Hales Point; dieselben verkürzten den Strom im ganzen um siebenundsiebzig Meilen.

Seit der Zeit, die ich auf dem Mississippi zugebracht habe, sind ferner bei Hurricane Island, bei der Insel 100, bei Napoleon in Arkansas, bei Walnut Bend und bei Council Bend Durchstiche vorgenommen worden, die den Strom insgesamt um siebenundsechzig Meilen verkürzt haben, während zu meiner Zeit noch eine Verkürzung bei American Bend um mindestens zehn Meilen vorgenommen wurde.

Der Mississippi war also vor hundertsechsundsiebzig Jahren zwischen Kairo und New Orleans zwölfhundertfünfzehn, nach dem Durchstich 1722 elfhundertachtzig, nach demjenigen bei American Bend eintausendundvierzig Meilen lang; seitdem hat er sich um siebenundsechzig Meilen verkürzt, so daß er also jetzt neunhundertdreiundsiebzig Meilen lang ist.

Wenn ich es nun machen wollte wie jene gewichtigen Gelehrten und nach dem, was in jüngster Zeit geschah, zu beweisen anfangen wollte, was in der fernen Vergangenheit sich ereignet hat oder in der fernen Zukunft geschehen wird, so hätte ich hier die günstigste Gelegenheit. Die Geologie hat nie eine solche Chance, noch so genaue Daten gehabt, auf die sie bauen konnte, und ebensowenig die „Entwicklung der Arten“. Die Eiszeiten sind etwas Großes, aber vage – sehr vage. Man beachte gefälligst:

Im Laufe von 176 Jahren hat sich der untere Mississippi um 242 Meilen verkürzt – also im Durchschnitt um etwas mehr als 1,37 Meilen jährlich. Es kann also jedermann, der nicht blind ist, genau erkennen, daß in der alten oolithischen silurianischen Periode (nächsten November werden's gerade eine Million Jahre) der untere Mississippi über 1 300 000 Meilen lang war und wie eine Angelrute über den Golf von Mexiko hinausragte. Aus demselben Grund kann jeder vernünftige Mensch sehen, daß der untere Mississippi heute über 742 Jahre nur noch 1,75 Meilen lang sein, die Straßen von Kairo und New Orleans aneinanderstoßen und die beiden Städte unter einem Bürgermeister und gemeinsamen Stadtrat weiterarbeiten werden. Es ist etwas Bezauberndes um die Wissenschaft: Man erhält so bedeutende Zinsen an Mutmaßungen für eine so geringe Kapitalanlage an Tatsachen.

Wenn das Wasser durch einen der erwähnten Gräben zu fließen beginnt, ist es Zeit, daß die Leute in der Umgebung weiterziehen. Das Wasser schneidet die Ufer wie ein Messer hinweg. Sobald der Graben erst zwölf oder fünfzehn Fuß breit ist, ist das Unheil so gut wie vollendet, denn keine Gewalt auf Erden kann ihm jetzt Einhalt gebieten. Hat die Breite etwa dreihundert Fuß erreicht, so beginnen sich die Ufer in Stücken von der Größe eines halben Morgen abzuschälen. Die Strömung um die Biegung betrug früher nur fünf Meilen stündlich; jetzt hat sie durch die Kürzung der Entfernung schrecklich zugenommen. Ich war an Bord des ersten Dampfboots, das den Durchstich bei American Bend zu passieren versuchte; aber wir kamen nicht hindurch. Es war gegen Mitternacht, und eine sehr stürmische Nacht dazu – Donner, Blitz und heftige Regengüsse. Wir schätzten die Geschwindigkeit der Strömung in diesem Durchstich auf fünfzehn bis zwanzig Meilen stündlich. Mehr als zwölf oder dreizehn Meilen konnte aber das beste Boot selbst bei günstigstem Wasser nicht machen, und es war daher vielleicht töricht, die Durchfahrt überhaupt zu versuchen. Herr Brown aber war ehrgeizig und setzte die Versuche fort. Die Gegenströmung längs des Ufers unterhalb der Landspitze war fast ebenso stark wie die Strömung draußen auf der Mitte. Wir flogen daher am Ufer hinauf wie ein Blitzzug, sammelten allen Dampf an und hofften, über die bei der Landspitze einbrechende Hauptströmung hinauszukommen. Aber alle unsere Anstrengungen waren nutzlos: Sobald die Strömung uns traf, drehte sie uns herum wie einen Kreisel, das Wasser überflutete das Vordeck, und das Boot legte sich so stark auf die Seite, daß man sich kaum auf den Füßen halten konnte. Im nächsten Augenblick waren wir unten im Fluß und mühten uns aus allen Kräften, nicht in die Wälder zu geraten. Wir wiederholten den Versuch viermal. Ich stand auf der Treppe zur Back, um zu beobachten, und es war erstaunlich zu sehen, wie plötzlich das Boot herumwirbelte und sich wendete, sobald es aus der Gegenströmung kam und der Hauptstrom den Bug traf. Die Erschütterung und das Zittern war fast so stark, als wenn wir mit vollem Dampf auf eine Sandbank gelaufen wären. Beim Licht der Blitze konnte man erkennen, wie die Farmhütten und das gute Ackerland in den Strom purzelten; das dadurch verursachte Krachen war gar kein übler Versuch zum Donnern. Als wir einmal herumwirbelten, hätten wir beinahe ein Haus mitgenommen, durch dessen Fenster ein Licht schien und das gleich darauf in den Strom fiel. Niemand konnte bei uns auf der Back bleiben. Das Wasser fegte in Fluten darüber, sooft wir quer in die Strömung gerieten. Nach unserem vierten Versuch kamen wir im Wald zwei Meilen unter dem Durchstich zum Stillstand. Das ganze Land war dort natürlich überschwemmt. Ein paar Tage später war der Durchstich dreiviertel Meilen weit, die Dampfboote fuhren jetzt ohne besondere Schwierigkeit hindurch und sparten so zehn Meilen Weg.

Der alte Raccourci-Durchbruch verminderte die Stromlänge um achtundzwanzig Meilen. Mit demselben war eine Tradition verknüpft. Man erzählte nämlich, daß ein Dampfboot des Nachts hier entlangkam und wie gewöhnlich den riesigen Ellenbogen umfuhr, da die Lotsen vom Durchbruch noch nichts wußten. Es war eine gräßliche, abscheuliche Nacht, und alle Umrisse waren verschwommen und verschoben. Die alte Biegung war schon viel seichter geworden. Das Boot begann geheimnisvollen Riffen auszuweichen und ab und zu auch auf ein solches aufzustoßen. Die verblüfften Matrosen fingen an zu fluchen und brachen schließlich in den ganz unnötigen Wunsch aus, nie mehr aus dieser Stelle herauszukommen. Wie das in solchen Fällen stets geschieht, wurde gerade dieses Gebet erhört, alle anderen aber nicht. Und so steuert jener gespenstische Dampfer noch immer in der verlassenen Strombiegung umher, um einen Ausweg zu suchen. Mehr als ein bedächtiger Schiffswächter hat mir geschworen, daß er in regnerischen, abscheulichen Nächten, wenn das Boot das obere Ende der Insel passierte, voll Furcht auf den einstigen Flußarm hinabblickte und dann den schwachen Glanz der Lichter jenes gespenstischen Dampfers, der ferne in der Finsternis dahintrieb, gesehen und den dumpfen Ton der Dampfröhren und die klagenden Rufe der Loter gehört habe.

Beim Mangel an weiteren statistischen Tatsachen will ich dieses Kapitel mit noch einer Erinnerung an Stephen schließen.

Die meisten Kapitäne und Lotsen waren im Besitz von Schuldverschreibungen, die Stephen für die von ihm geliehenen Gelder ausgestellt hatte und die auf Summen von zweihundertfünfzig Dollar und mehr lauteten. Stephen löste diese Schuldverschreibungen niemals ein, versäumte aber nie, sie alle zwölf Monate zu erneuern.

Selbstverständlich kam schließlich die Zeit, wo Stephen von seinen alten Gläubigern nichts mehr borgen konnte, so daß er auf neue Ankömmlinge warten mußte, die ihn noch nicht kannten. Ein solches Opfer war ein gutherziger, einfacher junger Mann namens Yates – der Name ist fingiert, doch fing der wirkliche Name ebenfalls mit Y an. Der junge Yates war Lotse geworden und hatte eine Stelle erhalten. Als er sich am Ende des Monats zum Büro begab und seine zweihundertundfünfzig Dollar in nagelneuen Scheinen in Empfang nahm, war Stephen dort. Mit silberglatter Stimme begann er zu schmeicheln, und nach einer kleinen Weile hatten Yates' zweihundertundfünfzig Dollar den

Eigentümer gewechselt. Das Geschehene wurde bald im Hauptquartier der Lotsen bekannt, zur großen Heiterkeit und zur allgemeinen Befriedigung der alten Gläubiger. Der unschuldige Yates argwöhnte indessen durchaus nicht, daß das Versprechen Stephens, in acht Tagen prompt zu bezahlen, durchaus wertlos sei. Zur festgesetzten Zeit forderte Yates sein Geld, aber Stephen beschwichtigte ihn mit süßen Worten und erhielt eine Woche Aufschub. Wieder verlangte Yates der Verabredung gemäß sein Geld, und wieder mußte er sich mit überzuckerten Worten begnügen und einen weiteren Aufschub bewilligen. In derselben Weise ging es weiter. Yates suchte Stephen eine Woche nach der anderen auf, aber ohne Erfolg, und gab es schließlich auf. Aber nun kehrte Stephen den Stiel um und begann Yates überall nachzulaufen. Wo immer Yates erschien, war auch der unvermeidliche Stephen und nicht nur das, er strahlte auch von Liebe und floß von Entschuldigungen über, daß er nicht zu zahlen imstande sei. Nicht lange nachher drehte der arme Yates, wenn er jenen kommen sah, sich um, ergriff die Flucht und schleppte auch seine Gefährten mit, wenn er welche bei sich hatte. Es half ihm aber nichts, sein Schuldner holte ihn ein und hielt ihn fest. Mit ausgebreiteten Armen und funkelnden Augen kam Stephen schnaufend und mit gerötetem Gesicht herbei, unterbrach die Unterhaltung, schüttelte die Hände des armen Yates dermaßen, daß ihm die Arme fast aus dem Gelenk gingen, und begann dann etwa:

„Meiner Seele, wie habe ich laufen müssen! Ich sah, daß du mich nicht bemerkt hast, und da habe ich denn vollen Dampf gegeben, um dich ja nicht zu verfehlen. Da bist du ja! Da, nun bleib stehen und laß dich ansehen! Immer noch die alten edlen Züge. (Zu dem Gefährten Yates':) Sieh ihn dir einmal an, sieh ihn an! Ein Vergnügen ihn anzusehen, nicht wahr? Ist er nicht das Bild von einem Staatskerl? Ach was – ‚Bild' ist viel zu gering: es müßte heißen Panorama! Das ist er, ein vollständiges Panorama. Ah, da fällt mir etwas ein (zu Yates gewandt)! Wie gern hätte ich dich vor einer Stunde getroffen! Vierundzwanzig Stunden lang habe ich die zweihundertfünfzig Dollar für dich aufbewahrt; habe dich überall gesucht. Und so blieb ich denn die ganze Nacht auf, und heute morgen eilte ich wieder hinaus, und der erste, den ich traf, erzählte mir, du hättest dich auf dem ‚Großtürken' verheuert und seist nach New Orleans gefahren. Und als ich dann vor einer Stunde in einer

Pein, die kein Mensch zu begreifen vermag, weiterging, begegnete ich zufällig Jim Wilson und gab ihm die zweihundertfünfzig Dollar als Abschlagszahlung. Und nun muß ich dich hier finden und habe keinen Cent mehr! Aber so gewiß, wie ich hier auf dieser Stelle und auf dem Stein stehe – da, ich habe auf dem Stein ein Zeichen eingekratzt – will ich mir das Geld leihen und es dir morgen mittag Punkt zwölf Uhr zurückzahlen. Nun, lieber Yates, steh still und laß mich dich noch einmal ansehen!"

Damals war der Billardsalon von Bogart ein beliebter Aufenthalt der Lotsen, die sich dort gewöhnlich trafen, weniger um zu spielen, als Neuigkeiten über den Fluß auszutauschen. Eines Morgens war Yates dort. Auch Stephen war anwesend, hielt sich aber außer Sicht. Als aber bald darauf alle Lotsen, welche sich in der Stadt befanden, erschienen waren, trat er plötzlich in ihre Mitte und stürzte auf Yates wie auf einen lange verlorenen Bruder zu.

„Oh, wie freue ich mich, dich zu sehen! Meiner Seele, dein Anblick ist ein Trost für meine Augen! Meine Herren, ich schulde euch allen Geld, zusammen wohl an vierzigtausend Dollar. Ich möchte sie bezahlen und beabsichtige sie auch zu bezahlen – bis auf den letzten Cent. Ihr alle wißt, ohne daß ich es zu sagen brauche, welchen Kummer es mir gemacht hat, daß ich solchen geduldigen und edelmütigen Freunden gegenüber so lange die großen Verpflichtungen habe. Aber meine größte Pein – bei weitem meine größte Pein ist die Schuld, welche ich bei diesem edlen jungen Mann habe. Und ich bin heute morgen eigens hierhergekommen, um euch mitzuteilen, daß ich endlich eine Methode gefunden habe, nach welcher ich alle meine Schulden bezahlen kann. Und ganz besonders lag mir daran, daß er hier ist, wenn ich diese Mitteilung mache. In den Blicken Yates' dämmerte die Hoffnung auf. Dann fuhr Stephen, mit wohlwollendem Lächeln und Yates die Hand aufs Haupt legend, fort: „Ich will sie alle in alphabetischer Reihenfolge bezahlen!"

Damit drehte er sich um und verschwand. Den verblüfften und nachsinnenden Lotsen wurde die volle Bedeutung der Stephenschen „Methode" erst nach ein paar Minuten klar, worauf Yates mit einem Seufzer brummte:

„Nun, die Y's haben eine prächtige Aussicht. In dieser Welt wird er nicht weiter als bis zu den C's kommen."

Meister Brown

Während der zwei oder dreieinhalb Jahre meiner Lehrzeit diente ich unter verschiedenen Lotsen und wurde mit vielen Arten von Dampfbooten und Bootsmannschaften bekannt; denn es paßte Herrn Bixby nicht immer, mich bei sich zu haben, und in solchen Fällen schickte er mich mit einem anderen Lotsen fort. Ich ziehe noch heute einigen Nutzen aus jener Erfahrung; denn in jener kurzen, aber doch scharfen Schule wurde ich mit fast all den verschiedenen Typen der menschlichen Natur, die in Dichtung, Biographie oder Geschichte zu finden sind, persönlich und genau bekannt. Täglich drängt sich mir die Tatsache auf, daß es durchschnittlich etwa vierzig Jahre bedürfte, um einen Menschen, der auf dem Lande lebt, mit dieser Art von Kenntnissen und Erfahrungen auszustatten. Wenn ich sage, ich ziehe noch jetzt Nutzen daraus, so meine ich damit nicht, daß es einen Menschenkenner aus mir gemacht hat – nein, das hat es nicht getan. Menschenkenner werden geboren, nicht erzogen. Mein Gewinn ist von verschiedener Art, was ich aber am höchsten daran schätze, das ist die Würze, welche jene Jugenderfahrung in späteren Jahren meiner Lektüre verliehen hat. Wenn ich in Dichtung oder Biographie einen gut gezeichneten Charakter finde, nehme ich gewöhnlich warmen, persönlichen Anteil an ihm, weil ich ihn früher gekannt habe – ihm auf dem Mississippi begegnet bin.

Die Gestalt, welche am häufigsten aus dem Schatten jener

vergangenen Zeit vor mir auftaucht, ist diejenige Browns vom Dampfer „Pennsylvania" – des schon in einem früheren Kapitel erwähnten Mannes mit dem guten und lästigen Gedächtnis. Er war ein Mann von mittlerem Alter mit einem Pferdegesicht, groß, mager, knochig, glattrasiert, ein unwissender, filziger, boshafter, mürrischer, tadelsüchtiger Tyrann, der aus jeder Mücke einen Elefanten machte. Es kam bald so weit, daß ich stets mit Furcht im Herzen auf Wache ging. Wie köstlich ich mich auch während der wachfreien Zeit drunten unterhalten hatte, wie prächtig gelaunt ich auch sein mochte, wenn ich hinaufging – sobald ich mich dem Ruderhaus näherte, wurde mein Herz schwer wie Blei.

Ich erinnere mich noch, wie ich jenem Mann zum erstenmal entgegentrat. Das Boot hatte St. Louis verlassen und die Fahrt stromabwärts angetreten. Ich stieg munter und fröhlich zum Steuerhaus hinan – sehr stolz, ein halbamtliches Mitglied der Arbeitsfamilie eines so schnellen und berühmten Dampfboots zu sein. Brown war am Ruder. Ich blieb in der Mitte des Raumes stehen, um meine Verbeugung zu machen, aber Brown sah sich nicht um. Ich meinte, er habe mir verstohlen einen flüchtigen Blick von der Seite zugeworfen. Aber da sich diese Notiznahme nicht wiederholte, glaubte ich mich getäuscht zu haben. Er steuerte mittlerweile in der Nähe der Holzhöfe behutsam durch einige gefährliche „Brüche"; es war also unpassend, ihn zu stören. Ich schritt daher leise zu der hohen Bank und setzte mich nieder.

Zehn Minuten lang herrschte Schweigen. Dann drehte sich mein Prinzipal um und sah mich eine Viertelstunde lang – wenigstens kam es mir so lange vor – bedächtig und genau von Kopf zu Fuß an, worauf er mir den Rücken zukehrte. Nach einigen Sekunden wandte er sich mir wieder zu und begrüßte mich mit der Frage:

„Bist du Horace Bixbys Lehrling?"

„Ja, Sir."

Es folgte eine Pause und eine zweite Musterung. Dann:

„Wie heißt du?"

Ich sagte ihm meinen Namen, und er sprach ihn mir nach. Es ist wahrscheinlich das einzige, was er je vergessen hat; denn obgleich ich mehrere Monate bei ihm war, redete er mich nie anders an als „He!", worauf dann sein Befehl folgte.

„Wo bist du geboren?"

„Zu Florida in Missouri."

Eine Pause. Dann:

„Verflixt, wärst auch besser dort geblieben!“

Mit einem Dutzend ziemlich direkter Fragen pumpte er meine Familiengeschichte aus mir heraus. Die Lote waren jetzt in der ersten Kreuzung im Gang. Das unterbrach die Ausforschung. Als das Loten eingestellt war, begann er wieder:

„Wie lange bist du schon auf dem Fluß?“

Ich sagte es ihm. Nach einer Pause:

„Wo hast du die Schuhe gekauft?“

Ich gab ihm die verlangte Auskunft.

„Halte deinen Fuß in die Höhe!“

Ich tat's. Er trat einen Schritt zurück, musterte den Schuh eingehend und verächtlich, kratzte sich nachdenklich hinterm Ohr, schob seine zuckerhutförmige Kopfbedeckung weit nach vorn, um die Operation zu erleichtern, und rief dann aus: „Na ich will verflixt sein!“ und kehrte zum Ruder zurück.

Welcher Anlaß vorlag, deshalb verflixt zu sein, ist mir heute noch ebensosehr ein Geheimnis wie damals. Es muß ganze fünfzehn Minuten – fünfzehn Minuten dumpfen, wehmutvollen Schweigens – gewährt haben, bis jenes lange Pferdegesicht sich mir wieder zukehrte – und wie verändert! Es war feuerrot, und jeder Muskel darin zuckte. Und nun kam der Schrei:

„He! Willst du den ganzen Tag so dasitzen?“

Ich sprang in die Mitte des Raumes, durch die plötzliche Überraschung wie elektrisch fortgeschnellt. Sobald ich wieder Herr meiner Stimme war, sagte ich, mich entschuldigend: „Ich habe keine Befehle bekommen, Sir.“

„Du hast keine Befehle bekommen! Ei, was für ein feiner Vogel wir sind! Wir müssen Befehle haben! Unser Vater war ein Gentleman – hatte Sklaven – und wir sind auf der Schule gewesen! Ja, wir sind auch ein Gentleman und müssen Befehle haben! Befehle also – Befehle brauchst du! Ich will dich lehren, dich aufzublasen und dich da herumzutreiben mit deinen verflixten Befehlen! Weg vom Rad!“ (Ich hatte mich demselben genähert, ohne es selbst zu wissen.)

Ich trat ein paar Schritte zurück und stand da wie traumbefangen. Alle meine Sinne waren betäubt von diesem wütenden Angriff.

„Was stehst du da herum? Trage den Eiskübel hinab zum Steward – rasch dabei, und bleibe nicht den ganzen Tag aus.“

Sobald ich wieder ins Ruderhaus kam, sagte Brown:

„He! Was hast du denn die ganze Zeit unten getrieben?"

„Ich konnte den Steward nicht finden und mußte bis zur Speisekammer gehen."

„Verflixt wahrscheinliche Geschichte! Fülle den Ofen!"

Ich machte mich daran. Er beobachtete mich wie eine Katze und rief gleich darauf:

„Lege die Schaufel weg! Größter Dummkopf, den ich je sah – hat nicht mal Grütze genug, einen Ofen zu füllen."

Und so ging es vier Stunden lang, bis zum Ende der Wache, weiter – ja, und die folgenden Wachen, eine Reihe von Monaten hindurch, glichen sehr dieser ersten. Wie ich schon gesagt habe, kam es bald dahin, daß ich stets mit Furcht die Wache antrat. Sobald ich in seiner Nähe war, konnte ich – selbst in der dunkelsten Nacht – fühlen, daß seine gelben Augen auf mir ruhten, und ich wußte, daß ihr Besitzer nur auf einen Vorwand wartete, um Gift auf mich auszuspeien. Zur Einleitung sagte er etwa:

„He! Nimm das Rad!"

Zwei Minuten später:

„Wo in aller Welt fährst du hin? Nieder mit dem Steuer!"

Nach einer weiteren Minute:

„Nun, willst du denn den ganzen Tag das Rad so festhalten? Laß es fliegen – Stütz' es! Stütz' es!" Dann sprang er von der Bank herab, riß mir das Rad aus der Hand und korrigierte den Lauf des Bootes selbst, fortwährend seinen Zorn über mich ausschüttend.

George Ritchie war der Lehrling des anderen Lotsen. Er hatte jetzt gute Tage, denn sein „Baas", George Ealer, war ebenso gutherzig, wie Brown boshaft war. Ritchie hatte in der Saison vorher für Brown gesteuert; folglich wußte er genau, wie er zu gleicher Zeit sich belustigen und mich quälen konnte. Sooft ich auf Ealers Wache für einen Augenblick das Rad ergriff, setzte sich Ritchie auf die Bank und spielte Brown, indem er mich fortwährend mit Ausrufen quälte, wie: „Fang es! Fang es! Verflixtester Gelbschnabel, den ich je sah!" – „He! Wo willst du denn jetzt hin? Willst du jenen Baumstamm überrennen?" – „Nieder mit dem Ruder! Hörst du nicht? Nieder mit dem Ruder!" – „Da geht's hin! Just wie ich's erwartete. Ich sagte dir doch, du sollst dem Riff nicht so nahe kommen! Weg vom Ruder!"

Und so hatte ich stets eine böse Zeit, gleichviel wer auf Wache war. Manchmal schienen mir Ritchies gutmütige Neckereien fast ebenso unerträglich wie Browns bitterernste Quälereien.

Zuweilen hätte ich Brown vor Ärger umbringen mögen; aber das ging nicht an. Ein Lehrling mußte alles hinnehmen, was sein „Baas“ ihm an kräftigen Bemerkungen und Kritiken bot. Und wir glaubten bestimmt, es gebe ein Gesetz, das eine schwere Strafe über jeden verhänge, der einen Lotsen im Dienst schlage oder bedrohe. Doch konnte ich mir ja einbilden, daß ich Brown tötete, dagegen gab es kein Gesetz. Und das tat ich denn auch immer, wenn ich im Bett war. Statt mich in Gedanken mit dem Strom zu beschäftigen, wie es meine Pflicht war, warf ich des Vergnügens wegen das Geschäft beiseite und tötete Brown. Monatelang tötete ich Brown allnächtlich; nicht auf alte, abgedroschene Weise, sondern auf neue und malerische – auf Weisen, die zuweilen wegen der Frische des Plans und der Schauerlichkeit der Lage und Umgebung überraschend waren.

Brown lauerte stets auf eine Gelegenheit zum Tadeln, und wenn er keinen plausiblen Grund hatte, so erfand er einen. Er schalt mich, weil ich dicht am Ufer hinfuhr und weil ich nicht dicht am Ufer hinfuhr; weil ich nahe an einer Sandbank hinsteuerte und weil ich zu weit davon entfernt blieb; weil ich das Ruder ungeheißen niederdrehte und weil ich es nicht ungeheißen tat; weil ich ohne Befehle handelte und weil ich auf Befehle wartete. Mit einem Wort, es war unveränderliche Regel bei ihm, alles zu bemängeln, was ich tat, und eine weitere Regel, alle seine Bemerkungen mir gegenüber in die Form einer Beleidigung zu kleiden.

Eines Tages näherten wir uns, stromabwärts steuernd und schwer beladen, New Madrid. Brown stand auf der einen Seite des Ruders und steuerte, ich auf der anderen, bereit, dasselbe nieder- oder aufzudrehen. Er warf mir zuweilen einen verstohlenen Blick zu. Ich wußte schon lange, was das bedeutete – nämlich, daß er mir eine Falle zu stellen versuchte, und war nur neugierig, welche Gestalt dieselbe annehmen sollte. Nach einiger Zeit trat er vom Ruder zurück und sagte in seiner gewohnten mürrischen Weise:

„He! Sieh, ob du Grütze genug hast, das Boot herumzudrehen.“

Das mußte unbedingt ein Triumph für ihn werden. Er hatte mich das Boot nie herumdrehen lassen, und so konnte er ausgiebig tadeln, wie ich es auch machen würde. Er stand hinter mir, sein gieriges Auge auf mich gerichtet, und das Resultat war wie vorauszusehen: Ich verlor in ein paar Augenblicken den Kopf und wußte nicht mehr, was ich tat. Ich begann zu früh mit dem Herumdrehen, entdeckte aber einen grünlichen Freudenschimmer in Browns Augen und verbesserte meinen Mißgriff. Ich begann abermals, während wir noch zu weit oben waren, korrigierte mich aber noch zeitig genug. Ich machte andere falsche Bewegungen, zog mich aber stets wieder aus der Verlegenheit. Schließlich aber wurde ich so verwirrt und ängstlich, daß ich in den allerschlimmsten Fehler verfiel – ich kam zu weit abwärts, ehe ich das Boot herumzuholen begann. Die Gelegenheit für Brown war gekommen.

Sein Gesicht war rot vor leidenschaftlicher Wut. Er machte einen Satz, schleuderte mich mit einer Bewegung seines Armes vom Ruder weg, ließ das Rad rasch herumfliegen und begann einen Strom von Schmähungen über mich auszugießen, der anhielt, bis er außer Atem war. Er gab mir alle Arten von Schimpfnamen, die er erdenken konnte, und einmal oder zweimal dachte ich, er würde sogar fluchen – aber er hatte das nie getan und tat es auch diesmal nicht. „Ganz verflixt." war das Äußerste, was er in der Richtung gegen einen Fluch hin wagte, denn es war ihm ein heilsamer Respekt vor zukünftigem Feuer und Schwefel anerzogen worden.

Das war eine böse Stunde, denn auf dem Sturmdeck stand eine große Zuhörerschaft. Als ich in jener Nacht im Bett lag, tötete ich Brown auf siebzehn verschiedene Arten – alle neu.

Brown und ich tauschen Komplimente aus

Während der übernächsten Fahrt geriet ich in eine ernste Patsche. Brown steuerte, ich half ihm. Mein jüngerer, im Büro angestellter Bruder erschien auf dem Sturmdeck und rief Brown zu, er solle bei einem Landungsplatz etwa eine Meile weiter abwärts anlegen. Brown gab durch kein Zeichen zu verstehen, daß er etwas gehört habe. Aber das war so seine Art: Er ließ sich nie herab, von einem Bürobeamten Notiz zu nehmen. Es wehte ein starker Wind. Brown war schwerhörig (obgleich er das stets bestritt), und ich war sehr im Zweifel, ob er den Befehl gehört hatte. Wenn ich zwei Köpfe gehabt hätte, würde ich gesprochen haben. Da ich aber nur einen besaß, schien es mir klug, für diesen Sorge zu tragen. Ich verhielt mich also ruhig.

Richtig segelten wir bald darauf an jener Pflanzung vorbei.

Kapitän Kleinfelder erschien auf dem Verdeck und sagte:

„Lenken Sie doch das Boot herum, Sir, lenken Sie's herum. Sagte Henry Ihnen nicht, daß Sie hier landen sollten?"

„Nein, Sir!"

„Ich sandte ihn eigens deshalb herauf."

„Er kam auch herauf, aber das ist alles, was er tat, der verflixte Narr! Er sagte kein Wort."

„Hast du es nicht gehört?" fragte der Kapitän mich.

Ich wollte natürlich nicht gern in diese Geschichte verwickelt werden. Aber es war nicht zu vermeiden, und so sagte ich:

„Ja, Sir."

Ich wußte im voraus, was Browns nächste Bemerkung darauf sein würde. Sie lautete:

„Halt's Maul! Du hast so etwas nicht gehört."

Ich schwieg dieser Weisung gemäß. Eine Stunde später kam Henry ins Ruderhaus, ohne etwas von dem Vorgefallenen zu wissen. Er war ein ganz harmloser Bursche und tat mir leid, als ich ihn kommen sah, denn ich wußte, daß Brown kein Mitleid mit ihm haben würde. Brown begann sofort:

„He! Warum sagtest du mir nicht, daß ich bei jener Pflanzung landen sollte?"

„Ich sagte es Ihnen, Herr Brown."

„Das ist 'ne Lüge!"

Ich rief: „Sie lügen selbst. Er sagte es Ihnen."

Brown sah mich mit ungeheucheltem Erstaunen an, und für einen Augenblick war er ganz sprachlos. Dann schrie er mir zu: „Mit dir werde ich gleich ein Wort reden!" Und hierauf zu Henry: „Und du verläßt das Ruderhaus. Hinaus mit dir!"

Das war Lotsengesetz und mußte befolgt werden. Henry wandte sich zum Gehen und hatte eben den Fuß auf die obere Stufe vor der Tür gesetzt, als Brown in einem plötzlichen Wutan-

fall ein etwa zehnpfündiges Stück Kohle ergriff und ihm nachsprang. Ich kam jedoch mit einem schweren Stuhl dazwischen und versetzte Brown einen tüchtigen Streich, der ihn niederstreckte.

Ich hatte das Kapitalverbrechen begangen – hatte meine Hand gegen einen Lotsen im Dienst erhoben. Da ich einmal doch fürs Zuchthaus reif war, konnte ich meine Lage kaum verschlimmern, wenn ich fortfuhr, meine Rechnung mit diesem Menschen auszugleichen, solange ich die Gelegenheit dazu hatte. So machte ich mich denn an ihn heran und bearbeitete ihn eine beträchtliche Zeit – ich weiß nicht, wie lange – mit den Fäusten. Das Vergnügen ließ mir die Zeit wohl länger erscheinen, als sie wirklich war. Endlich aber riß er sich los, sprang auf und lief zum Ruder hin: eine sehr natürliche Besorgnis, denn während dieser ganzen Zeit raste das

Fahrzeug mit einer Geschwindigkeit von fünfzehn Meilen in der Stunde den Fluß hinab, ohne daß es jemand steuerte. Eagle Bend war jedoch bei diesem Wasserstand zwei Meilen breit und entsprechend lang und tief, das Boot fuhr in der Mitte des Fahrwassers hinab und vermied alle Hindernisse. Aber das war reines Glück – es hätte ebensogut in den Wald hineindampfen können. Der Lärm hatte alle aufs Sturmdeck gelockt, und ich zitterte, als ich den alten Kapitän aus der Mitte der Schar heraufschauen sah. Ich sagte mir: „Nun bin ich verloren!“ – denn so väterlich und nachsichtig der Kapitän gewöhnlich gegen seine Leute und so milde er bei kleineren Versehen war, so streng konnte er bei einem ernstlichen Vergehen sein.

Ich versuchte mir vorzustellen, was er mit einem Lotsenlehrling tun würde, der sich ein Verbrechen wie das meine hatte zuschulden kommen lassen, und noch dazu auf einem Dampfer, der voll von Passagieren und kostbarer Fracht war. Unsere Wache war fast zu Ende. Ich gedachte mich irgendwo zu verstecken, bis ich eine Gelegenheit fände, an Land zu schlüpfen. So schlich ich denn aus dem Ruderhaus, die Treppe hinab und auf die Tür zum Saal zu – und wollte eben hineingleiten, als der Kapitän mir entgegentrat. Ich ließ den Kopf hängen. Er stand einige Augenblicke schweigend vor mir und sagte dann: „Folge mir!“

Ich schritt ihm nach in seine Kajüte am vorderen Ende des Salons. Wir waren jetzt allein. Er schloß die hintere Tür, ging dann langsam zur vorderen und schloß auch diese. Darauf setzte er sich nieder, sah mich eine Weile an und sagte schließlich:

„Du hast dich also mit Herrn Brown geprügelt?“

Ich antwortete demütig: „Ja, Sir.“

„Weißt du, daß das eine sehr ernste Sache ist?“

„Ja, Sir.“

„Weißt du, daß dieses Boot volle fünf Minuten den Strom hinabdampfte, ohne daß jemand am Ruder war?“

„Ja, Sir.“

„Hast du ihn zuerst geschlagen?“

„Ja, Sir.“

„Womit?“

„Mit einem Stuhl, Sir.“

„Stark?“

„Mittelmäßig, Sir.“

„Warf es ihn nieder?“

„Er – er fiel, Sir.“
„Was machtest du weiter? Tatest du sonst noch etwas?“
„Ja, Sir.“
„Was denn?“
„Bearbeitete ihn mit den Fäusten, Sir.“
„Mit den Fäusten?“
„Ja, Sir.“
„Gehörig? Das heißt stark?“
„Ich glaube wohl, Sir.“
„Das freut mich ganz verteufelt! Höre, laß dir nie merken, daß ich das sagte. Du hast dir ein schweres Verbrechen zuschulden kommen lassen; tue es ja nicht wieder auf diesem Boot. Aber – paß ihm auf an Land! Prügle ihn ganz gehörig durch, hörst du? Ich werde die Kosten bezahlen. Und nun geh – und höre, daß du mir kein Wort davon laut werden läßt! Fort mit dir! Du hast ein schweres Verbrechen begangen, du Schlingel!“

Ich schlich hinaus, glücklich im Gefühl des Entkommens und einer großen Erlösung. Ich hörte ihn lachen und sich auf die strammen Schenkel schlagen, nachdem ich seine Tür geschlossen hatte.

Als Brown von der Wache kam, ging er stracks zum Kapitän, der mit einigen Passagieren auf dem Kesseldeck plauderte, verlangte, daß ich in New Orleans an Land gesetzt würde, und fügte hinzu:

„Ich werde das Rad auf diesem Boot nicht mehr drehen, solange der Bursche an Bord ist.“

Der Kapitän sagte:

„Aber er braucht ja nicht ins Steuerhaus zu kommen, solange Sie auf Wache sind, Herr Brown.“

„Ich mag nicht einmal auf demselben Boot mit ihm bleiben. Einer von uns muß an Land.“

„Sehr wohl“, sagte der Kapitän, „dann mögen Sie dieser eine sein.“ Damit setzte er sein Gespräch mit den Passagieren fort.

Während des kurzen Restes dieser Fahrt erfuhr ich, wie einem befreiten Sklaven zumute ist; denn ich selbst war jetzt ein befreiter Sklave.

Eine Katastrophe

Wir lagen drei Tage in New Orleans, es gelang dem Kapitän jedoch nicht, einen anderen Lotsen zu finden. Er schlug daher vor, daß ich die Tageswachen übernehmen und die Nachtwachen Georg Ealer überlassen sollte. Ich fürchtete mich aber, denn ich hatte noch nie ganz allein die Wache gehabt und glaubte, daß ich das Boot sicher am oberen Ende einer Durchfahrt zu Schaden oder an einer schmalen Stelle auf den Grund bringen würde. Brown behielt nun seine Stelle, wollte aber nicht mit mir fahren. So wurde denn abgemacht, daß ich auf der „A. T. Lacey" nach St. Louis nachkommen sollte. Dort wollte der Kapitän einen neuen Lotsen anstellen, so daß ich meinen Platz als Steuerer wieder einnehmen könnte. Die „Lacey" sollte ein paar Tage nach der „Pennsylvania" abfahren.

In der Nacht vor der Abfahrt der „Pennsylvania" saßen Henry und ich bis Mitternacht plaudernd auf einem Frachthaufen am Hafendamm. Unsere Unterhaltung betraf einen Gegenstand, der bisher noch nicht besprochen wurde – die Unglücksfälle der Dampfboote. Ein solcher war eben im Anzuge, ohne daß wir es ahnten. Das Wasser zu dem Dampf, der das Unglück verursachen sollte, strömte schon an einer Landspitze etwa fünfzehnhundert Meilen stromaufwärts vorüber, während wir plauderten – traf aber rechtzeitig am Ort ein. Wir bezweifelten, ob Personen ohne rechte Autorität bei Unglücksfällen und der sie begleitenden Panik viel nützen könnten, meinten aber, daß sie immerhin etwas tun konnten. So beschlossen wir denn, falls wir je ein solches Unglück erleben sollten, wenigstens bis zum letzten Augenblick auf dem Posten zu bleiben. Henry erinnerte sich später daran, als das Unglück geschah, und handelte dementsprechend.

Die „Lacey" fuhr also zwei Tage später ab als die „Pennsylvania", mit der mein Bruder fuhr. Als wir nach ein paar Tagen zu Greenville in Mississippi anlegten, rief uns jemand zu:

„Die ‚Pennsylvania' ist bei der Schiffsinsel in die Luft geflogen; hundertfünfzig Menschenleben sind dabei zu beklagen!"

Zu Napoleon in Arkansas erhielten wir noch am gleichen Tag

das Extrablatt einer Zeitung aus Memphis, das einige Einzelheiten enthielt. Es erwähnte meinen Bruder – als unverletzt.

Weiter den Fluß hinauf bekamen wir ein später erschienenes Extrablatt. Mein Bruder war wieder erwähnt – diesmal als tödlich verletzt. Erst als wir Memphis erreichten, erhielten wir ausführliche Mitteilungen über die Katastrophe. Hier die leidvolle Geschichte:

Es war um sechs Uhr früh an einem heißen Sommermorgen. Die

„Pennsylvania" fuhr nördlich von der Schiffsinsel, etwa sechzig Meilen unterhalb Memphis, langsam mit halbem Dampf weiter, da sie im Schlepptau ein mit Holz beladenes Flachboot hatte, das rasch geleert wurde. George Ealer war im Ruderhaus – allein, glaube ich. Der zweite Maschinist und ein Heizer hatten die Wache im Maschinenraum, der zweite Steuermann die Wache auf Deck. Herr Wood, Georg Black und mein Bruder, alle drei Buchhalter, schliefen, ebenso Brown und der Obermaschinist, der Zimmermann, der Obersteuermann und ein Heizer.

Als George Ealer die Schornsteine vor seinen Augen in die Höhe fliegen sah, wußte er, was los war. Er hüllte sein Gesicht mit den Rockschößen ein und preßte die Hände davor, um durch diesen Schutz zu verhindern, daß der heiße Dampf in seine Nase oder seinen Mund gelangen konnte. Er hatte Zeit genug, sich mit diesen Einzelheiten zu beschäftigen, während er hoch und abwärts flog. Bald darauf landete er auf einem der nicht explodierten Dampfkessel, in Begleitung des Ruders, eines Hagels anderer Sachen und in eine Wolke siedendheißen Dampfes gehüllt, vierzig Fuß unterhalb des früheren Ruderhauses. Alle, die den Dampf einatmeten, starben; keiner kam davon. Ealer atmete aber keinen Dampf ein. Er eilte so rasch wie möglich in die freie Luft. Als der Dampf sich verzog, kehrte er zurück und kletterte wieder auf den Dampfkessel, wo er mit großer Geduld seine Schachfiguren und die verschiedenen Teile seiner Flöte zusammensuchte.

Mittlerweile begann das Feuer bedrohlich zu werden, und Schreien und Stöhnen erfüllten die Luft. Sehr viele Personen waren verbrüht, viele andere verstümmelt. Einem Mann – einem Geistlichen, glaube ich – hatte die Explosion eine eiserne Brechstange durch den Leib getrieben; er starb nicht sogleich, und seine Leiden waren gräßlich. Ein junger französischer Seekadett von fünfzehn Jahren, der Sohn eines französischen Admirals, wurde fürchterlich verbrüht, ertrug aber die Qualen mannhaft. Beide Steuerleute waren arg verbrüht, blieben aber trotzdem standhaft auf ihren Posten. Sie brachten das Flachboot nach dem Heck und trieben mit dem Kapitän die rasende Schar der erschreckten Passagiere zurück, bis die Verwundeten dorthin und in Sicherheit gebracht worden waren.

Als Herr Wood und Henry ins Wasser fielen, schwammen sie aufs Ufer zu, das nur einige hundert Schritte entfernt war. Aber Henry sagte bald darauf, er glaube nicht verletzt zu sein (ein unbegreiflicher Irrtum!), wollte deshalb zum Boot zurückschwimmen und die Verwundeten retten helfen. Damit schieden sie, und Henry kehrte um.

Inzwischen verbreitete sich das Feuer mit rasender Schnelle, und mehrere Personen, die unter den Trümmern eingesperrt waren, schrien kläglich um Hilfe. Alle Bemühungen, des Feuers Herr zu werden, erwiesen sich als fruchtlos. So wurden bald die Eimer beiseite geworfen, die Offiziere ergriffen die Äxte und versuchten die Gefangenen herauszuhauen. Unter den Gefangenen befand sich auch ein Heizer. Er sagte, er wäre nicht verletzt, könnte sich aber nicht befreien. Als er sah, daß das Feuer die Hilfeleistenden vertreiben würde, bat er, man möge ihn erschießen und so vor dem gräßlichen Feuertod retten. Das Feuer vertrieb wirklich die Offiziere, so daß sie untätig das Flehen dieses armen Burschen anhören mußten, bis die Flammen seine Qualen beendeten.

Das Feuer drängte alles, was nur Platz finden konnte, auf das Holzboot. Dann wurde dieses losgeschnitten und trieb nun mit dem brennenden Dampfer den Fluß hinab auf die Schiffsinsel zu. Man verankerte das Boot am oberen Ende der Insel. Dort mußten die halbnackten Insassen, ohne Schutz vor der sengenden Sonne, ohne Speise und Stärkungsmittel und ohne Hilfe für ihre Verletzungen, den ganzen Tag bleiben. Endlich kam ein Dampfer, der die Unglücklichen nach Memphis brachte, wo ihnen sogleich die erforderliche Hilfe zuteil wurde. Henry war mittlerweile bewußtlos geworden. Die Ärzte untersuchten seine Verletzungen, und da sie sahen, daß dieselben tödlich waren,wandten sie ihre Aufmerksamkeit anderen Patienten zu, die gerettet werden konnten.

Vierzig der Verwundeten wurden in einer großen öffentlichen Halle untergebracht, unter diesen auch Henry. Die Damen von Memphis kamen jeden Tag mit Blumen, Obst, Süßigkeiten und Leckerbissen aller Art und pflegten die Verwundeten. Alle Ärzte und Studierenden der Medizin leisteten Tag und Nacht Dienste; und die übrige Stadt lieferte Geld oder was sonst erforderlich war. Memphis hatte gelernt, wie alles aufs beste auszuführen sei und war von allen Städten am Strom in dem gnadenreichen Amt des barmherzigen Samariters wohl erfahren, da sich schon manches Unglück, wie das der „Pennsylvania“, vor seinen Toren ereignet hatte.

Der Anblick, der sich mir beim Eintritt in jenen weiten Saal bot, war mir neu und fremdartig. Zwei lange Reihen ausgestreckter Gestalten – mehr als vierzig im ganzen – und jedes Gesicht, jeder Kopf eine formlose Masse loser, roher Baumwolle. Es war ein grauenvoller Anblick. Ich wachte sechs Tage und Nächte dort und machte dabei recht traurige Erfahrungen. Ein tägliches Ereignis war besonders niederdrückend – das war die Entfernung der Sterbenden in ein eigenes Gemach. Man tat dies, um die moralische Kraft der anderen Patienten nicht zu sehr auf die Probe zu stellen. Der dem Tod Geweihte wurde mit möglichst geringem

Aufsehen fortgeschafft, und die Bahre war stets hinter einer lebenden Mauer von Assistenten verborgen. Aber das half nichts – jedermann wußte, was jene Schar gebeugter Gestalten mit dem leisen Schritt und der langsamen Bewegung bedeutete.

Ich sah, wie viele arme Burschen nach dem „Totenzimmer" gebracht wurden, die ich nie wieder zu sehen bekam. Unser Obersteuermann wurde mehr als einmal dort hingebracht. Seine Verletzungen waren entsetzlich, besonders die Verbrühungen. Er war bis an die Lenden mit Leinöl und roher Baumwolle verbunden und hatte keine Ähnlichkeit mehr mit etwas Menschlichem. Er war oft nicht bei Besinnung, dann wütete, schrie und kreischte er vor Schmerzen. Nach einer Periode dumpfer Erschöpfung verwandelte seine gestörte Phantasie plötzlich das große Gemach in die Back eines Dampfers, die Schar der ab- und zueilenden Wärterinnen in die Schiffsmannschaft. Er setzte sich aufrecht auf sein Lager und rief: „Tummelt euch, tummelt euch, ihr Petrefakten, ihr Schneckenbäuche, ihr Bahrtuchträger! Soll's denn den ganzen Tag währen, bis der Hut voll Fracht ausgeladen ist?" Er ergänzte diesen Ausbruch mit einem himmelerschütternden Gewitter von Flüchen, denen nichts Einhalt bieten konnte. Hin und wieder, wenn ihn diese Raserei ergriff und festhielt, riß er die Baumwolle handvollweise ab, so daß das verbrühte Fleisch sichtbar war. Das war entsetzlich! Dieser Lärm und dieser Anblick waren natürlich für die anderen schrecklich, und deshalb versuchten die Ärzte ihm Morphium zu seiner Beruhigung zu geben. Aber er nahm es nicht, mochte er bei Verstand sein oder nicht. Er erklärte, sein Weib wäre mit diesem verräterischen Arzneimittel getötet worden, und er wolle lieber sterben als es einnehmen. Er argwöhnte, daß die Ärzte es heimlich mit seiner Medizin und seinem Trinkwasser vermengten und rührte deshalb beides nicht mehr an. Als er einmal zwei glühendheiße Tage ohne Wasser gewesen war, ergriff er den Trinkbecher. Der Anblick der klaren Flüssigkeit und die Qualen seines Durstes gingen fast über seine Kräfte; aber er beherrschte sich und warf das Gefäß von sich, und später ließ er keines mehr in seine Nähe kommen. Dreimal sah ich ihn, bewußtlos und anscheinend sterbend, wie er ins „Totenzimmer" getragen wurde, aber jedesmal wieder auflebte, seine Wärter verwünschte und zurückgebracht zu werden verlangte. Er kam mit dem Leben davon und war später wieder Steuermann auf einem Dampfboot.

Er war jedoch der einzige, der in das „Totenzimmer“ kam und lebendig zurückkehrte. Dr. Peyton, ein ausgezeichneter Arzt und reich an all den Eigenschaften, die einen reinen, makellosen Charakter bilden, tat alles, was geschultes Urteil und langjährige Erfahrung für Henry tun konnten. Aber wie die Zeitungen von Anfang an gesagt hatten – seine Verletzungen waren unheilbar. Am Abend des sechsten Tages beschäftigte sich sein entschwebender Geist mit fernliegenden Dingen, und seine kraftlosen Finger zupften krampfhaft an seiner Bettdecke. Seine Stunde hatte geschlagen; wir trugen ihn ins „Totenzimmer“.

Armer Junge!

Nach Ablauf der vorgeschriebenen Zeit erhielt ich meine Lizenz: Jetzt war ich Lotse und vollständig flügge. Ich bekam ab und zu Beschäftigung. Und da ich Glück hatte, machte die gelegentliche Beschäftigung einer länger dauernden Anstellung Platz. Die Zeit verging ruhig und glücklich, und ich glaubte – und hoffte –, daß ich den Rest meiner Tage auf dem Strom verleben und am Ruder sterben würde, wenn meine Laufbahn beendet wäre. Aber da kam der Krieg, Handel und Verkehr stockten, und meine Beschäftigung war dahin.

Meinen Anteil im Krieg findet der Leser am Schluß dieser Skizzen. Vorher aber will ich schildern, was aus dem Leben auf dem Mississippi seitdem geworden ist.

Nach langen Jahren

Einundzwanzig Jahre waren gekommen und gegangen, seit ich zuletzt aus den Fenstern eines Ruderhauses geblickt hatte. Da ergriff mich plötzlich eine unwiderstehliche Lust, den Fluß wiederzusehen, die Dampfboote und die alten Kameraden, die vielleicht noch am Leben sein mochten. Kurz entschlossen brach ich um die Mitte April nach dem Westen auf.

Ich kam gegen Abend nach St. Louis, wo ich im „Südhotel" abstieg. Das ist ein gutes Gasthaus, auch nicht zu neumodisch, was besonders bei jenen Billardtafeln festzustellen war, die noch aus der silurischen Erdperiode stammen, während die Kugeln und Qtieus der Tertiärformation angehören. Aber solche Altertümer sieht man immer gern; sie machen das Leben behaglich.

Auch das Trinkwasser hatte sich nicht verändert und sah noch ebenso gelbbraun aus wie früher. Daran ist der Missouri schuld, der die Ufer unterwühlt und die Erde mit fortschwemmt. Läßt man sein Glas eine halbe Stunde stehen, so scheidet sich das Wasser vom festen Land wie bei der Erschaffung der Welt. Aber die Einheimischen warten nicht darauf, sondern rühren beides untereinander und trinken den Schlamm wie Haferschleim. Das fällt jedoch den Fremden schwer.

Am nächsten Morgen fuhr ich bei Regenwetter aus, um mir die Stadt anzusehen, fand aber nicht viel Neues. Das kam wohl daher, weil in St. Louis, wie in Pittsburg und London, fortwährend eine schwarze Wolke von Kohlenrauch über den Häusern schwebt und alles neue gleich alt macht. In Wirklichkeit hatte sich die Stadt sehr verändert, sie war fast doppelt so groß wie zu meiner Zeit und zählte 400 000 Einwohner. Die schönen vornehmen Wohnhäuser inmitten grüner Rasenplätze, viele prachtvolle öffentliche Gebäude, der Waldpark, der botanische Garten, die glänzende Straßenbeleuchtung, das alles war seitdem entstanden.

Den größten Umschwung fand ich aber auf dem Hafendamm, jedoch im rückschrittlichen Sinne. Wo ich gewohnt war, meilenlange Reihen von Dampfschiffen in voller Tätigkeit zu sehen, lagen jetzt nur noch fünf oder sechs im Halbschlaf. Der lustige

Flußschiffer, der vormals hier eine so große Rolle spielte, war wie aus der Welt verschwunden. Sein Geschäft ist ihm genommen, seine Macht ist aus. Er ist in der großen Masse untergegangen und arbeitet mit der allgemeinen Tretmühle. Ein paar träge Dampfer, eine endlose, leere Werft, ein Neger, der lang ausgestreckt seinen Rausch verschlief, und weit und breit lautloses Schweigen, sonst war nichts von den mächtigen Kauffahrteiflotten übriggeblieben, die hier in friedlichem Wettbetrieb miteinander rangen.

Das schlechte Pflaster und der schuhtiefe Schmutz auf dem Dammweg waren mir wohlbekannt, aber mir fehlten die zahllosen Rollwagen und Karren, die sich stoßenden und drängenden Menschen, die Berge aufgetürmter Frachtgüter – wo waren die hingeraten?

Eisenbahn und Schlepper hatten die Sache sehr gründlich in Angriff genommen. Diese trostlose Verödung war ihr Werk. Auch die Riesenbrücke, deren Bogen sich über unseren Häuptern wölbten, trug einen Teil der Schuld an der Zerstörung. St. Louis ist eine blühende Stadt, die stetig fortschreitet, deren Wohlstand wächst, aber ihre Flußschiffahrt liegt im Todesschlaf, und für sie gibt es keine Auferstehung.

Die Dampferfahrt auf dem Mississippi nahm 1812 ihren Anfang und entwickelte sich in einem Zeitraum von dreißig Jahren zu außerordentlicher Ausdehnung und einem großartigen Verkehr. Nach abermals dreißig Jahren war sie tot. Wahrlich, ein ungewöhnlich kurzes Leben für eine Schöpfung von solcher Erhabenheit.

Die veralteten Kielboote fielen den Dampfern zum Opfer, die die Reisenden in höchstens acht Tagen nach New Orleans beförderten. Als jedoch die Eisenbahn in zwei bis drei Tagen das leistete, wozu die Dampfboote eine Woche brauchten, war es um letztere geschehen. Dem ehemaligen Güterverkehr aber machte eine Anzahl von Schleppdampfern ein Ende, die sechs oder sieben Schiffsladungen auf einmal für so geringe Kosten den Strom hinabbeförderten, daß von einem Wettbewerb der Dampfboote gar keine Rede mehr sein konnte.

Mein ursprünglicher Plan war gewesen, mich in jeder Stadt zwischen St. Louis und New Orleans kurze Zeit aufzuhalten. Doch das mußte ich mir aus dem Sinn schlagen, denn die Lokalboote von früher gibt es nicht mehr; nur in längeren Pausen verkehren noch Paketboote zwischen bestimmten Städten. Es traf sich glücklich, daß die „Goldstaub“ noch am selben Abend abfahren sollte. Das Boot war sauber und bequem, ich belegte einen Platz bis Memphis, und wir dampften pünktlich um acht Uhr in den Fluß hinaus.

Als wir in der dichten Finsternis nach dem anderen Ufer hinüberhielten, blitzte plötzlich ein blendender Strahl elektrischen Lichts von unserem Vordeck auf und beleuchtete das Wasser und die Speicher am Land mit Tageshelle. Die Zeiten der flackernden, rauchenden, tröpfelnden Pechfackeln, die doch kein Licht verbreiteten, sind für immer vorbei.

Die Fahrt von St. Louis bis Cairo, eine Strecke von zweihundert Meilen, verlief aufs angenehmste. Die Hügel an beiden Ufern des breiten Flusses prangten im Frühlingsschmuck, es wehte eine leise Brise, und das Wetter war sonnig und klar. Den ganzen folgenden Tag dampften wir weiter den Mississippi hinab und begegneten nur einem einzigen Dampfboot, das obendrein, wie ich durch das Fernrohr erspähte, meinen Namen trug. Eine so hohe Ehre war mir bisher noch nicht widerfahren.

Früher hätten bei solchem Wasserstand meilenlange Holzflöße und Kohlenleichter zu Dutzenden den Strom bedeckt sowie zahlreiche kleine Handelsboote, die von Farm zu Farm segelten, mit der ganzen Familie des Eigentümers an Bord; von alldem ist aber keine Spur mehr vorhanden.

Bei sinkender Nacht näherten wir uns der ebenso berüchtigten wie gefürchteten Plumspitze. Aber sie war kein Gegenstand des Schreckens mehr. Die heutige Regierung hat sozusagen aus dem Mississippi einen zweitausend Meilen langen Fackelzug gemacht. Am Anfang und Ende jeder Windung brennt ein helles Leuchtfeuer. Man fährt eigentlich nie im Dunkeln, überall sind Lampen angezündet, voraus, achteraus und querab. Es ist eine förmliche Verschwendung damit getrieben worden, denn die Leuchtfeuer finden sich auch an Stellen, wo nie und nimmermehr eine Untiefe gewesen ist noch sein wird, und wo jedes Dampfschiff, das den Weg nur einmal gemacht hat, sich mit Leichtigkeit zurechtfinden kann.

Das ist alles recht schön und gut, auch sehr bequem für die Schiffahrt; aber das Lotsenhandwerk hat dadurch seine ganze Romantik verloren. Wenn früher das Boot bei stockdunkler Nacht aus dem Ruder lief, um in die Wälder hineinzudampfen, so gab das aufregende Momente für den Mann am Ruder. Nicht weniger beängstigend war es, sich in dichter Finsternis durch ein enges Fahrwasser hindurchzuwinden. Aber jetzt kommt das nicht mehr vor – das elektrische Licht blitzt auf, verwandelt im Nu die Nacht zum hellen Tag, und alle Gefahr und Aufregung hat ein Ende.

In unserer Zeit fortwährender Neuerungen hat die Anker-Linie den Kapitän über den Lotsen gestellt, indem sie jenem ein höheres Gehalt gibt. Das war an sich schon ein starkes Stück, aber damit nicht genug, ist auch noch die Verordnung erlassen worden, daß der Lotse auf dem Posten bleibt und seine Wache geht, mag nun der Dampfer am Ufer anlegen oder in Fahrt sein. Einst waren wir die Vornehmsten auf dem Fluß, jetzt darf unsereins nicht mehr zu Bett gehen, während die Ladung zu Hunderten von Tonnen an Bord geschafft wird; nein, wir müssen im Ruderhaus sitzen und obendrein die Augen offenhalten. Wahrhaftig, so behandelt man kaum den gewöhnlichsten Steuermann oder Maschinisten! Die Regierung hat unserem Beruf alle Romantik genommen, die Anker-Linie aber nimmt uns Rang und Würde. Bei Nacht sah die Plumspitze noch gerade so aus wie ehedem, nur daß jetzt Leuchtfeuer in der Kreuzung brannten und eine Menge anderer Lichter auf der Spitze und am Ufer entlang. Die letzteren blinken herüber von der Flotte der Vereinigten-Staaten-Strombau-Kommission und aus den Wohnhäusern und Büros, die dort an Land für ihre Beamten gebaut worden sind. Die Militäringenieure der Kommission haben die Arbeit übernommen, den Mississippi umzumodeln und zur Ordnung zu bringen, eine Aufgabe, die fast so groß und erhaben ist wie das Werk, ihn ursprünglich zu erschaffen. Man legt Fangdämme an, um die Strömung abzulenken, errichtet Deiche, welche sie in engere Grenzen einzwängen, und noch andere Deiche, um den Fluß im neuen Bett festzuhalten. Unzählige Meilen am Mississippi entlang werden die Wälder umgehauen. Man will die Ufer in einer Breite von fünfzig Metern völlig kahl scheren, um sie dann, wie ein schräges Hausdach, bis zur Tiefwassermarke herunter abzutragen und mit Steinen zu belasten. Andere, der Überschwemmung ausgesetzte Strecken, schützt man wiederum durch eingerammte Pfähle.

Wer aber den Mississippi kennt, wird sich gleich sagen – nicht laut, aber leise –, daß zehntausend Strombaukommissionen, und wenn ihnen sämtliche Goldminen der Erde zur Verfügung ständen, den eigenwilligen Strom nicht zähmen werden. Er läßt sich nicht Gewalt antun und einengen. Man kann ihm nicht befehlen: Fließe hier, fließe dort, und ihn zum Gehorsam zwingen! Ein Uferland, das er fortschwemmen will, vermag niemand zu retten, jedes Hindernis, das seinen Lauf hemmen soll, reißt er nieder oder springt darüber hinweg und spottet des ohnmächtigen Versuchs.

Doch darf man dergleichen nicht unbedingt behaupten. Ein verständiger Mann behält seine Meinung für sich gegenüber der höheren Weisheit der Herren Ingenieure von der Militärakademie, die an Gelehrsamkeit nirgendwo ihresgleichen haben. Wenn sie glauben, daß sie den Strom meistern können, so soll der Laie am besten schweigen und abwarten.

Ich sprach darüber mit „Onkel“ Mumford (so wurde der zweite Offizier an Bord allgemein genannt) und will hier seine Ansicht genau wiedergeben. „Seit dreißig Jahren“, sagte Onkel Mumford, „bin ich Schiffsmaat und habe den Strom beobachtet und studiert. Meint ihr, ich hätte mehr davon auf der Militärakademie gelernt? Aus all den Büchern und Lehrstunden in West Point kann man in vier Jahren mancherlei lernen, das gebe ich zu; aber den Strom – bah, wer's glaubt!“

Ja, wenn's so ein kleiner europäischer Fluß wäre, mit seinem festen Grund und klaren Wasser, das gäbe einen Sonntagsspaß für die Kommission, den einzudämmen, zu pfählen, zu deichen, ihn zu zähmen, zu meistern, hierhin und dorthin zu leiten und ihn so gefügig zu machen, daß er blindlings alles täte, was man von ihm verlangt. Aber mit unserem Mississippi ist das ein anderes Ding. Die Leute haben ihre Arbeit in der besten Meinung und mit großer Zuversicht angefangen, aber sie bringen's nicht fertig, verlaßt euch drauf. Seht nur einmal näher zu, wie sie's machen.

An der Teufelsinsel im oberen Fluß zum Beispiel, da soll das Wasser linksherum fließen, statt rechts. Sie errichteten eine Steinmauer und wollten es zwingen. Aber was stört sich mein Fluß an einer Mauer! Als sie fertig war, brach er mitten hindurch. Sie können's ja noch einmal versuchen, vielleicht gelingt's dann besser. Am unteren Fluß schlagen sie Spundwände, um die Ufer zu schützen und das Wasser abzulenken. Was hilft's? Es fackelt nicht lange und reißt das Land an einer anderen Stelle mit fort. Will man etwa die Ufer des ganzen Flußlaufes mit Pfählen bestecken? Meiner Treu, da täte man besser, man kaufte sich Grund und Boden und machte einen ganz neuen Mississippi – das käme viel billiger zu stehen."

Als noch viertausend Boote den Strom hinunterschwammen, neben zehntausend riesigen Kohlenleichtern, ungezählten Flößen und Handelskähnen, da gab es nie eine lumpige Laterne, von St. Paul bis New Orleans. Heutzutage fahren zwar nur noch ein paar Dutzend Boote auf dem Mississippi, und die Flöße und Kohlenleichter sind ganz verschwunden, aber die Regierung tut viel für den Strom und gibt Unsummen aus, um ihn zu beleuchten, auszubaggern und einzudämmen. Wenn's erst einmal überhaupt keine Dampfer mehr auf dem Mississippi gibt, dann hat es die Kommission sicherlich so weit gebracht, daß die Stromfahrt vollkommen gefahrlos ist und man sich dabei so ruhig und geborgen fühlt wie in Abrahams Schoß.

Ein mißlungener Feldzug

Im Sommer 1861 brachen sich die ersten Wogen des Krieges an den Ufern des Missouri. Unionstruppen waren in den gleichnamigen Staat eingefallen und hatten St. Louis und einige andere feste Plätze eingenommen. Gouverneur Claib Jackson rief sofort durch eine Proklamation 50 000 Mann Miliztruppen zu den Waffen.

Ich hielt mich damals vorübergehend in dem zum Bezirk Marion gehörigen Städtchen Hannibal auf, wo ich meine Kindheit verbracht hatte. Als der Aufruf erschien, traf ich mich mit mehreren Kameraden in der Nacht an einem geheimen Ort. Wir bildeten eine Kompanie, zu deren Hauptmann ein gewisser Tom Lyman gewählt wurde, der zwar keinerlei militärische Erfahrung, dafür aber sehr viel Mut besaß; ich wurde Leutnant. Einen Oberleutnant hatten wir nicht, wie das kam, habe ich vergessen – es ist zu lange her. Wir waren zusammen fünfzehn Mann. Ein wackerer Bursche aus unserer Mitte schlug vor, wir sollten uns die „Schützen von Marion" nennen. Der Name gefiel uns, auch wußte keiner etwas dagegen einzuwenden. Der junge Bursche, der den Namen angeregt hatte, gab vielleicht ein Beispiel dafür, wie unser ganzes Korps beschaffen war. Er war jung, unwissend, gutmütig, oberflächlich, sehr romantisch, las gerne Ritterromane und sang schwermütige Liebeslieder. Er besaß dazu vornehme Neigungen und verabscheute unter anderem seinen eigenen Namen Dunlap, der in jener Gegend fast so verbreitet war wie Smith und einen ziemlich gewöhnlichen Klang hatte. Um ihm einen besseren Anstrich zu verleihen, schrieb er sich d'Unlap. Das sah für das Auge zwar sehr gefällig aus, aber die Leute sprachen den neuen Namen ebenso wie den alten aus, nämlich mit Betonung der ersten Silbe. Dann verstieg er sich zu einer Tat, die man wahrhaft heldenkühn bezeichnen muß, vor allen Dingen, wenn man bedenkt, wie sehr die Welt Heuchelei und Unnatur haßt und verdammt: Er nannte sich jetzt d'Un Lap.

Mit unermüdlicher Geduld ertrug er allen Spott und Hohn, die ihm diese Erfindung einbrachte. Und er erlebte es auch wirklich, daß der Name sich überall festsetzte, und selbst Leute, die ihn von klein auf kannten und mit dem Geschlecht der Dunlaps so vertraut waren wie mit Regen und Sonnenschein, den Nachdruck auf die letzte Silbe legten, wie er es haben wollte. Er behauptete nämlich, er habe in einer alten französischen Chronik entdeckt, daß die richtige Schreibart des Namens ursprünglich d'Un Lap gewesen sei, was in der Übersetzung soviel wie Peterson bedeute. Wir nannten ihn schlicht Peterson Dunlap.

Ein anderer Kamerad, Ed Stevens, der Sohn eines Goldschmieds von Hannibal, hübsch, gut gewachsen und geschmeidig wie ein Kätzchen; ein begabter Mensch, auch gebildet, doch nahm er nichts ernst im Leben und war stets zu allerlei Unsinn aufgelegt. Auch den Feldzug betrachtete er als eine Art Feiertagsspaß – das ging uns anderen genauso. Was mich betraf, so machte es mir großes Vergnügen, daß ich nicht mehr wie auf dem Dampfer um Mitternacht und um vier Uhr morgens aus dem Bett mußte. Ich freute mich über die Abwechslung, über die neue Tätigkeit und die interessanten Schauplätze. Was die Zukunft bringen könnte, bedachte ich nicht – man tut das selten mit vierundzwanzig Jahren.

Ein Bursche ganz anderer Art war Smith, der Lehrling des Hufschmieds. Diesem großen Esel fehlte es trotz seiner langsamen, schwerfälligen Natur weder an Kraft noch an Mut, auch besaß er ein weiches Herz. Dennoch konnte er es fertigbringen, ein Pferd zu Boden zu schlagen, wenn es nicht gehorchen wollte. Ein andermal weinte er vor Heimweh wie ein kleines Kind. Ihm wurde eine Auszeichnung zuteil, deren sich nur wenige von uns rühmen konnten: Er blieb dem Kriegshandwerk treu und fiel auf dem Schlachtfeld.

Jo Bowers, ebenfalls aus unserer Kompanie, war ein vierschrötiger, flachshaariger Schlingel, gefühlvoll, träge, meist mit allem unzufrieden und ein harmloser Prahlhans. Das Lügen betrieb er mit großartiger Frechheit; wie fleißig er sich aber darin übte, es glückte ihm trotzdem selten, denn seine Erziehung war vernachlässigt worden, man hatte ihn recht wild aufwachsen lassen. Er nahm das Leben ziemlich ernst, und es behagte ihm oft ganz und gar nicht; im übrigen war er ein guter Kamerad und recht beliebt. Er wurde zum Sergeanten und Ordonnanzoffizier gemacht. Stevens ernannten wir zum Korporal.

Nach den eben beschriebenen Exemplaren kann man sich von den übrigen leicht eine Vorstellung machen. Was ließ sich wohl von einer derartigen zusammengewürfelten Herde im Krieg erwarten? Jeder tat sein Bestes, aber was konnte dabei herauskommen? Gar nichts, sollte ich meinen – und das traf auch zu.

In einer dunklen Nacht stahlen wir uns paarweise von verschiedenen Punkten aus vorsichtig und heimlich zum Griffith-Platz außerhalb der Stadt und traten von dort unseren gemeinsamen Marsch an. Hannibal liegt in dem südöstlichen Winkel des Bezirks Marion, und unser Bestimmungsort war New London, zehn Meilen weiter im Bezirk Ralls.

Beim Abmarsch lachten und scherzten wir und trieben nichts als Tollheiten. Doch nicht sehr lange. Das andauernde Marschieren war uns bald eine Arbeit, und mit dem Spiel war es vorbei. Auch übte die Stille des Waldes und das nächtliche Dunkel eine melancholische Wirkung auf unser Gemüt. Die allgemeine Unterhaltung geriet ins Stocken, jeder versank in seine eigenen Gedanken, und wohl eine halbe Stunde lang sprach niemand ein Wort.

Wir näherten uns jetzt einem Blockhaus, in dem, wie man munkelte, eine Wache von fünf Unionssoldaten postiert war. Hier im Dunkel der Waldbäume, deren herabhängende Zweige uns verbargen, ließ Lyman haltmachen. Dann teilte er uns im Flüsterton mit, daß er das Haus erstürmen lassen wolle – was uns die Finsternis ringsum noch schwärzer erscheinen ließ. In diesem entscheidenden Augenblick war uns klar, daß es sich um bitteren Ernst handelte, und wir standen dem Krieg nun Auge in Auge gegenüber. Doch verloren wir unsere Fassung nicht, denn wir waren auf alles gerüstet. Entschlossenen Mutes, erwiderten wir ohne Zaudern, wenn Lyman sich selbst mit den Unionssoldaten einlassen wolle, so möge er nur tapfer darauf losgehen, doch könne er lange warten, bis wir ihm folgen würden.

Lyman bat und beschwor, er versuchte uns zu beschämen, aber alles vergebens. Nichts konnte uns von dem einmal gefaßten Plan abbringen: Wir wollten das Blockhaus zur Seite liegen lassen und von außen umgehen. Und das taten wir.

Unter großer Mühsal schlugen wir uns quer durch den Wald. Bald stolperten wir über Wurzeln, bald verwickelten wir uns in Schlinggewächsen oder blieben am Dorngestrüpp hängen. Endlich erreichten wir einen offenen Platz in sicherer Gegend, wo wir uns erhitzt und atemlos niedersetzten, um uns abzukühlen und unsere Schrammen und sonstigen Verletzungen zu behandeln. Lyman war ärgerlich, wir anderen aber guten Mutes. Weshalb sollten wir auch die Köpfe hängen lassen? Unsere erste militärische Unternehmung war ja geglückt: Wir hatten das Blockhaus umgangen und konnten zufrieden sein. Scherz und Lachen begannen wieder, der Kriegszug wurde zur Festtagsbelustigung.

Nach kurzer Rast marschierten wir abermals weiter, zwei Stunden lang, zuletzt im stummen Trott. Als der Morgen dämmerte, zogen wir erschöpft, schmutzig und mit wunden Füßen in New London ein. Wir waren alle schlecht gelaunt und schimpften heimlich auf den Krieg. Nur Stevens hatte seine gute Stimmung behalten. Nachdem wir unsere alten, schäbigen Flinten in der Scheune des Obersten Rall, eines Veteranen aus dem mexikanischen Krieg, zusammengestellt hatten, frühstückten wir alle gemeinsam in seinem Haus. Später führte er uns auf eine einsame Waldwiese und hielt uns im Schatten eines Baumes eine hochtrabende Rede voll Ruhm und Pulverdampf, in der es von Beiwörtern, bildlichen Anspielungen und schwungvollen Phrasen wimmelte – das gehörte mit zur Beredsamkeit in jener alten Zeit und entlegenen Gegend. Er ließ uns dann auf die Bibel schwören, dem Staate Missouri treu zu dienen und alle Eindringlinge zu verjagen, woher sie auch kämen und unter welcher Fahne sie marschierten. Dies verwirrte uns, denn wir begriffen nicht recht, zu wessen Dienst wir uns eigentlich verpflichtet hatten. Aber Oberst Rall, der erfahrene Politiker und Wortverdreher, war darüber gar nicht im Zweifel. Er wußte genau, daß er uns für die Sache der Südstaaten angeworben hatte. Zuletzt gürtete er mir noch ein Schwert um, das Oberst Brown, sein Nachbar, in Mexiko getragen hatte.

Hierauf marschierten wir in Reih und Glied in einen grünen, schattigen Wald – ein herrlicher Schauplatz für unseren Krieg. Ins

Innere des Waldes eindringend, bezogen wir eine feste Stellung, die im Rücken durch niedere, bewaldete Felsberge geschützt war und vor uns durch einen klaren sprudelnden Bach. Sofort badete das halbe Kommando, während die übrigen zum Fischen gingen. Am Platz, wo wir unser Lager aufschlugen, war Ahornzucker gesiedet worden; die verfaulten Tröge lehnten noch an den Bäumen. Nicht weit davon lag ein alter Kornspeicher, in dem das Bataillon sein Nachtquartier nahm. Gegen Mittag kamen aus allen Richtungen Farmer mit Pferden und Mauleseln herbei, die sie uns für die Dauer des Krieges leihen wollten, schätzungsweise auf etwa drei Monate. Es waren Tiere der verschiedensten Größe,

Farbe und Zucht, die meisten jung und unbändig, daß kein einziger aus unserem Kommando sich lange im Sattel halten konnte; wir Städter waren im Reiten noch ungeübt. Ich erhielt ein kleines Maultier zugeteilt, rasch und lebhaft in seinen Bewegungen, das mich ohne jede Schwierigkeit jedesmal wieder abwarf, wenn ich aufgestiegen war. Dann reckte es den Hals, schrie, spitzte die Ohren und riß die Kinnladen auf, daß man ihm bis zum anderen Ende sehen konnte. Es war ein widerwärtiges Tier in jeder Beziehung. Faßte ich es beim Zügel, um es aus der Wiese zu führen, stemmte es sich mit aller Kraft dagegen und war nicht vom Fleck zu bringen. Das gewöhnte ich ihm aber gründlich ab, denn auf einige militärische Kniffe verstand ich mich doch. Ich hatte in meinem Leben schon manchen festgefahrenen Dampfer wieder flott werden sehen, da fiel es mir nicht schwer, einem störrischen

Maultier wieder ins rechte Fahrwasser zu helfen. Beim Kornspeicher war ein Brunnen. Ich nahm statt des Halfters einen dreißig Faden langen Strick, verfuhr damit wie mit einer Ankerwinde und zog das Tier ohne Aufenthalt nach Hause.

An Korn für die Pferde war kein Mangel. Wir füllten es in die alten Zuckertröge, die uns dazu sehr gelegen kamen. Als ich Sergeant Bowers befahl, mein Maultier zu füttern, erwiderte er, ich dächte wohl, er ziehe in den Krieg, um den Pferdeknecht zu spielen – das sollte ich mir nur aus dem Kopf schlagen. Ich hielt dies für Ungehorsam, doch waren mir die militärischen Begriffe noch so wenig geläufig, daß ich lieber stillschweigend darüber hinwegging, da ich meiner Sache nicht sicher war. Nun richtete ich den gleichen Befehl an Smith, den Hufschmiedlehrling; der sah mich nur kaltlächelnd an und wandte mir höhnisch den Rücken zu. Ich ging zum Hauptmann, um ihn zu fragen, ob mir nicht von Rechts wegen eine Ordonnanz zugewiesen werden müsse. Lyman bejahte dies, meinte aber, da sich im ganzen Korps nur eine Ordonnanz befinde, könne er Bowers in seinem Stab nicht entbehren. Bowers war jedoch anderer Meinung. Er sagte, es fiele ihm gar nicht ein, in irgendeinem Stab zu dienen; es solle doch einmal jemand kommen und versuchen, ihn dazu zu zwingen. Unter diesen Umständen blieb nichts anderes übrig, als die Sache auf sich beruhen zu lassen.

Auch das Kochen wollte keiner übernehmen. Man hielt es für entwürdigend, und wir mußten uns ohne Mittagessen begnügen. Den Rest des schönen Tages vertrödelte jeder auf seine Weise, einige schliefen unter den Bäumen, andere rauchten ihre Maiskolbenpfeifen, unterhielten sich über ihre Mädchen und den Krieg, andere trieben allerlei Spiele. Als es Zeit zum Abendessen war, hatten wir solchen Hunger, daß alle Hand anlegten und, ohne Rangunterschied, Holz sammelten, Feuer machten und Essen kochten. Eine Weile ging nun alles gut, dann brach zwischen dem Sergeanten und dem Korporal ein Streit aus, wer von ihnen den höheren Rang besaß. Das wußte jedoch niemand; zuletzt mußte sich Lyman ins Mittel legen und erklären, daß beide auf der gleichen Rangstufe ständen. Ein Befehlshaber so unwissender Truppen hatte Nöte und Ärgernisse zu bestehen, die in einer regulären Armee wahrscheinlich niemals vorkamen. Später, als wir am Lagerfeuer saßen, uns Geschichten erzählten und Lieder sangen, waren bald alle wieder heiter und guter Dinge. Dann harkten wir in einer Ecke des Speichers das Stroh zurecht und legten uns schlafen. Draußen vor der Tür stand ein Pferd angebunden, damit es wiehern sollte, wenn jemand eindringen wollte. Ich glaubte das wenigstens. Später erfuhr ich, daß das Tier nur aus Versehen die Nacht über dort geblieben war.

Am Vormittag machten wir unsere regelmäßigen Reitübungen; den Nachmittag benutzten wir zu Ausflügen in die Umgegend. Wir ritten in einzelnen Trupps mehrere Meilen weit, besuchten die Farmerstöchter, ließen uns das Mittagessen oder Abendbrot, das man uns auftrug, tüchtig schmecken, unterhielten uns gut und kehrten zufrieden ins Lager zurück.

Eine Zeitlang schwelgten wir in köstlichem Nichtstun; alles ging nach Wunsch, und nichts störte unser Vergnügen. Da brachten die Farmer beunruhigende Nachrichten. Es hieß, der Feind stieße zu uns vor, durch Hydes Wiese. Das war ein rauhes Erwachen aus süßen Träumen. Wir wußten in unserer Bestürzung nicht gleich, wohin wir den Rückzug antreten sollten. Bei der Unbestimmtheit des Gerüchts wollte Lyman anfänglich überhaupt nichts von einem Rückzug hören, doch sah er bald ein, daß er seinen Kopf nicht durchsetzen konnte. Zudem war das Kommando nicht in der Stimmung, sich Ungehorsam gefallen zu lassen. Er gab daher nach und rief einen Kriegsrat zusammen, bei dem, außer ihm selber, nur noch drei Offiziere zugegen sein sollten. Die Gemeinen waren jedoch über diesen Beschluß so aufgebracht, daß wir ihnen gestatten mußten, dazubleiben und sich an der Beratung zu beteiligen, was sie mit großem Eifer taten. Es handelte sich um die Frage, auf welchem Weg wir uns zurückziehen wollten. Bei der Aufregung, die in der Versammlung herrschte, kam jedoch keiner auf eine gute Idee. Nur Lyman erklärte kaltblütig, wenn wir nicht nach Hydes Wiese marschierten und so dem Feind entgegengingen, sei es gleichgültig, welchen Weg wir zum Rückzug wählten. Wie klug und richtig das war, leuchtete uns auf der Stelle ein, und wir priesen Lymans Scharfsinn. Gemeinsam wurde nun beschlossen, Zuflucht bei Farmer Mason zu suchen, einem Freund unserer Sache, dessen Gut eine halbe Meile entfernt lag. Inzwischen war die Dämmerung hereingebrochen, und da wir nicht wußten, wie bald der Feind eintreffen könne, hielten wir es für das beste, sofort abzumarschieren und unsere Pferde und sonstigen Habseligkeiten zurückzulassen.

Mit Gewehren und Munition brachen wir auf. Der Weg war

höchst mühselig, steil und felsig, dazu war es stockfinstere Nacht und es regnete in Strömen. Der vorderste unserer Leute stolperte und fiel, sein Hintermann über ihn her und der nächste wieder über diesen, bis zuletzt Bowers, der das Pulverfaß trug, an den schlüpfrigen Abhang kam, auf dem das ganze Kommando am Boden lag, Arme und Beine in einem Knäuel durcheinander. Er fiel mit dem Fäßchen hin und brachte das ganze Korps ins Rutschen, bis es unten in einem Bach landete. Nun geriet der Haufen in Bewegung. Wer unten lag, raufte, biß und kratzte den, der über ihm lag, dann entstand eine allgemeine Prügelei, und jeder schwor sich hoch und heilig, käme er diesmal glücklich aus dem Bach, so zöge er nun und nimmermehr wieder in den Krieg. Ob das Land zugrunde gehe, sei ihm einerlei, der Feind kümmere ihn ganz und gar nicht – und was dergleichen Redensarten mehr waren. Während wir sie anhörten und in leisem Flüsterton mit einstimmten, wurde uns ganz jämmerlich zumute an dem schauerlich dunklen Ort, zumal wir durch und durch naß waren und obendrein den Feind auf den Fersen hatten.

Pulver und Flinten waren weg, verloren, und das Schimpfen und Brummen nahm kein Ende. Die Leute tasteten auf dem sumpfigen Erdreich nach ihren Waffen oder versuchten sie aus dem Bach zu fischen, was viel Zeit kostete. Plötzlich vernahmen wir ein Geräusch, hielten den Atem an und hörten, ob es der nahende Feind war. Es klang wie das Brüllen einer Kuh, aber wir konnten nicht warten, um es näher zu untersuchen. Wir gaben Fersengeld und eilten zu Masons Pachtgut, so rasch das im Dunkeln möglich war. Wir verirrten uns jedoch einige Male in den vielen Felsschluchten, und es hatte schon neun Uhr geschlagen, als wir endlich an den Heckenzaun gelangten. Eben wollten wir uns als Freunde zu erkennen geben und hatten schon den Mund zur Parole geöffnet, da setzte mit schrecklichem Gebell und Geheul eine Meute Hunde über den Zaun. Jeder Hund packte einen Soldaten an der Hose und lief mit ihm davon. Wir konnten die Hunde nicht totschießen, aus Furcht, die Personen zu treffen, in die sie sich festgebissen hatten. So standen wir denn ratlos und hilflos einem Schauspiel gegenüber, das so kläglich und beschämend war wie vielleicht kein zweites im ganzen Bürgerkrieg. Auch an Beleuchtung fehlte es dabei nicht, denn der alte Mason und seine Söhne kamen auf den Lärm mit Lichtern herbeigelaufen. Es gelang ihnen leicht, die Hunde loszumachen, bis auf Bowers Dogge, die ganz mit ihm zusammengewachsen schien und erst losließ, als man sie mit kochendem Wasser begoß, wobei Bowers auch seinen Teil abbekam und sich dafür gebührend bedankte.

Im Haus angekommen, wurden wir mit einer Flut von Fragen bestürmt, bis sich herausstellte, daß wir gar nicht wußten, vor wem wir eigentlich die Flucht ergriffen hatten. Das ging dem alten Mason doch gegen den Strich. Er meinte, wir wären Soldaten von echtem Schrot und Korn, und keine Regierung sei imstande, das Schuhleder zu bezahlen, das es kosten würde, uns hinterherzulaufen. Da müsse der Krieg wohl bald von selber aufhören. Dann fragte er, warum wir keine Wachen am Wiesengrund aufgestellt oder Kundschafter ausgeschickt hätten, um Näheres über die Stärke und Ausrüstung des Feindes zu erfahren, statt auf ein bloßes Gerücht hin unsere feste Stellung zu verlassen und das Hasenpanier zu ergreifen. Je mehr er sprach, desto mehr schämten wir uns – das war noch eine weitaus schlimmere Begrüßung als der Angriff der Hunde.

Beschämt schlichen wir zu Bett, um uns von allem, was wir durchgemacht hatten, gründlich zu erholen und auszuruhen. Aber unser Schlaf war nur von kurzer Dauer, die Leiden jener Nacht hatten noch kein Ende. Gegen zwei Uhr ertönte plötzlich von der Straße her ein Warnruf, in den die ganze Hundeschar laut heulend mit einstimmte. Im nächsten Augenblick war alles auf den Beinen, um zu sehen, welcher Feind da anrückte. Doch hatte nur ein Reiter die Nachricht gebracht, daß eine Abteilung Unionstruppen von Hannibal heranmarschiere und strengen Befehl habe, Banden wie die unsrige gefangenzunehmen und ohne Barmherzigkeit aufzuknüpfen. Wollten wir der Gefahr entrinnen, so war keine Zeit zu verlieren. Farmer Mason geriet jetzt selbst in die größte Aufregung und jagte uns förmlich zum Haus hinaus. Ein Neger sollte uns an eine Bergschlucht führen, damit wir uns und unsere verräterischen Gewehre verstecken konnten.

Draußen regnete es in Strömen; rasch ging es den Heckenweg hinunter, dann durch steiniges Ackerland, wo wir bald stolperten und auf den nassen Boden hinflogen. Wer aber auf der Erde lag, schimpfte auf den Krieg und auf alle, die Schuld an seinem Anfang und Fortgang hatten; am meisten aber verwünschte jeder seine eigene Torheit, je daran teilgenommen zu haben. Als wir den waldigen Eingang der Schlucht erreicht hatten, schickten wir den Neger wieder nach Hause. Dicht aneinander gedrängt standen wir unter den regentriefenden Bäumen und verbrachten eine entsetzliche Nacht. Die Wasser drohten uns zu ersäufen, das Heulen des Sturms, das Krachen des Donners betäubte uns, die zuckenden Blitze blendeten unsere Augen. Doch zitterten und bebten wir nicht vor Nässe und Kälte allein, weit schlimmer noch war unsere Angst vor dem Strang, der unserem Leben ein Ende zu machen drohte. Die Möglichkeit eines so schmachvollen Todes hatten wir nicht bedacht; sie verdarb die Romantik des ganzen Feldzugs und verwandelte unsere Träume von Ehre und Ruhm in entsetzliche Schreckgespenster. Daß jener barbarische Befehl wirklich erteilt worden sei, daran zweifelte keiner von uns.

Die lange Nacht ging schließlich doch vorüber, und beim Morgengrauen brachte der Neger die Nachricht, das Gerücht sei falsch, es habe sich nicht bestätigt, und bald werde das Frühstück fertig sein. Auf der Stelle waren wir wieder froh. Die Welt schien voller Glanz und Heiterkeit und das Leben so schön und hoffnungsreich wie immer – denn damals waren wir ja jung. Das ist schon lange her – über vierundzwanzig Jahre.*

Ein Frühstück, wie es uns die Masons nun auftischten, bekommt man nur in Missouri. Knusprigen Zwieback und Weizenbrot, heiß aus dem Ofen mit dem hübschen Gittermuster verziert, frische Maiskuchen, gebratene Hühner, Speck, Kaffee, süße Milch, Eier, Buttermilch und viele andere leckere Dinge. Wir brauchten das alles zu unserer Stärkung und ließen es uns trefflich schmecken.

Unser Aufenthalt bei Mason dauerte nur wenige Tage. Die leblose Stille und Langeweile dieses schläfrigen Pachtguts ist mir aber die vielen Jahre hindurch in der Erinnerung geblieben; sie lastet noch heute mit einem Druck auf meinem Geist wie Trauer und Tod. Es gab da nichts zu denken, nichts zu tun, keinerlei Lebensinteresse. Die Männer waren den ganzen Tag über auf dem Feld, auch die Frauen gingen ihren Geschäften nach und man bekam sie nicht zu Gesicht. Der einzige Laut, der sich vernehmen ließ, war das einförmige Schnurren eines Spinnrads. Es klang aus einem entlegenen Zimmer mit so jammervollem Klageton zu uns herüber, daß wir meinten, vor Heimweh vergehen zu müssen.

Bei Dunkelwerden pflegte sich die Familie zur Ruhe zu begeben, und wir mußten wohl oder übel dem Beispiel folgen. Schlaflos wälzten wir uns auf unserem Lager herum und zählten die Glockenschläge; eine solche Nacht dauerte hundert Jahre.

* 1886 geschrieben.

Zuletzt konnten wir es an dem Ort nicht länger aushalten und waren froh, als es hieß, daß uns der Feind wieder auf den Fersen sei. Unser kriegerischer Geist erwachte, wir waren wie neugeboren, stellten uns schnell in Reih und Glied und marschierten in unser früheres Lager zurück.

Hauptmann Lyman hatte sich jedoch Masons Winke wohl gemerkt. Er gab jetzt Befehl, daß Wachen aufgestellt werden sollten, um uns vor Überrumpelung zu schützen. Ich hatte den Auftrag, für einen Posten an der Gabelung des Weges in Hydes Wiesengrund zu sorgen. Als die Nacht dunkel und drohend hereingebrochen war, befahl ich Sergeanten Bowers, die Wache dort bis zwölf Uhr zu übernehmen. Er aber erwiderte, das täte er nicht – wie ich von vornherein erwartet hatte. Ich versuchte noch einige andere zu überreden, aber alle schlugen es mir ab. Zwei oder drei entschuldigten sich wegen des schlechten Wetters, die übrigen aber erklärten freimütig, sie würden unter keiner Bedingung Folge leisten. Das klingt uns jetzt sonderbar und wie ein Ding der Unmöglichkeit, damals war es gar nicht überraschend, sondern ein höchst natürliches und alltägliches Vorkommnis. Die jungen Leute, die sich durch ganz Missouri in kleinen Lagerplätzen, wie der unsrige, versammelt hatten, waren viel zu selbständig und unabhängig aufgewachsen, um sich den Befehlen von Tom, Dick oder Harry zu fügen, mit denen sie ihr ganzes Leben lang auf du und du gestanden hatten. Im ganzen Süden wird es wohl ähnlich hergegangen sein – versteht sich nur während der ersten Monate des Krieges.

Das Oberkommando über sämtliche Milizen unserer Gegend führte der Brigadegeneral Thomas Harris, ein ausgezeichneter Mann und allgemein beliebt. Wir hatten ihn aber gut gekannt, als er noch der einzige Telegraphenbeamte in Hannibal war, der für geringen Sold wöchentlich meist eine Depesche abzuschicken hatte oder zwei, wenn die Geschäfte sich besonders drängten. Als er daher eines Tages plötzlich in unserer Mitte erschien und uns mit militärischer Würde Verhaltensmaßregeln überbrachte, wunderte sich niemand über die Antwort, die er vom versammelten Korps erhielt:

„Na, wenn wir aber nun nicht wollen, Tom Harris – was dann?“

Mit Leuten solchen Schlages in den Krieg zu ziehen, scheint ein völlig hoffnungsloses Beginnen. Dennoch haben einige meiner damaligen Kameraden später das blutige Handwerk trefflich erlernt. Sie sind tüchtige Soldaten geworden, die gehorchten wie die Maschinen, den Krieg bis zu Ende mitmachten und mit Ehren entlassen wurden. Ein Bursche zum Beispiel, der mich damals einen Schafskopf nannte, weil ich glaubte, er werde tollkühn genug sein, um den gefährlichen Posten zu beziehen, hat sich, ehe er noch ein Jahr älter war, durch Mut und Unerschrockenheit ganz besonders ausgezeichnet.

Es gelang mir an jenem Abend doch noch, Bowers zu bewegen, mit mir den Nachtdienst zu versehen. Ich schlug ihm nämlich vor, den Rang mit ihm zu tauschen und ihn als Untergebener zu begleiten. In pechfinsterer Nacht und bei strömendem Regen verbrachten wir ein paar erbärmliche Stunden zu Pferd. Bowers schimpfte ohne Unterlaß auf das Wetter und den Krieg, bis wir einzunicken begannen und uns kaum mehr im Sattel halten konnten. Nun quälten wir uns nicht länger, sondern ritten ins Lager, ohne auf Ablösung zu warten. Der Feind hätte es mit Leichtigkeit ebenso machen können, denn niemand hielt uns an oder fragte nach unserem Begehr. Nirgendwo ließ sich eine Schildwache blicken, alles lag in festem Schlaf. Auch wurde, soviel ich weiß, nie wieder der Versuch gemacht, zur Nachtzeit einen Posten aufzustellen, nur bei Tag hielten wir Wache.

In dem Kornspeicher, wo das Kommando schlief, entstand gewöhnlich großer Lärm, bevor noch der Morgen graute. Zahllose Ratten waren dort einquartiert; sie kletterten zum Ärger und Verdruß aller auf den Schläfern herum und liefen ihnen ohne weiteres über das Gesicht. Bald bissen sie diesen, bald jenen Soldaten in die Fußzehe, der fluchend aufsprang und im Dunkeln mit Maiskolben um sich warf. Die waren zwar nicht ganz so hart wie Ziegelsteine, aber wen sie trafen, dem tat es doch weh. Das wollte sich keiner gefallen lassen. Ehe fünf Minuten vergingen, lag ein Nachbar dem anderen in den Haaren, und es entstand eine wüste Rauferei. So kam es, daß im Kornspeicher viel Blut vergossen wurde; das war aber auch das einzige, das ich fließen sah, solange ich am Krieg teilnahm. – Nein, halt, das ist nicht die volle Wahrheit! Einmal floß doch Blut, und wie das geschah, will ich jetzt erzählen:

Wir wurden, wie bereits gesagt, häufig durch allerlei Gerüchte erschreckt. Von Zeit zu Zeit tauchte immer wieder die Nachricht auf, daß der Feind heranrücke, und wir zogen uns vor ihm stets in ein anderes Lager zurück. Da es sich jedoch jedesmal erwies, daß es nur blinder Lärm war, wurden wir schließlich gleichgültig dagegen. Als nun eines Abends ein Neger wieder mit dem alten Lied kam, daß der Feind in der Nähe lauere, sagten wir „Schon gut!“ und beschlossen, uns in unserer Ruhe und Bequemlichkeit nicht stören zu lassen. Über diesen echt kriegerischen Beschluß empfanden wir im ersten Augenblick ein wahres Hochgefühl. Wir waren gerade sehr lustig und guter Dinge gewesen und hatten allerlei Possen getrieben; damit war es für jetzt freilich vorbei –

Scherz und Lachen klangen nur noch gezwungen, bald verstummte es ganz, und tiefe Stille herrschte in der Kompanie. Wir hatten einmal gesagt, daß wir dableiben wollten und konnten unser Wort nicht brechen. Doch wären wir wohl zu überreden gewesen, das Lager zu verlassen, wenn nur einer den Mut gehabt hätte, es vorzuschlagen.

Lange verharrten wir in ängstlichem Schweigen am gleichen Platz, dann begann eine fast geräuschlose Bewegung im Dunkeln, zu welcher kein Befehl erteilt worden war. Bald merkte ein jeder, daß er nicht der einzige sei, der leise nach der Vorderwand gekrochen war, um durch ein Astloch oder einen Spalt zu spähen. Nein, wir waren alle da und starrten mit klopfendem Herzen nach der Stelle hin, wo der Fußpfad in den Wald einmündete. Ringsum war alles still, und man konnte beim bleichen Schein des Mondes nur die allgemeinen Umrisse der Gegenstände unterscheiden. Da ließ sich auf einmal ein dumpfer Ton vernehmen, der wie Hufschlag klang. Nach einer Weile sahen wir eine nebelhafte Gestalt auf dem Waldpfad auftauchen, die immer näher kam. Es war ein Mann zu Pferd, und wie mir schien, ritten noch andere hinter ihm drein. Ein jäher Schrecken fuhr mir durch die Glieder; ohne recht zu wissen, was ich tat, griff ich nach meiner Flinte und steckte den Lauf durch einen Spalt in der Wand. „Feuer!" befahl eine Stimme, und ich drückte ab. Mir war, als sähe und hörte ich es hundertmal blitzen und knallen – gleich darauf fiel der Mann aus dem Sattel.

Verwundert über den gelungenen Schuß, wollte ich mit dem Instinkt des Jägers im ersten Augenblick hinzueilen, um mich meiner Beute zu versichern. Da hörte ich neben mir jemand flüstern: „Bravo, den haben wir – jetzt kommen die übrigen an die Reihe." Wir warteten und lauschten, aber die anderen ließen sich nicht blicken. Kein Laut war zu hören, nicht ein Blatt bewegte sich, die Stille wurde immer unheimlicher. Endlich ertrugen wir es nicht länger. Wir krochen verstohlen hinaus und näherten uns der mondbeschienenen Stelle, wo der Mann auf dem Rücken lag, die Arme von sich gestreckt, mit offenem Mund und keuchender Brust, das weiße Vorhemd blutüberströmt. Siedendheiß fuhr mir der Gedanke durch den Kopf, daß ich ein Mörder war, daß ich einen Menschen getötet hatte, der mir nie etwas getan hatte. Es ging mir durch Mark und Bein. Verzweifelnd kniete ich neben ihm und streichelte ihm Stirn und Wangen – ich hätte alles darum gegeben und mit Freuden mein eigenes Leben geopfert, um ihn wieder heil und gesund zu machen, wie er es noch vor wenigen Minuten gewesen war. Alle Kameraden schienen mein Gefühl zu teilen, sie beugten sich mitleidig über den Verwundeten, versuchten ihm auf jede Weise beizustehen und drückten das innigste Bedauern aus. An den Feind dachte niemand mehr, sie sahen in diesem Gegner nur den einzelnen beklagenswerten Menschen. Das brechende Auge des Sterbenden schien noch mit einem Blick des Vorwurfs auf mir zu ruhen, der mich wie ein Dolchstoß traf. Als ich ihn nun gar, wie im Traum, etwas von Weib und Kind murmeln hörte, ergriff mich neues Entsetzen: So sollten also die Folgen meiner Missetat auch auf das Haupt jener Unschuldigen fallen, die mir nie etwas Böses zugefügt hatten!

Wenige Augenblicke später stieß der Mann den letzten Seufzer aus. Er war im Krieg getötet worden nach Brauch und Recht – sozusagen auf dem Schlachtfeld gefallen; und dennoch beklagte ihn die feindliche Macht wie einen Bruder. Wohl eine halbe Stunde lang standen die Kameraden tief bewegt neben der Leiche und besprachen den Trauerfall in allen Einzelheiten. Sie fragten sich, wer der Mann wohl sein möge. Ob er nicht doch vielleicht ein Spion gewesen war? Hätten sie ihn wieder lebendig machen können, sie würden ihm sicherlich kein Haar gekrümmt haben.

Bald stellte sich heraus, daß außer mir noch fünf Soldaten Feuer gegeben hatten; nicht weniger als sechs Kugeln waren abgeschossen worden. Diese Teilung der Schuld gewährte mir eine große Erleichterung bei der Last, die mich niederdrückte. Im Augenblick der Tat war ich so wenig bei Besinnung gewesen, daß ich in meiner erhitzten Einbildungskraft die ganze Salve für einen einzigen Schuß aus meiner Flinte gehalten hatte.

Der Mann trug weder Waffen noch Uniform. Er war in der Gegend völlig unbekannt, und wir haben nie etwas Näheres über ihn erfahren. Mich quälte die Erinnerung an ihn Tag und Nacht. Ich konnte sie nicht wieder abstreifen, konnte die peinigenden Gedanken nicht verscheuchen; daß wir einem harmlosen Menschen das Leben genommen hatten, schien mir so sündhaft, so zwecklos. Und war dies nicht ein Bild des Krieges überhaupt? Was tut man denn anderes im Krieg, als Leute umbringen, gegen die man keine persönliche Feindschaft hegt – Fremde, denen man unter anderen Umständen beistehen würde, wenn sie in Not gerieten, und die auch uns Hilfe leisten würden, wenn wir ihrer bedürften! Mit meiner Freude an dem Feldzug war es vorbei. Ich besaß nicht das richtige Zeug für dieses schreckliche Handwerk. Für den Krieg brauchte man Männer, und ich hatte die Kinderschuhe noch nicht ausgetreten. So beschloß ich, das unwürdige Soldatenspiel aufzugeben, um nicht meine ganze Selbstachtung einzubüßen. Vernünftigerweise hätte ich mich eigentlich von den selbstquälerischen Gedanken losmachen sollen, denn im Grunde meines Herzens glaubte ich fest, daß nicht meine Hand das Blut des Mannes vergossen hatte. Es war im höchsten Grade unwahrscheinlich, daß meine Kugel ihn auch nur gestreift hatte, da es mir bei allen meinen Schießübungen noch nie gelungen war, einen Gegenstand zu treffen, nach dem ich zielte – und ihn hatte ich genau aufs Korn genommen, das wußte ich. Leider gewährte mir diese Überzeugung keinen Trost. Wann hätte sich auch eine kranke Einbildungskraft je durch Vernunftgründe heilen lassen?

Wir fuhren nun fort, wie bisher das Land auszusaugen und bei jeder beunruhigenden Nachricht unser Lager zu wechseln. Die Farmer waren unermüdlich in ihrer Gastfreundschaft und Zuvorkommenheit gegen uns, während sie uns von Rechts wegen hätten zum Henker wünschen müssen. Auf unseren Kreuz- und Querzügen waren wir eines Tages in dem Bezirk Monroe angelangt und hatten in einem Hohlweg bei dem Dorf Florida, wo ich geboren bin, unser Lager aufgeschlagen – es war das letzte, welches ich bezog. Hier erfuhren wir, daß ein Oberst mit einem ganzen Regiment Unionstruppen auf uns zumarschiere. Damit war nicht zu scherzen. Wir beratschlagten rasch, was zu tun sei, und verkündigten den übrigen Kompanien, die unser Lager teilten, daß wir nichts mehr mit dem Krieg zu schaffen haben wollten und entschlossen seien, unser Korps aufzulösen. Die Leute standen eben selbst im Begriff, sich zurückzuziehen und versuchten uns zu überreden, noch auf General Tom Harris zu warten, der jeden Augenblick eintreffen müsse. Wir aber hielten das für unnützen Zeitverlust. Nach der vielen Übung, die wir gehabt hatten, verstanden wir uns so gut auf den Rückzug, daß wir nicht erst auf einen General zu warten brauchten, um uns darüber belehren zu lassen. So stiegen wir denn auf und ritten davon – das heißt, etwa die Hälfte unseres Korps, mich eingeschlossen. Die übrigen ließen sich überreden, dazubleiben – und machten den ganzen Krieg mit.

Unterwegs trafen wir General Harris, der uns befahl, wieder umzukehren. Wir aber erzählten ihm, daß ein Oberst mit einem ganzen Regiment Unionstruppen in Anmarsch sei. Da würde es gewiß Mißhelligkeiten geben, und wir hielten es für besser, nach Hause zu gehen. Harris geriet zwar in Zorn, aber das nützte nichts, denn unser Beschluß stand fest. Wir hatten das unsrige getan, hatten einen Mann getötet – die übrigen Feinde konnte Harris nun selbst umbringen, damit der Krieg bald zu Ende wäre.

Wer aber war jener Oberst der Union, der mich so in Schrecken jagte, daß ich um seinetwillen dem Süden meine wertvollen Kriegsdienste entzog? Kein anderer als General Grant, wie ich später erfuhr. Damals war sein Name freilich fast ebenso unbekannt wie der meinige – was uns jetzt kaum glaublich erscheint. Wir waren nur wenige Meilen voneinander entfernt, und ich hatte die beste Gelegenheit, mit ihm zusammenzutreffen – aber ich ging in die entgegengesetzte Richtung.

*

Über den vorstehenden Bericht wird wohl mancher Leser den Kopf schütteln, aber er hat dennoch seinen Wert und seine Berechtigung. Er gibt ein wahrheitsgetreues Bild vom Tun und Treiben der Milizen während der ersten Monate des Bürgerkriegs und von Vorgängen, die durchaus nicht selten waren. Hat die Geschichte bisher darüber geschwiegen, so war das ein Mangel, der dringend der Ergänzung bedurfte. Aus den jungen, ungeübten Rekruten, die ohne Zucht, ohne erfahrene Führer vor unbekannten Gefahren zurückbebten, sind später doch noch wackere Krieger geworden, die mitgeholfen haben, die großen Entscheidungsschlachten zu schlagen. Auch ich würde mit der Zeit das Soldatenhandwerk wohl noch gelernt haben und beherrschte eine Sache ganz ausgezeichnet: Ich wußte genau, wie man einen Rückzug ausführen muß.

Nach dem fernen Westen

Erstes Kapitel

Mein Bruder war soeben zum „Sekretär“ des Territoriums Nevada ernannt worden – einem Amt von solcher Erhabenheit, daß es die Obliegenheiten und Würden eines Schatzmeisters, obersten Rechnungsbeamten, Staatssekretärs und im Fall der Abwesenheit des wirklichen Gouverneurs auch die des letzteren in sich vereinigte. Eine Jahresbesoldung von 1800 Dollar und der Titel „Mr. Secretary“ verliehen dieser hohen Stellung eine gewisse Großartigkeit. Jung und unerfahren, wie ich war, beneidete ich meinen Bruder. Seine hervorragende und finanziell glänzende Stellung stach mir in die Augen, ganz besonders aber die langen, eigenartigen Reisen, die er machen, und die wunderbare neue Welt, die er kennenlernen sollte. Er durfte reisen! Ich war niemals – abgesehen von meinen Fahrten auf dem Mississippi – weit von zu Hause gewesen, und das Wort „reisen“ hatte einen verführerischen Reiz für mich. Gar nicht mehr lange sollte es dauern, und er wäre hundert und aber hundert Meilen weit fort auf den großen Prärien und Wüsteneien inmitten der Gebirge des fernen Westens, bekäme Büffel, Indianer, Präriehunde und Antilopen zu sehen und allerlei Abenteuer zu bestehen, würde vielleicht sogar gefangengenommen oder skalpiert. Und dieses herrliche Leben nähme niemals ein Ende, er würde alles nach Hause berichten und ein berühmter Mann werden. Er würde Gold- und Silberminen sehen und vielleicht am Abend nach vollbrachtem Tagewerk zwei oder drei Körbe voll glänzender gold- und silberhaltiger Klumpen draußen am Berghang auflesen. Und mit der Zeit würde er gewaltig reich werden, würde auf dem Seeweg heimkehren und imstande sein, so ruhig über San Francisco, den Ozean und den Isthmus zu sprechen, als wäre gar nichts dabei, diese Wunderdinge mit eigenen Augen geschaut zu haben. Die Qualen, die ich litt, wenn ich mir sein Glück ausmalte, kann keine Feder schildern.

Wie er mir nun auf einmal in aller Seelenruhe die herrliche Stellung als Privatsekretär unter ihm antrug, war es mir, als schwinde Himmel und Erde dahin, und das Firmament rollte sich vor meinen Augen auf wie ein Pergament! Ich hatte keinen Wunsch mehr. Ich war vollkommen zufrieden. Binnen einer oder zwei Stunden war ich reisefertig. Viel einzupacken brauchte ich nicht, weil wir von der Grenze von Missouri aus mit der Überlandpost nach Nevada fuhren und jeder Passagier nur ganz wenig Gepäck mitnehmen durfte. Eine Pazifikbahn gab es zu dieser schönen Zeit noch nicht – noch keine Schwelle dazu war gelegt.

Meine Absicht war es, nur drei Monate in Nevada zu bleiben – mich länger aufzuhalten, kam mir nicht in den Sinn. Ich gedachte

innerhalb dieser Zeit so viel Neues und Seltsames zu sehen, als es nur möglich war; und dann schleunigst wieder zu meinen Geschäften nach Hause zurückzukehren. Ich ahnte nicht, daß ich das Ende dieses auf drei Monate berechneten Vergnügungsausfluges erst nach sechs oder sieben ungewöhnlich langen Jahren erleben sollte!

Die ganze Nacht träumte ich von Indianern, Wüsten und Silberbarren, und am folgenden Tag schifften wir uns rechtzeitig an der Werft von St. Louis auf einem der Missouri hinauffahrenden Dampfer ein. Wir brauchten sechs Tage von St. Louis nach St. Joseph – eine Fahrt, so träge, so schläfrig und ereignislos, daß sie nicht mehr Eindruck in meinem Gedächtnis hinterließ, als hätte sie sechs Minuten gedauert anstatt ebensoviel Tage. Keine andere

Erinnerung ist mir davon geblieben als an einen verworrenen Knäuel wildgestalteter Baumwurzeln, über die wir mit dem einen oder anderen Rad hinfuhren; an Riffe, auf die wir immer wieder aufstießen, um uns dann davon zurückzuziehen und besseres Fahrwasser aufzusuchen; endlich an Sandbänke, auf die wir gelegentlich auffuhren und unfreiwillige Rast hielten, worauf wir dann unsere Krücken hervorholten und darüber hinweghumpelten. Wahrhaftig, das Boot hätte fast ebensogut zu Land nach St. Joseph fahren können, machte es doch nahezu die ganze Zeit seinen Weg auf dem Trockenen – indem es mit ebensoviel Geduld als Emsigkeit den ganzen Tag über Riffe kletterte und über Baumstümpfe hinwegrutschte. Der Kapitän meinte, es sei „das reinste Renommierboot", es fehle ihm nur mehr Schneid und ein größeres Rad. Mir kam es vor, als hätte es ein paar Stelzen brauchen können. Ich war jedoch weise genug, diesen Gedanken nicht verlauten zu lassen.

Zweites Kapitel

Unsere erste Tätigkeit, am Abend nach unserer glücklichen Ankunft in St. Joseph, war, im Sturmschritt zum Postamt zu laufen und uns zwei Karten, jede für hundertfünfzig Dollar, zur Fahrt mit der Überlandkutsche nach Carson City in Nevada zu nehmen. In der Frühe des nächsten Morgens nahmen wir zunächst hastig ein Frühstück ein und eilten dann zum Abfahrtsplatz. Nun zeigte sich eine Widerwärtigkeit, die wir vorher nicht gebührend bedacht hatten, nämlich, daß ein schwerer Reisekoffer nicht für fünfundzwanzig Pfund Gepäck mitgehen kann, weil er eben viel schwerer ist. Aber es half nichts – mehr als fünfundzwanzig Pfund pro Person war nicht zulässig. So mußten wir unsere Koffer aufschnallen und in gehöriger Schnelligkeit eine Auswahl treffen. Wir packten unsere vorschriftsmäßigen fünfundzwanzig Pfund in einen Mantelsack zusammen und schickten die Koffer mit dem Schiff nach St. Louis zurück. Es war ein trauriger Abschied, denn nun hatten wir ja keine Fräcke und weiße Glacéhandschuhe mehr für die Abendgesellschaft bei den Pawnees im Felsengebirge, keine Angströhren und Glanzlederstiefel und was sonst dergleichen für die Ruhe und den Frieden des irdischen Daseins unentbehrliche Dinge sind. Wir waren auf Feldration gesetzt. Wir legten jeder einen schweren, groben Anzug an, dazu ein wollenes Soldatenhemd und Aufschlagstiefel, in den Mantelsack stopften wir einige weiße Hemden, etwas Unterzeug und dergleichen. Mein Bruder nahm ungefähr vier Pfund Regierungsverordnungen und ein sechspfündiges Wörterbuch mit. Wir wußten ja nicht, wir armen grünen Jungen, daß man das alles in San Francisco bestellen und in wenigen Tagen in Carson City haben konnte. Meine Bewaffnung bestand in einem elenden, kleinen, siebenläufigen Smith & Wesson mit Kugeln von der Größe homöopathischer Pillen, die alle sieben nötig waren, um einem Erwachsenen genug zu geben. Trotzdem hielt ich denselben für etwas Großartiges und meinte, es sei eine ganz gefährliche Waffe. Er hatte nur einen Fehler – man traf schlechterdings nichts damit. Einer unserer Kondukteure zielte mit ihm auf eine Kuh, und so lange diese stillstand und sich ruhig verhielt, blieb sie unversehrt; sobald sie jedoch anfing sich herumzubewegen und er nach anderen Zielen schoß, kam sie zu Schaden. Der Sekretär hatte zum Schutz gegen die Indianer einen Colt-Revolver umgeschnallt, den er zur Verhütung von Unfällen ohne aufgesetzte Zündhütchen trug. Herr Georg Bemis aber – dies war der Name unseres Reisegefährten, den wir zuvor noch nie gesehen hatten – war geradezu furchtbar

bewaffnet. Er trug im Gürtel einen Allen-Revolver von jenem ursprünglichen Bau, der von respektlosen Menschen gern als „Pfefferbüchse" bezeichnet wird. Sobald man den Drücker zurückzog, ging die Pistole los. Beim Zurückziehen des Drückers fing nämlich der Hammer an, sich zu heben und die Trommel sich zu drehen, dann fiel der Hammer sogleich wieder herunter, und die Kugel war draußen. Daß man hätte zielen können, während die Trommel herumging und das Ziel getroffen hätte, das war bei einem Allen-Revolver vermutlich auf der ganzen Welt überhaupt noch nicht vorgekommen. Trotzdem war der unseres Georg eine ganz vertrauenswürdige Waffe, weil er, wie einer unserer Postillione später einmal meinte, „in jedem Falle irgend etwas traf", wenn er auch das nicht bekam, worauf er zielte. Und so war es auch. Einmal zielte sein Besitzer mit ihm auf ein an einem Baum genageltes Pik-As und traf einen Maulesel, der etwa dreißig Ellen links davon stand. Bemis brauchte den Maulesel nicht, doch der Eigentümer erschien mit einer Doppelbüchse und überredete ihn, das Tier dennoch zu kaufen. Ja, es war eine herrliche Waffe, der „Allen". Manchmal gingen alle sechs Läufe auf einmal los, und dann war man in der ganzen Umgegend kaum seines Lebens sicher, außer in einiger Entfernung hinter der Waffe.

Zum Schutz gegen Frostwetter im Gebirge nahmen wir zwei oder drei Wolldecken mit. Was Luxusgegenstände betraf, so waren wir bescheiden; außer ein paar Pfeifen und fünf Pfund Rauchtabak nahmen wir keine mit. Dagegen hatten wir zwei große Lederflaschen bei uns, um darin zwischen den Stationen auf der großen Ebene Wasser mitzuführen, außerdem nahmen wir noch ein Säckchen mit Silbergeld mit für die täglichen Ausgaben beim Frühstück und Mittagessen.

Um acht Uhr befand sich alles reisefertig auf der anderen Seite des Flusses. Wir hüpften in den Wagen, ein Peitschenknall des Kutschers, und wir rasselten dahin und ließen die „Staaten" hinter uns.

Es war ein prachtvoller Sommermorgen, und die ganze Landschaft glänzte im Sonnenschein. Dabei war es so frisch und lustig, und wir hatten ein Gefühl der Befreiung von Sorgen und Verantwortlichkeiten aller Art, das uns beinahe die Empfindung gab, als seien all die Jahre, die wir in der heißen Stadt unter Qual und Arbeit verbracht hatten, verloren und weggeworfen. Wir schoben uns weiter durch Kansas, und nach anderthalb Stunden waren wir schon ziemlich weit auf der großen Ebene. Hier begann gerade das wellenförmige Gelände – eine großartige Folge regelmäßiger Hebungen und Senkungen, soweit das Auge reichte –, ein Wogen und Schwellen, gewaltig wie auf dem Busen des Ozeans nach dem Sturm. Dazwischen allenthalben Kornfelder, durch ihr tieferes Grün die endlose Grasfläche unterbrechend. Dann aber verlor dieses wasserlose Meer plötzlich wieder seine wogende Oberfläche, um sich siebenhundert Meilen weit, flach wie die Dielen eines Stubenbodens, hinzustrecken.

Unsere Kutsche war ein großer, schwankender und schaukelnder Kasten mächtigen Kalibers – eine gewaltige Wiege auf Rädern. Sie wurde von sechs hübschen Pferden gezogen, und neben dem Kutscher saß der „Kondukteur", unter dessen Leitung bestimmungsgemäß das Ganze stand sowie die Besorgung der Brief- und Paketpost, des Eilguts und auch das Wohl der Passagiere. Wir drei waren bis jetzt die einzigen. Wir saßen innen auf dem Rücksitz. Fast der gesamte übrige Innenraum war von Postsäcken eingenommen, wir nahmen nämlich die liegengebliebene Post von drei Tagen mit. Eine senkrechte Wand von Poststücken, an welche wir fast mit den Knien anstießen, erhob sich beinahe bis zum Dach des Wagens. Auf dem letzteren war ebenfalls ein großer Haufen davon aufgeschnallt. Die vordere wie die hintere Schoßkelle waren damit angefüllt. Siebenundzwanzig Pfund davon hatten wir bei uns, wie der Kutscher sagte – „ein wenig für Brigham*, für Carson und Frisco**, aber das meiste für die Indianer, die gewaltig eklig werden, wenn sie nicht immer eine Menge Zeug zu lesen haben". Dabei verzog er jedoch sein Gesicht so gräßlich, offenbar als Einleitung zu einem markerschütternden Ausbruch seiner Heiterkeit, und daran merkten wir, daß er einen Spaß gemacht hatte und damit sagen wollte, wir würden unsere Postsachen zum größten Teil irgendwo auf der Ebene für die Indianer oder anderweitige Liebhaber abladen.

Alle zehn Meilen wechselten wir die Pferde, einen Tag wie den anderen, und flogen lustig auf der harten ebenen Straße dahin. Sooft der Wagen hielt, sprangen wir hinaus, um unsere Beine zu recken, und so fand uns die Nacht noch frisch und unermüdet.

Nach dem Abendessen stieg eine Frau ein, die ungefähr fünfzig Meilen weiter zu Hause war, und wir drei anderen mußten nun abwechselnd beim Kutscher und Kondukteur Platz nehmen. Offenbar gehörte sie nicht zu den gesprächigen weiblichen Wesen. Da saß sie in dem immer mehr verblassenden Dämmerlicht und heftete ihre starren Augen auf eine Stechfliege, die sich an ihrem Arm festsog, dann erhob sie langsam die andere Hand, bis sie die Entfernung richtig abgemessen hatte, und versetzte ihr einen Schlag, der eine Kuh hätte zu Boden strecken können. Hierauf

* Brigham Young, das bekannte Oberhaupt der Mormonen.
** Abkürzung von San Francisco.

betrachtete sie den Leichnam mit ruhiger Befriedigung – sie verfehlte ihre Fliege niemals und traf ihr Ziel mit todbringender Sicherheit. Die Leiche beseitigte sie nie, ließ sie vielmehr als Köder liegen. Ich saß neben dieser grimmen Sphinx und sah zu,

wie sie dreißig bis vierzig Fliegen totschlug – sah zu und wartete auf ein Wort aus ihrem Mund, jedoch vergeblich. So begann ich selbst endlich die Unterhaltung. Ich sagte:

„Die Stechfliegen sind recht schlimm hier herum, Madam."

„Ah was!"

„Wie meinten Sie, Madam?"

„Ah was!"

Nun wurde sie munter und sagte:

„Ich will verdammt sein, wenn ich euch Kerle nicht für Taubstumme gehalten habe. Ja, bei Gott. Da bin ich gesessen und gesessen und habe Fliegen totgeschlagen und mir den Kopf zerbrochen, was euch fehlt. Erst dachte ich, ihr wäret taubstumm, dann, ihr wäret krank oder verrückt oder so was, und nach und nach kam ich darauf, ihr müsset ein paar traurige Narren sein, die nichts zu reden wissen. Woher kommt ihr?“

Die Sphinx war keine Sphinx mehr. Die Brunnen der großen Tiefe waren bei ihr aufgegangen, und sie ließ alle neun Redeteile vierzig Tage und vierzig Nächte auf uns herabregnen, bildlich gesprochen, und übergoß uns mit einer solchen trostlosen Sintflut trivialen Geschwätzes, daß aus der tosenden Wüste von grammatischen Fehlern und schlechter Aussprache nicht einmal eine Felsspitze oder Zacke mehr hervorschaute, an die sich eine Erwiderung hätte knüpfen lassen. Was mußten wir erdulden! Stunde für Stunde machte sie fort, bis es mir leid tat, daß ich überhaupt die Moskitofrage eröffnet und ihr damit den Anstoß gegeben hatte. Erst als sie gegen Tagesanbruch an ihrem Ziel anlangte, hörte sie endlich auf. Beim Aussteigen weckte sie uns (wir waren nämlich eben ein wenig eingenickt) und sagte:

„Nun, steiget in Cottenwood aus, ihr Kerle, und bleibet ein paar Tage dort liegen, ich komme dann abends eine Weile hinüber, und wenn es euch recht ist, daß ich hier und da ein Wort dazwischenrede, so bin ich bereit dazu. Die Leute werden euch sagen, daß ich für eine Hinterwälderin immer etwas Vornehmes und Besonderes an mir gehabt habe, und so bin ich auch gegen das Lumpenpack und so muß ein Weibsbild auch sein, wenn sie was sein will. Aber wenn Leute daherkommen, die meinesgleichen sind, so bin ich, glaube ich, eigentlich ein ganz zutrauliches Kühlein.“

Wir beschlossen, in Cottenwood nicht liegenzubleiben.

Drittes Kapitel

Etwa anderthalb Stunden vor Tagesanbruch rollten wir sanft dahin – so sanft, daß unsere Wiege nur ganz leise und sachte schaukelte. Dies hatte uns allmählich in Schlaf gelullt und unser Bewußtsein umnebelt, als plötzlich etwas unter uns nachgab. Wir hatten wohl eine undeutliche Empfindung davon, die Sache ließ uns jedoch gleichgültig. Jetzt hielt der Wagen an. Wir hörten Kutscher und Kondukteur draußen miteinander reden. Sie suchten nach einer Laterne und fluchten, weil sie sie nicht finden konnten – aber wir achteten nicht darauf. Der Gedanke an diese Leute, die draußen in der finsteren Nacht beschäftigt waren, erhöhte nur unser Gefühl von Behaglichkeit, und wir schmiegten uns fest in unser Nest hinter den herabgelassenen Vorhängen hinein. Inzwischen hatten sich die beiden, nach dem Geräusch zu schließen, an eine Untersuchung gemacht, und man hörte die Stimme des Kutschers sagen: „Bei Gott, der Schwungriemen ist gebrochen!"

Dies riß mich plötzlich völlig aus dem Schlaf – wie dies stets der Fall ist, wenn das unklare Gefühl über einen kommt, daß ein Mißgeschick passiert ist. Ich hatte noch nicht lange darüber nachgedacht, was wohl ein „Schwungriemen" sein könne, als einer der Vorhänge aufgehoben wurde und das Gesicht des Kondukteurs am Fenster erschien, wobei seine Laterne ihren Schein auf uns und unsere Wand von Postsachen warf. Er sagte: „Herrschaften, Sie werden einen Augenblick aussteigen müssen, der Schwungriemen ist auseinander!" Wir kletterten hinaus in ein frostiges Nebelgeriesel und fühlten uns recht unbehaglich und verdrießlich.

Als ich entdeckte, daß der sogenannte Schwungriemen die feste Vereinigung von Riemen und Federn sei, auf denen die Kutsche schaukelte, sagte ich zu dem Kutscher: „Ich erinnere mich nicht, je in meinem Leben einen so abgenutzten Schwungriemen gesehen zu haben. Wie ist es denn gekommen?"

„Nun, es ist gekommen, weil man einer einzigen Kutsche die Post von drei Tagen aufgeladen hat – dadurch ist es gekommen!

Und gerade hierher sind alle die Zeitungssäcke adressiert, die wir für die Indianer hinauswerfen sollten, damit sie was zum Lesen haben und Ruhe halten. Es ist ein wahres Glück, denn es ist ja so höllisch finster, daß ich unversehens vorbeigefahren sein würde, wäre der Schwungriemen nicht gerissen.“

Ich wußte, daß er jetzt wieder an einem seiner Lachkrämpfe arbeitete, obwohl ich sein Gesicht nicht sehen konnte, da er sich zu seiner Arbeit bückte. Ich wünschte ihm gute Verrichtung und wandte mich zu den anderen, um ihnen beim Ausladen der Postsäcke zu helfen. Als alles heraus war, bildete es eine hohe Pyramide. Nachdem der Schwungriemen ausgebessert war, füllten wir die beiden Schoßkellen wieder, legten aber oben hinauf nichts mehr und innen hinein nur halb soviel, als zuvor drinnen gewesen war. Der Kondukteur drückte sämtliche Sitzlehnen hinab und füllte die Kutsche von einem Ende zum anderen bis zur halben Höhe mit Postsachen an. Wir legten laut Verwahrung ein, denn so hatten wir keine Sitze mehr. Aber der Kondukteur war gescheiter als wir und meinte, ein Bett sei mehr wert als Sitze und außerdem sei bei dieser Einrichtung der Schwungriemen vor Schaden sicher. Jetzt verzichteten wir gerne auf unsere Sitze. Dieses Faulbett war unendlich viel besser. Es verschaffte mir in der Folge manchen recht heiteren Tag, wenn ich auf demselben ausgestreckt in den Statuten und dem Wörterbuch las und mich dabei an dem seltsamen Herumhüpfen der Buchstaben ergötzte. Der Kondukteur erklärte schließlich noch, er wolle von der nächsten Station aus jemand zur Bewachung der zurückgelassenen Poststücke schicken; dann ging es weiter.

Der Morgen dämmerte herauf, und als wir unsere ermüdeten Beine ihrer vollen Länge nach auf den Postsachen ausgestreckt hatten und durch die Fenster über die weiten, öden, grünen, in kühlen, rauchartigen Nebel gehüllten Grasflächen nach dem verheißungsvollen Lichtstreifen am östlichen Himmelsrand hinschauten, ging das vollkommene Wohlbehagen, das wir empfanden, in ein stilles, seliges Entzücken über. Rasselnd sauste der Wagen die Straße entlang, der Luftzug blies die Vorhänge auf und ließ unsere aufgehängten Röcke höchst vergnüglich flattern. Die Wiege schaukelte und schwankte großartig, dazu erklang als Musik das Trappeln der Pferdehufe, das Peitschenknallen des Postillions und sein anfeuerndes „Hü, Hussa!“. Der Boden unter uns und die Bäume an der Straße schienen uns im Vorüberfliegen ein stummes Hurra zuzurufen, um dann plötzlich zu erlahmen und uns mit einem Ausdruck nachzublicken, von dem man nicht recht wußte, war es Teilnahme oder Neid oder was sonst. Und als wir nun so dalagen, die Friedenspfeife rauchend, und alle diese Herrlichkeiten mit den Jahren unseres früheren mühseligen Stadtlebens verglichen, fühlten wir, daß es nur ein vollkommen befriedigendes Glück auf der Welt geben und daß uns das zuteil geworden war.

Nach dem Frühstück auf einer Station, deren Namen mir entfallen ist, kletterten wir drei auf den Sitz hinter dem Kutscher und überließen dem Kondukteur unser Bett zu einem Schläfchen. Als mich die Sonne allmählich schläfrig machte, legte ich mich auf dem Wagendach auf das Gesicht, hielt mich an dem dünnen Eisengeländer fest und schlief eine Stunde oder mehr. Man wird sich danach eine Vorstellung von der unvergleichlichen Güte der dortigen Straßen machen können. Instinktmäßig greift man im Schlaf nach dem Gitter, sobald der Wagen stößt; solange er bloß wiegt und schaukelt, ist dieses gar nicht nötig. Die Kutscher und Kondukteure der Überlandpost schliefen bei guter Straße oft auf ihrem Sitz in einem Zug dreißig bis vierzig Minuten lang, während wir acht bis zehn Meilen in der Stunde machten. Das habe ich einige Male gesehen. Es war ganz ungefährlich. Unfehlbar wird sich der Schlafende am Gitter halten, wenn der Wagen stößt. Die Leute hatten strengen Dienst und konnten nicht fortwährend wach bleiben.

Wir fuhren nun durch Marysville über den Big Blue und den Little Sandy, dann nach etwa einer weiteren Meile waren wir in Nebraska. Nach wiederum einer Meile befanden wir uns am Big Sandy – hundertachtzig Meilen von St. Joseph. Gegen Sonnenuntergang erblickten wir das erste Exemplar eines Tieres, das auf der ganzen zweitausend Meilen langen Strecke von Kansas bis hart an den Stillen Ozean unter dem Namen Eselskaninchen bekannt ist. Dieser Name ist bezeichnend. Es gleicht völlig einem gewöhnlichen Kaninchen, nur ist es um ein Drittel größer oder wohl auch doppelt so groß, hat im Verhältnis zu seiner Größe längere Beine und die widersinnigsten Ohren, welche die Natur irgendeinem Geschöpf angesetzt hat außer dem Esel. Wenn es ruhig sitzt und an seine Sünden denkt oder geistesabwesend ist oder keine Gefahr ahnt, so ragen seine mächtigen Ohren weithin sichtbar auf; allein das Brechen eines Zweiges genügt, um ihm einen tödlichen

Schrecken einzujagen, und dann legt es seine Ohren hübsch zurück und drückt sich heimwärts. Man sieht zunächst nichts mehr von ihm als seine langgestreckte graue Gestalt, die blitzschnell durch die niedrigen Salbeibüsche hinschießt. Der Kopf ist aufgerichtet, die Augen stehen geradeaus, und die Ohren sind ein wenig nach hinten gesenkt. An ihnen bemerkt man stets, wo das Tier sich befindet. Dann und wann setzt es mit seinen langen Beinen hoch über die verdorrten Büsche hinweg mit einem gewaltigen Sprung, um den ein Pferd es beneiden könnte. Nach einiger Zeit verfällt es in einen anmutigen gestreckten Trab, um plötzlich in rätselhafter Weise zu verschwinden. Es hat sich hinter einen Salbeibusch geduckt, wo es lauschend und zitternd kauert, bis man ihm auf sechs Fuß nahe ist, um dann abermals auf und davon zu gehen. Will man das Tier jedoch in seiner ganzen, bezaubernd großartigen Schnelligkeit bewundern, so muß man auf es schießen.

Wir jagten unser Exemplar gehörig ins Bockshorn, wie unser Kondukteur sich ausdrückte. Der Sekretär jagte es mit einem Schuß aus seiner Waffe auf, dann begann ich mit der meinen nach ihm zu spucken, und zugleich krachte die ganze Breitseite des alten „Allen" prasselnd los, und da ist es denn nicht zuviel gesagt, daß das Kaninchen rein toll war. Es senkte die Ohren, hob den Schwanz und verschwand mit Blitzesschnelle in der Richtung auf San Francisco. Lange nachher hörten wir es noch durch die Luft sausen. Wann wir zuerst auf Salbeigebüsch trafen, weiß ich nicht mehr, aber da ich es einmal erwähnt habe, kann ich es auch gleich beschreiben. Das ist leicht getan, denn man braucht sich nur einen knorrigen, ehrwürdigen Eichbaum zu einem Strauch von zwei Fuß Höhe verkleinert zu denken samt seiner rauhen Rinde, seinem Laubwerk, seinen gewundenen Ästen, kurz allem, was dazugehört, um sich eine genaue Vorstellung vom Salbeibusch zu machen. Er ist der König der Wälder in zierlicher Miniaturausgabe, dieser Salbeibusch. Sein Laub ist von einem gräulichen Grün und verleiht der Wüste und dem Gebirge überall diesen Farbton. Die Blätter riechen und schmecken wie die des zahmen Salbei. Der Strauch ist eine merkwürdig zähe Pflanze und wächst im tiefen Sand wie in kahlem Felsgestein, wo außerdem vom ganzen Pflanzenreich höchstens noch das sogenannte Bunchgras sein Fortkommen suchen würde. (Dieses wächst an den frostigen Berghängen Nevadas und der angrenzenden Gebiete und bietet selbst im Winter unter dem Schnee ein treffliches Viehfutter, das nach der Versicherung der Viehzüchter an Nährwert fast alle sonst bekannten Sorten von Gras und Heu übertrifft.)

Die Büsche stehen drei bis sechs oder sieben Fuß weit voneinander und überziehen Gebirge und Wüsten des fernen Westens bis hart an die kalifornische Grenze. Kein Baum irgendeiner Gattung auf Hunderte von Meilen, überhaupt kein Pflanzenwuchs ist in der richtigen Wüste zu finden, außer dem Salbeibusch und seinem Vetter, dem „Greasewood“, der sich kaum von ihm unterscheidet. Lagerfeuer und warmes Nachtessen wären in der Wüste nicht denkbar ohne den freundlichen Salbeibusch. Die Dicke seines Stammes bewegt sich zwischen der Stärke eines Knaben- und der eines Männerarmes, und seine gekrümmten Zweige erreichen die Hälfte dieser Stärke – alles gutes, gesundes, hartes Holz, ähnlich dem der Eiche.

Wenn man sich lagert, ist das erste, Salbeiholz zu schneiden, und in wenigen Minuten liegt ein reichlicher Haufen zum Gebrauch da. Man gräbt ein Loch von je einem Fuß Breite, einem Fuß Länge und zwei Fuß Tiefe und verbrennt das kleingemachte Salbeiholz darin, bis das Loch an den Rand mit glühenden Kohlen gefüllt ist. Dann beginnt das Kochen, bei dem es ohne Rauch und folglich auch ohne Fluchen abgeht. Ein solches Feuer hält mit nur wenigem Nachlegen die ganze Nacht vor. Es gibt ein sehr gemütliches Lagerfeuer, bei dem man die allerunmöglichsten Erlebnisse glaubhaft, belehrend und unterhaltend findet.

Der Salbeistrauch liefert also ein vorzügliches Brennholz, als Nährpflanze dagegen verfehlt er seinen Zweck völlig. Kein anderes Wesen verträgt dessen Geschmack als der Esel und sein Bastardkind, das Maultier. Aber das beweist nicht seine Eßbarkeit, denn diese sind ja auch imstande, Fichtenholz, Anthrazitkohle, Feilspäne, Bleirohre, alte Flaschen oder was ihnen sonst gerade mundgerecht kommt zu verzehren und dann mit dankerfüllten Mienen vom Schauplatz abzutreten, als wäre es ein Austernschmaus gewesen. Dem Maultier, dem Esel und dem Kamel ist alles recht zur vorübergehenden Befriedigung ihres unersättlichen Hungers. In Syrien an den Jordanquellen ging einst ein Kamel während des Aufschlagens der Zelte an meinen Überzieher, den es mit kritischen Augen und mit einem Interesse musterte, als hätte es vor, sich einen solchen zu bestellen. Nachdem es sich ihn dann in seiner Eigenschaft als Kleidungsstück genügend eingeprägt hatte, faßte es ihn als Nahrungsmittel ins

Auge. Es trat mit einen Fuß darauf, riß sich den einen Ärmel mit den Zähnen ab und kaute daran so lange, bis es ihn allmählich unten hatte, und dabei öffnete und schloß es die ganze Zeit über abwechselnd die Augen wie in himmlischer Verzückung, als hätte ihm in seinem ganzen Leben nichts so gut geschmeckt wie dieser Überzieher. Nach mehrfachem Schmatzen ging es an den anderen Ärmel. Hierauf kostete es den Samtkragen, und zwar mit einem so verklärten Lächeln, daß man deutlich sah, es betrachte diesen Teil als das zarteste Stück an einem Überzieher. Jetzt kamen die Schöße daran, in deren Taschen einige Zündhütchen, Hustenzukker und ein Stück Feigenpaste aus Konstantinopel steckten. Dabei fiel eine Anzahl Papiere heraus, und es machte sich gleich darüber her – es waren meine für die heimischen Zeitungen bestimmten Manuskripte. Doch damit hatte es einen gefährlichen Boden betreten. Es traf in diesen Schriftstücken auf ein solides Wissen, das ihm doch ziemlich schwer im Magen lag, dazwischen hinein bekam es dann und wann einen Witz zu schlucken, worüber es sich schüttelte, bis ihm die Zähne wackelten. Die Sache wurde jetzt allmählich bedenklich für das Tier, aber es hielt seine Beute voll Mut und Vertrauen fest, bis es zuletzt über Behauptungen stolperte, die selbst ein Kamel nicht ungestraft verschlucken kann. Es begann zu würgen und nach Luft zu schnappen, die Augen traten ihm heraus, es spreizte die Vorderbeine – und nach etwa einer Viertelminute fiel es um, so steif wie eine Hobelbank, und starb unter unbeschreiblichen Zuckungen. Ich ging hin und nahm ihm das Manuskript aus dem Maul, dabei fand ich, daß das empfindliche Geschöpf an einer der mildesten und zahmsten Behauptungen erstickt war, die ich je einem vertrauensvollen Publikum vorgesetzt hatte.

Vor dieser Abschweifung von meinem Gegenstand hatte ich eben noch bemerken wollen, daß man gelegentlich auch Salbeibüsche von fünf bis sechs Fuß Höhe mit entsprechenden Ästen findet, allein zwei bis zweieinhalb Fuß ist das Gewöhnliche.

Viertes Kapitel

Als die Sonne unterging und die Abendkühle kam, machten wir unser Nachtlager zurecht. Wir rüttelten die harten, ledernen Briefbeutel und die Leinwandsäcke mit Büchern und Drucksachen, deren vorstehende Enden und Ecken sich sehr fühlbar machten, auf. Dann legten wir sie wieder so hin, daß unser Bett möglichst eben wurde. Es wurde auch wirklich besser dadurch, obwohl es noch immer ein aufgeregtes, wogendes Aussehen zeigte wie ein Stück sturmbewegter See. Nun stöberten wir zunächst unsere Stiefel auf, die zwischen den Postsäcken verstreut lagen, und zogen sie an. Dann nahmen wir unsere Röcke, Westen, Hosen und schweren Wollhemden von den Armschlingen herunter, wo sie den ganzen Tag gebaumelt hatten, und zogen sie an – da es nämlich weder an den Stationen noch im Wagen Damen gab und es heißes Wetter war, so hatten wir es uns bequem gemacht und schon am Vormittag alles bis auf die Unterhosen abgelegt. Als wir fertig waren, stopften wir das unbequeme Wörterbuch in eine Ecke, in der es sich so ruhig wie möglich verhalten konnte, und legten die Feldflaschen und Pistolen so hin, daß sie im Dunkeln griffbereit waren. Dann rauchten wir noch eine Pfeife und schwatzten dazu, worauf wir die Pfeifen, den Tabak und das Geldsäckchen in die Ecken und Vertiefungen zwischen den Postsäcken schoben und die Vorhänge herunterließen, daß es „finster war wie in einer Kuh", wie sich unser Kondukteur in seinem malerischen Stil ausdrückte. Jedenfalls hätte es nicht dunkler sein können. Und schließlich rollten wir uns zusammen wie Seidenwürmer, wickelten uns in unsere Decken und schliefen friedlich ein. Wenn der Wagen zum Wechseln der Pferde hielt, wachten wir auf und suchten uns zu vergegenwärtigen, wo wir uns befanden – was uns auch gelang –, und eine oder zwei Minuten darauf war der Wagen wieder fort und wir mit ihm. Wir kamen jetzt in eine da und dort von kleinen Flüssen durchströmte Gegend. Diese hatten beiderseits hohe steile Ufer, und jedesmal, sooft wir auf der einen Seite des Wagens herunterflogen und auf der anderen hinaufkletterten, kam unsere Gesellschaft ein wenig durcheinander. Zuerst lagen wir alle am vorderen Ende auf einem Haufen, dann, eine Sekunde später, schossen wir dem anderen Ende zu und standen auf den Köpfen. Dabei suchten wir uns durch Zappeln und Ausschlagen die Kanten und Ecken der Postsäcke vom Leibe zu halten, die um uns herflogen. Und wenn aus dem Durcheinander Staub aufwirbelte, niesten wir sämtlich im Chor, und alle brummten und stießen Äußerungen hervor wie: „Gehen Sie doch mit Ihrem Ellbogen weg. Können Sie denn das Drücken nicht lassen?“

Sooft wir aus einer Wagenecke in die andere flogen, kam das Wörterbuch auch mit und traf einen von uns. Auf der einen Tour schürfte es den Sekretär am Ellbogen, auf der nächsten stieß es mich vor den Magen und auf der dritten versetzte es Bemis eins auf die Nase. Die Pistolen und der Geldsack blieben unten am Boden, dagegen rollten die Pfeifenköpfe, Pfeifenrohre und Feldflaschen jedesmal laut klappernd hinter dem Wörterbuch drein, sooft dieses auf uns losging, und leisteten ihm Hilfe und Vorschub, indem sie uns Tabak in die Augen streuten und uns den Rücken mit Wasser übergossen.

Trotzdem war es, alles in allem genommen, eine ganz behagliche Nacht. Sie ging nach und nach auch vorbei, und als schließlich das kalte und graue Morgenlicht durch die Falten und Schlitze in den Vorhängen schimmerte, gähnten und reckten wir uns ganz vergnügt, warfen unsere Verpuppung ab und hatten das Gefühl, genug geschlafen zu haben. Wie dann die Sonne allmählich heraufkam und der Welt Wärme spendete, zogen wir Rock, Hosen und Stiefel aus und machten uns zum Frühstück fertig. Es war gerade die richtige Zeit, denn fünf Minuten später ließ der Postillion die Töne seines Horns über die öden Graswüsten hinschweben, und nun entdeckten wir in der Ferne eine oder zwei niedrige Hütten. Jetzt ließen sich auf einmal das Rasseln des Wagens, das Klappern der Hufe unserer sechs Pferde und die kurzen Zurufe des Kutschers lauter und nachdrücklicher vernehmen, und wir fegten in flottester Gangart auf die Station los. Es war etwas Bezauberndes um so eine Fahrt mit der alten Überlandpost!

In der Unterwäsche sprangen wir hinaus, der Postillion warf die zusammengeknüpften Zügel auf den Boden, gähnte und reckte sich behaglich und zog seine schweren Buckskinhandschuhe mit großer Bedachtsamkeit und unerträglicher Würde aus. Es fiel ihm gar nicht ein, den teilnehmenden Fragen nach seinem Befinden, unterwürfig scherzenden und schmeichelnden Anreden, willfährigen Dienstanerbietungen, die ihm von den fünf oder sechs struppigen, halbzivilisierten Stationsleuten und Hausknechten entgegengebracht wurden (die eiligst unsere Gäule ausschirrten und das frische Gespann aus dem Stall zogen), die geringste Aufmerksamkeit zu schenken. Denn in den Augen des Postkutschers jener Tage waren Wirtsleute und Hausknechte an den Stationen eine Art niederer Geschöpfe – gut genug zu allem, nützlich an ihrem Platz und brauchbar, um einen neuen Staat gründen zu helfen, aber keine Wesen, mit denen ein Mann von Stellung sich einlassen konnte. Während wiederum in den Augen des Wirts und des Dienstpersonals der Postkutscher als ein Held, ein großer, glänzender Würdenträger, ein bevorzugtes Menschenkind dastand, das von allem Volk beneidet und von der ganzen Welt mit achtungsvoller Aufmerksamkeit behandelt wurde. Wenn sie mit ihm redeten, nahmen sie sein hochmütiges Schweigen als eine natürliche Eigenheit bei einem so großen Manne in Demut hin. Öffnete er die Lippen, so hingen sie alle voll Bewunderung an seinen Worten (er beehrte übrigens niemals eine einzelne Person mit seinen Bemerkungen, richtete sie vielmehr in breiter Allgemeinheit gleichzeitig an Pferde, Ställe, die ganze Umgegend und nur so nebenbei auch an die untergeordneten menschlichen Wesen. Ließ er einmal eine beleidigende Anzüglichkeit auf einen der Hausknechte los, so fühlte sich dieser Hausknecht dadurch für den ganzen Tag beglückt. Gab er seinen einzigen Witz zum besten – einen Witz, so alt wie die Berge, grob, gemein und geistlos und stets derselben Zuhörerschaft mit denselben Worten aufgetischt, sooft die Post an der Station anhielt –, so brachen die Kerle in ein brüllendes Gelächter aus, schlugen sich auf die Schenkel und schworen hoch und teuer, das sei der beste Witz, den sie in ihrem ganzen Leben je gehört hatten.

Und wie sie flogen, wenn er ein Becken oder eine Feldflasche voll Wasser oder Feuer für seine Pfeife verlangte! Gegen einen Passagier, der sich so weit vergessen hätte, eine Gefälligkeit von ihrer Hand zu beanspruchen, würden sie sofort grob geworden sein. Sie konnten sich diese Unverschämtheit ebenso gestatten wie ihr Vorbild, der Postkutscher, denn dieser sah auf die Passagiere so ziemlich mit der gleichen Verachtung herab wie seine Stallknechte.

Dem wirklichen Träger der Macht, dem Kondukteur des Postwagens, begegnete das Stationspersonal zwar mit aller Höflichkeit, aber das war auch alles. Der Postillion dagegen war das einzige Wesen, vor dem sie sich beugten, das sie anbeteten. Mit welcher Bewunderung sie zu ihm aufblickten, wenn er auf seinem hohen Sitz langsam und bedächtig die Handschuhe anzog, während ihm irgendein beglückter Stallknecht die zusammengefaßten Zügel hinhielt, geduldig harrend, bis es dem hohen Herrn gefiel, sie zu ergreifen! Und wie sie ganze Salven von Beifallsrufen hinter ihm herriefen, wenn er mit seiner langen Peitsche knallte und im vollen Lauf davonjagte!

Die Stationsgebäude waren langgestreckte, niedrige Hütten aus an der Sonne getrockneten, schmutzfarbenen Backsteinen ohne Mörtel. Die kaum merklich geneigten Dächer waren mit Stroh bedeckt und dann mit Rasen belegt oder einer dicken Erdschicht, auf der Unkraut und Gras sprossen. Hier sahen wir zum erstenmal Häuser mit den Vorgärten auf dem Dach. Die Gebäude bestanden aus Scheunen, Ställen für zwölf bis fünfzehn Pferde und einer Hütte als Speisezimmer für die Passagiere. In der letzteren standen Pritschen für den Stationswirt und einen oder zwei Hausknechte. Den Ellbogen konnte man auf der Dachrinne aufstützen, und unter der Eingangstür mußte man sich bücken. Die Stelle eines Fensters vertrat ein viereckiges Loch ohne Scheiben, das einen Mann durchließ. Der Boden war nicht gedielt, sondern nur festgestampft. Ein Ofen war nicht vorhanden, vielmehr diente die Feuerstelle für alle notwendigen Zwecke. Regale, einen Geschirrschrank oder ein Klosett gab es nicht. In einer Ecke stand ein offener Mehlsack, an dessen Fußende sich ein paar altehrwürdige, geschwärzte, blecherne Kaffeetöpfe, ein ebensolcher Teetopf, ein Säckchen mit Holz und eine Speckseite lehnten. Außen, neben der Tür zum Schuppen des Stationswirts, stand ein blechernes Waschbecken auf dem Boden. Dabei befand sich ein Eimer Wasser und ein Stück gelbe Seife, und von der Dachrinne hing vielsagend ein grobes blaues Wollhemd herunter. Dies war das Privathandtuch des Wirts, und nur zwei Personen außer ihm hätten es wagen dürfen, sich daran abzutrocknen – der Postillion und der Kondukteur. Wir hatten Handtücher im Mantelsack; sie hätten ebensogut in Sodom und Gomorrah sein können. Wir, ebenso wie der Kondukteur, bedienten uns zum Abtrocknen unserer Taschentücher, der Postillion seiner Hosen und Ärmel.

Innen, neben der Tür, war ein kleiner altmodischer Spiegelrahmen befestigt, in dessen einer Ecke zwei kleine Bruchstücke des einstigen Spiegelglases steckten.

Beim Hineinschauen empfing man ein hübsches Doppelbild, wobei die eine Hälfte des Kopfes ein paar Zoll hoch über der anderen erschien. Von dem Spiegel hing an einem Bindfaden ein halber Kamm herab – aber wenn ich die Wahl hätte, diesen Patriarchen zu beschreiben oder zu sterben, ich glaube, ich würde mir gleich ein paar Särge bestellen. Der Kamm stammte von Esau und Simson her, und seit jenen Zeiten waren stets Haare in demselben zurückgeblieben, zusammen mit gewissen sonstigen Unsauberkeiten. In einer Ecke standen drei oder vier Flinten und Büchsen, dazu Pulverhörner und Beutel mit Munition. Die Stationsleute trugen Beinkleider von grobem Bauerntuch, bei denen am Sitz und innen an den Beinen breite Lederstreifen eingesetzt waren, damit sie zugleich als Reithosen dienen konnten – infolgedessen waren die Beinkleider zur Hälfte dunkelblau und zur Hälfte gelb, was sich unbeschreiblich malerisch ausnahm. Sie steckten in den Schäften hoher Stiefel, deren Absätze mit großen spanischen Sporen bewehrt waren, die mit ihren kleinen Rädchen und Kettchen bei jedem Schritt klirrten. Der Mann trug gewöhnlich einen mächtigen Vollbart, einen alten Schlapphut, ein blaues Wollhemd, keine Hosenträger, keine Weste, keinen Rock – dagegen in einer Lederscheide am Gürtel einen großen, langen Matrosenrevolver (auf der rechten Seite mit dem Hahn nach vorn hängend), während aus dem Stiefel ein Bowiemesser mit Horngriff hervorragte. Die Ausstattung der Hütte war weder üppig noch beengend. Schaukelstühle und Sofas waren nicht da, auch nie dagewesen; ihre Stelle vertraten zwei dreibeinige Stühle, eine vier Fuß lange Bank aus Fichtenbrettern und zwei leere Lichterkisten. Der Tisch war ein fettiges Brett auf Pfählen. Tischtuch und

Servietten waren ausgeblieben – und es verlangte sie auch niemand. An jedem Platz stand eine verbogene Blechschüssel, Messer und Gabel und eine große blecherne Tasse. Nur der Postillion hatte eine Untertasse aus Steingut, die einst bessere Tage gesehen hatte. Selbstverständlich saß dieser Großfürst oben am Tisch. Ein einziges Stück Tafelgerät war da mit dem rührenden Ausdruck gefallener Größe – eine Platmenage aus Neusilber, verbogen und angelaufen. Sie nahm sich in dieser Umgebung so widersinnig aus, weil sie an einen abgedankten, unter Barbaren verbannten König erinnerte; die Hoheit ihrer ursprünglichen Stellung nötigte selbst in ihrer Erniedrigung Achtung ab. Von den Essig- und Ölflaschen war nur noch eine vorhanden, und diese war ein Ding ohne Stöpsel und ohne Hals, voller Fliegendreck, zwei Zoll Essig drin und außerdem ein Dutzend eingemachter Fliegen, die voll Betrübnis, es hier versucht zu haben, die Beine zum Himmel streckten. Der Wirt schnitt den letzten Rest eines Brotlaibes von der Woche vorher auf, der an Aussehen und Umfang einem Käse früherer Zeiten glich und es an Härte mit Nicholsohnschen Pflastersteinen aufnehmen konnte.

Auch von dem Speck schnitt er für jeden einen Streifen ab, allein nur erfahrene Kunden mochten sich daran wagen, denn es war zurückgewiesener Armeespeck, womit der Staat seine Soldaten in den Forts nicht füttern wollte und den die Postgesellschaft billig zum Vorsetzen für Bedienstete und Passagiere angekauft hatte.

Dann setzte er uns ein Getränk vor, das er „Slumgullion“ nannte – eine Bezeichnung, die er sicherlich einer höheren Eingebung verdankte. Es sollte eigentlich Tee vorstellen, aber es enthielt denn doch gar zuviel Spüllumpenreste, Sand und eine alte Speckschwarte, um den kundigen Reisenden hinters Licht zu führen. Zucker und Milch hatte er nicht, nicht einmal einen Löffel, um die besagten Bestandteile umzurühren. Wir waren weder imstande, Brot und Speck zu essen noch den „Slumgullion“ zu trinken. Beim Anschauen des melancholischen Essigfläschchens fiel mir eine alte Anekdote ein (die schon in jenen Tagen recht alt war) von einem Reisenden, der sich an eine Tafel setzte, auf der nichts als eine Makrele und ein Senftopf standen. Er fragte den Wirt, ob das alles sei. Der Wirt entgegnete:

„Alles? Ei, potz Donner und Blitz, ich dächte, an der Makrele da könnten sechse satt werden!“

„Aber ich esse Makrelen nicht gern."
„Oh, dann halten Sie sich eben an den Senf."
Sonst hatte ich diese Anekdote gut, sehr gut gefunden, aber hier nahm diese eine so betrübliche Glaubhaftigkeit an, daß aller Spaß dabei aufhörte.
Da stand unser Frühstück vor uns, unsere Kauwerkzeuge traten jedoch nicht in Tätigkeit.
Ich versuchte und roch, dann sagte ich, ich möchte lieber Kaffee nehmen. Der Herbergsvater stierte mich sprachlos an; schließlich, als er wieder bei sich war, wandte er sich ab und sagte mit einem Ausdruck, als wenn die Sache seine Fassungskraft völlig überstieg: „Kaffee! Nee, wenn mir das nicht über die Hutschnur geht, so will ich verd . . . sein!"
Essen konnten wir nicht, und eine Unterhaltung fand unter den Hausknechten und Viehhirten nicht statt – wir saßen nämlich alle an demselben Tisch. Wenigstens beschränkte sich die Unterhaltung darauf, daß dann und wann einer der Bediensteten an den anderen irgendein Verlangen stellte. Dies geschah stets in derselben Form, und zwar mit einer rauhen Freundlichkeit. Durch ihre westliche Frische und Neuheit erweckte diese zu Anfang meine Verwunderung und Teilnahme, wurde aber bald wieder eintönig und verlor ihren Reiz für mich.
Da hieß es: „Gib einmal das Brot her, du Sohn eines Stinktiers!" Doch nein – es lautete nicht Stinktier; ich meine, es sei noch stärker gewesen; ja, es ist gewiß so, allein es ist meinem Gedächtnis mittlerweile entschwunden. Nun, das macht nichts, jedenfalls war es ja wohl für den Druck zu stark. In meinem Gedächtnis bildet dieser Ausdruck den Grenzstein, der mir sagt, wo ich zuerst auf das kräftige neue Idiom der Ebenen und Berge des Westens stieß.
Wir verzichteten auf das Frühstück, zahlten jeder unseren Dollar und kehrten zu den Postsäcken in der Kutsche zurück, wo wir Trost in unseren Pfeifen fanden. Gerade an jener Station mußte sich unser fürstlicher Aufzug die erste Einbuße gefallen lassen, indem wir unsere sechs Pferde zurückließen und dafür sechs Maultiere bekamen. Aber es waren wilde mexikanische Burschen, deren jedes von einem Mann am Kopf festgehalten werden mußte, solange der Kutscher die Handschuhe anzog und sich fertigmachte. Ergriff dieser dann endlich die Zügel und gab das Zeichen zum Aufbruch, sprangen die Männer schnell zur

Seite, ließen die Tiere los, und nun sauste die Kutsche vom Posthaus weg – wie aus der Kanone geschossen. Wie die aufgeregten Tiere dahinjagten! Es war ein wilder, toller Galopp, und aus dieser Gangart kamen sie nicht heraus, bis wir zehn oder zwölf Meilen weit gerast waren und an der nächsten Gruppe von Stationshütten und Ställen vorfuhren. So ging es mit Windeseile weiter den ganzen Tag. Um zwei Uhr nachmittags kam der Waldgürtel in Sicht, der den North Plate umsäumt und dessen Windungen durch die ungeheuren, völlig flachen Ebenen führen. Um vier Uhr kreuzten wir einen Arm des Plate, um fünf Uhr diesen selbst und hielten in Fort Kearny, nach sechsundfünfzig Stunden Fahrt von St. Joseph aus, dreihundert Meilen von dort entfernt.

Das also war die Postfahrt auf der großen Überlandroute vor zehn oder zwölf Jahren, als wohl keine zehn Menschen in ganz Amerika daran glaubten, daß sie einmal den Bau einer Eisenbahn auf dieser Route zum Stillen Ozean erleben würden. Aber nun ist die Bahn wirklich vorhanden, und es ruft tausend merkwürdige Vergleiche und Kontraste in meinem Geiste wach, wenn ich in der „New York Times“ die nachstehende Skizze einer Reise fast genau über die in meiner Beschreibung geschilderten Örtlichkeiten lese. Ich vermag die neuen Verhältnisse kaum zu fassen.

„Quer über den Kontinent“

„Um vier Uhr zwanzig an einem Sonntagnachmittag rollten wir von der Station Omaha weg, um unsere lange Fahrt nach dem Westen anzutreten. Nach einigen Stunden wurde die Hauptmahlzeit angesagt – ein Ereignis für jeden, der noch nicht aus Erfahrung weiß, was es heißen will, in einem der Pullmanschen Hotels auf Rädern zu speisen. Wir betraten also den nächsten Wagen vor unserem Schlafpalast und befanden uns im Speisewagen. Es war eine ungeahnte Überraschung für uns, dieses erste Sonntagsessen – und obwohl wir noch vier Tage lang an der Mittagstafel speisten, und jedesmal Frühstück und Abendessen nahmen, war unsere ganze Gesellschaft fortwährend voll Bewunderung über die vollendete Einrichtung und die großartigen Leistungen. Auf schneeweiß gedeckten und mit gediegenem Silbergerät besetzten Tafeln trugen äthiopische Kellner in fleckenlosem Weiß mit zauberhafter

Schnelligkeit ein Mahl auf, dessen selbst Delmonico sich nicht zu schämen brauchte. Ja, in manchen Punkten möchte es diesem hervorragenden Kochkünstler schwergefallen sein, es unserer Speisekarte gleich zu tun; denn hatten wir nicht neben alldem, was sonst zu einem Dinner ersten Ranges gehört, noch unser Antilopensteak (ein Feinschmecker, der dies nicht aus Erfahrung kennt – bah, was weiß der von Tafelgenüssen?), unsere köstliche Gebirgsbachforelle, auserlesenes Obst und Beeren und (als feinste Beilage, aber nicht für Geld zu haben) unsere süß duftende appetitanregende Prärieluft! Man darf überzeugt sein, daß wir den Herrlichkeiten Ehre widerfahren ließen, und als wir sie mit Kelchen voll perlenden Schaumweins hinunterspülten, während wir dreißig Meilen in der Stunde durchflogen, mußten wir bekennen, daß uns ein flotteres Leben niemals vorgekommen war. Noch mehr leisteten wir übrigens zwei Tage später, als wir siebenundzwanzig Meilen in ebenso vielen Minuten zurücklegten, während aus unseren bis zum Rand gefüllten Champagnerkelchen nicht ein Tropfen überfloß. Nach der Mahlzeit zogen wir uns in unseren Salonwagen zurück, wo wir den Sonntagabend mit einigen schönen alten Kirchenliedern feierten. Lieblich klangen die Männer- und Frauenstimmen in der Abendluft zusammen, während unser Zug, mit seinem großen, grell aufleuchtenden Polyphemauge weithin die Prärie erhellend, in Nacht und Wildnis hineinjagte. Dann gingen wir zu Bett, wo wir den Schlaf der Gerechten schliefen bis zum nächsten Morgen um acht Uhr, um beim Übergang über den Plate zu erwachen, dreihundert Meilen von Omaha, die wir in fünfzehn Stunden und vierzig Minuten zurückgelegt hatten.“

Fünftes Kapitel

Abermals eine Nacht, die abwechselnd Ruhe und Unruhe brachte. Aber der Morgen kam doch nach und nach heran.

Abermals ein solches Erwachen inmitten frischer Luft, sich endlos ausdehnender grüner Flächen, strahlenden Sonnenscheins, einer ergreifenden, aller sichtbaren menschlichen Wesen und Wohnstätten baren Einsamkeit und einer Atmosphäre von so merkwürdig vergrößernden Eigenschaften, daß Bäume in mehr als drei Meilen Entfernung scheinbar dicht vor uns standen. Wir machten es uns wieder leicht, kletterten auf das Dach unseres dahinfliegenden Wagens, ließen die Beine auf der Seite herunterhängen, riefen gelegentlich einmal unseren tollen Maultieren zu, lediglich um zu sehen, wie sie die Ohren zurücklegten und noch flinker dahinstoben, banden unsere Hüte fest, damit uns der Wind die Haare nicht wegblies, und hielten Ausschau über den unermeßlichen Teppich, der sich um uns herum ausbreitete. Noch heute durchströmt mein ganzes Wesen ein Wonnegefühl bei dem Gedanken an das Leben, die Fröhlichkeit und das unbändige Freiheitsgefühl, das an diesem herrlichen Morgen auf unserer Fahrt meinen Puls höher schlagen ließ.

Später, etwa eine Stunde nach dem Frühstück, erblickten wir die ersten Präriehunde, die erste Antilope und den ersten Wolf. Wenn ich mich recht entsinne, war dieser der richtige Kojote der entlegeneren Wüsten. Und wenn dem so war, so war er weder ein hübsches noch ein respektables Geschöpf. Ich machte nämlich später genaue Bekanntschaft mit seiner Sippe und kann es daher mit Bestimmtheit behaupten. Der Kojote ist ein langes, schmächtiges, krank und trübselig aussehendes, mit einem grauen Wolfsfell überzogenes Gerippe mit leidlich buschiger Rute, die stets mit einem verzweifelten Ausdruck von Not und Elend herabhängt, mit scheuem, tückischem Blick und langem, spitzem Gesicht und einer emporgezogenen Lippe, so daß das Gebiß zum Vorschein kommt. Sein ganzes Wesen hat etwas Schleichendes an sich. Der Kojote ist eine lebendige Verkörperung der Not. Er ist stets hungrig, arm, ohne Glück und ohne Freunde. Die geringsten

Geschöpfe verachten ihn, und wenn die Flöhe die Wahl hätten zwischen ihm und einem Veloziped, würden sie letzteres vorziehen. Er ist so mutlos und feige, daß sein ganzer übriger Gesichtsausdruck für die Drohung um Verzeihung bittet, die man in seinem Zähnefletschen finden könnte. Und wie häßlich ist er – so räudig, so klapperdürr, so struppig und erbärmlich! Wenn er einen erblickt, zieht er die Lippe ein wenig empor und bleckt die Zähne, biegt von seinem Weg ab, duckt den Kopf ein bißchen und schlägt einen langgestreckten, lautlosen Trab durch die Salbeibüsche an.

Dabei schaut er von Zeit zu Zeit über die Schulter zurück, bis er aus der gewöhnlichen Pistolenschußweite ist. Dann macht er halt und faßt einen scharf ins Auge. Darauf trabt er fünfzig Ellen weiter und hält wieder an und so noch einmal, bis endlich das Grau seines dahingleitenden Körpers sich mit dem Grau der Salbeibüsche mischt und verschwindet. Alles dies ist der Fall, wenn man keine Demonstration gegen ihn macht. Geschieht dies aber, dann entfaltet er ein lebhafteres Interesse an seinem Aufbruch, elektrisiert seine Fußsohlen und entfernt sich so schnell von unserer Waffe, daß man, bis der Hahn gespannt ist, schon sieht, daß eine weittragende Büchse nötig wäre, und bis man ihn in Schußlinie hat, findet, daß er einer gezogenen Kanone bedürfte, und man, bis er aufs Korn genommen ist, sich sagen muß, daß ihm jetzt höchstens noch ein ungewöhnlich langgezackter Blitzstrahl beikommen könnte. Läßt man einen schnellfüßigen Hund auf ihn los, so verschafft man sich ebensoviel Vergnügen – besonders, wenn der Hund eine gute Meinung von sich hat und aufs Laufen dressiert ist. Der Kojote wird mit sanftem Schwung in jenen trügerischen Trott verfallen und dabei in kurzen Zwischenräumen ein arglistiges Lächeln über die Achsel zurücksenden, das den Hund ganz mit Mut und weltlichem Ehrgeiz erfüllt, so daß er den Kopf noch tiefer senkt, den Hals noch weiter vorstreckt, noch wilder keucht, den Schweif noch gerader hinausstreckt und seine Beine mit noch tollerer Eile tanzen läßt, bis eine immer breitere, höhere und dichtere Wolke von Wüstensand hinter ihm aufwirbelt und seinen weiten Weg über die ebene Fläche bezeichnet. Und diese ganze Zeit über ist der Hund nur elende zwanzig Fuß hinter dem Kojoten drein, und – gälte es das Heil seiner Seele – er begreift nicht, warum der Abstand nicht merklich kleiner werden will. Er ärgert sich allmählich und wird schließlich immer toller, wenn er sieht, wie sanft der Kojote dahingleitet ohne Keuchen, ohne Schwitzen und unter fortwährendem Lächeln. Und er wird noch immer entrüsteter, wenn er sieht, wie schmählich er sich von einem völlig Fremden hat anführen lassen und was für ein schnöder Schwindel dieser langgestreckte, sanfte, leisetretende Trab ist. Das nächste, was er merkt, ist, daß er zu ermatten anfängt und daß der Kojote in der Tat seine Gangart etwas mäßigen muß, um ihm nicht davonzulaufen. Jetzt aber ist dieser Stadthund allen Ernstes aus dem Häuschen; er bietet seine Kräfte auf unter Heulen und Fluchen und wirbelt den Sand toller auf als je, um dem Kojoten mit verzweifelter Anstrengung beizukommen. Infolge dieser Kraftleistung befindet er sich nun sechs Fuß hinter seinem davongleitenden Feind und zwei Meilen weit von seinen Freunden. Als gerade eine neue Hoffnung in seinem Gesicht aufleuchtet, kehrt sich der Kojote noch einmal nach ihm um mit sanftem Lächeln und einem Ausdruck, als wolle er sagen: „Nun, ich werde mich wohl von dir losreißen müssen, mein Junge – allein Geschäft ist Geschäft, und ich kann unmöglich den ganzen Tag mit solchen Narrenpossen vertrödeln!“ Im nächsten Augenblick hört man etwas durch die Luft sausen und siehe da, einsam und allein steht der Hund mitten in der grenzenlosen Einöde!

In seinem Kopf wirbelt es. Er hält an und schaut sich um. Er klettert auf den nächsten Sandhügel und blickt ins Weite. Er schüttelt nachdenklich den Kopf, dann macht er lautlos kehrt und jagt zu seiner Gesellschaft zurück, wo er sich einen bescheidenen Platz unter dem hintersten Wagen sucht, sich unsäglich erbärmlich vorkommt und vor lauter Beschämung den Schwanz eine ganze

Woche lang auf Halbmast trägt. Und wenn vielleicht nach Jahr und Tag wieder einmal ein gewaltiger Lärm und großes Geschrei hinter einem Kojoten her losgeht, dann wird dieser Hund nur einen gelassenen Blick nach der Richtung werfen und ohne Zweifel bei sich selbst bemerken: „Ich glaube, ich danke für Obst."

Der Kojote lebt hauptsächlich in den trostlosesten, unwirtlichsten Wüsten mit der Eidechse, dem Eselskaninchen und dem Raben zusammen, wo er sich einen ungewissen und fragwürdigen Unterhalt verdient.

Er lebt anscheinend ausschließlich von den Leichnamen von Ochsen, Maultieren und Pferden, die bei Auswandererzügen gefallen und verendet sind, von unverhofft sich darbietendem Aas und gelegentlichen Vermächtnissen von Abfall, die ihm von weißen Leuten hinterlassen werden, denen ihre Verhältnisse gestatteten, etwas Besseres aufzuschneiden als ranzigen Soldatenspeck.

Er frißt alles, was seine nächsten Vettern, die Indianerstämme der Wüste, essen; und die essen alles, was sie zu beißen imstande sind.

Der Kojote der Wüsten jenseits der Felsengebirge ist besonders übel daran, weil nämlich seine Verwandten, die Indianer, gerade so geschickt darin sind wie er selbst, zuerst einen verführerischen Duft in der Wüstenluft zu entdecken und ihm nachzugehen, bis sie die Ursache gefunden haben. In solchem Fall muß er damit vorliebnehmen, sich in einiger Entfernung hinzusetzen und zuzusehen, wie diese Leute alles Eßbare abstreifen, herausbohren und es mit fortnehmen. Dann untersucht er in Gemeinschaft mit den Raben das Knochengerüst und nagt dieses vollends blank ab. Man betrachtet es als einen Beweis für die Blutsverwandtschaft zwischen dem Kojoten, dem Aasvogel und dem Indianer der Wüste, daß sie in der Wildnis im Verhältnis vollkommener Vertraulichkeit und Freundschaft zusammen hausen, während sie alle anderen Geschöpfe hassen und ihnen den Tod wünschen. Der Kojote macht sich nichts daraus, zu seinem Frühstück hundert und zu seinem Mittagessen hundertfünfzig Meilen zurückzulegen, denn er weiß aus Erfahrung, daß von einer Mahlzeit zur anderen drei bis vier Tage vergehen. Und so mag er ebensowohl auf Reisen gehen und sich die Gegend ansehen, wie untätig herumzuliegen und seinen Eltern zur Last zu fallen. Wir lernten bald das scharfe, boshafte Gebell des Kojoten zu unterscheiden, wenn er in der Nacht über die finstere Ebene daherkam und uns in unseren Träumen zwischen den Postsäcken störte. Beim Gedanken an seine elende Erscheinung und sein hartes Los wünschten wir ihm ernstlich das seltene Glück eines Tages voll guter Beute und einer unerschöpflichen Speisekammer für morgen.

Sechstes Kapitel

Unser neuer, eben aufgestiegener Kondukteur hatte seit vierundzwanzig Stunden nicht geschlafen. Derartiges kam sehr häufig vor. Von St. Joseph in Missouri bis Sacramento in Kalifornien betrug der Weg mit der Postkutsche nahezu neunzehnhundert Meilen, und die Tour wurde häufig in fünfzehn Tagen gemacht (die Eisenbahn besorgt es jetzt in vier und einem halben), während die in den Postverträgen verabredete und in den Zusatzbestimmungen verlangte Zeit, wenn ich mich recht erinnere, achtzehn bis neunzehn Tage betrug. Damit sollte den durch Winterstürme, Schneefälle und sonstige unvermeidliche Umstände verursachten Verzögerungen Rechnung getragen werden. Die Postgesellschaft hielt alles unter strenger Aufsicht und in guter Ordnung. Über eine Wegstrecke von je zweihundertfünfzig Meilen war ein mit großer Machtfülle bekleideter Agent oder Oberaufseher gesetzt. Die Strecke selbst führte den Namen „Division“. Er kaufte Pferde, Maultiere, Geschirr und Lebensmittel für Menschen und Tiere ein und verteilte diese Gegenstände von Zeit zu Zeit auf die einzelnen Stationen nach seinem Ermessen. Er ließ Stationsgebäude errichten und Brunnen graben. Er besorgte die Auslöhnung der Stationswirte, Hausknechte und Hufschmiede, die er sämtlich nach Gutdünken entlassen durfte. Er war ein sehr großer Mann innerhalb seiner „Division“ – eine Art Großmogul, ein Sultan, in dessen Gegenwart die gemeinen Leute Bescheidenheit in Rede und Wesen annahmen und im Glanz der Größe selbst der leuchtende Postillion zu einem Pfennigbüchlein zusammenschwand. Etwa acht solcher Könige gab es alles in allem auf der ganzen Überlandstrecke.

Gleich nach dem Divisionsagenten an Rang und Wichtigkeit kam der Kondukteur. Sein Bezirk war ebenso groß wie der des ersteren – zweihundertfünfzig Meilen. Er hatte seinen Platz beim Kutscher und durchfuhr nötigenfalls diese furchtbare Strecke Tag und Nacht ohne andere Ruhe oder Schlaf, wie er sie oben auf dem dahinfliegenden Fuhrwerk hockend haben konnte. Man stelle sich das vor! Er war unbedingt verantwortlich für die Postsachen, das

Eilgut, die Passagiere und den Postwagen bis zur Übergabe an seinen Nachmann gegen Bescheinigung. Er mußte demzufolge ein Mann von natürlichem Verstand, Entschiedenheit und beträchtlicher Geschäftsgewandtheit sein. Gewöhnlich war es ein ruhiger, freundlicher Mensch, der seine Obliegenheiten eifrig erfüllte und ein ziemlich wohlerzogenes Wesen an sich hatte. Der Divisionsagent brauchte nicht durchaus notwendig ein gebildeter Mann zu sein, und in der Tat war er dies nicht immer. Dagegen kam er an Befähigung zum Verwaltungsdienst stets einem General und an Mut und Entschlossenheit einer Bulldogge gleich, andernfalls würde ihm der Oberbefehl über das gesetzlose Unterpersonal der Überlandpost in keinem Falle etwas anderes eingebracht haben als nach einem Monat voll Unverschämtheit und Widerwärtigkeiten eine Kugel und einen Sarg dazu. Auf der ganzen Strecke gab es ungefähr sechzehn oder achtzehn Kondukteure, denn täglich ging ein Wagen in jeder Richtung und bei jedem war ein Kondukteur.

Zunächst nach dem letzteren kam an amtlichem Rang und Ansehen mein Liebling, der Postillion – wir haben aber bereits gesehen, daß in den Augen der großen Menge der Postillion über dem Kondukteur stand wie der Admiral über dem Kapitän des Flaggschiffes. Die Dienststrecke des Postillions war eine ziemlich lange und seine Schlafzeit auf den Stationen manchmal sehr kurz, und hätte ihn der Glanz seiner imposanten Stellung nicht einigermaßen entschädigt, so wäre sein Leben ein ebenso trauriges wie hartes und aufreibendes gewesen. Wir bekamen jeden Tag oder jede Nacht einen neuen Postillion (denn jeder derselben befuhr stets dieselbe Strecke hin und zurück) und wurden daher mit diesen Leuten nie so gut bekannt wie mit den Kondukteuren; abgesehen davon, daß es die Postillione meist unter ihrer Würde hielten, sich mit solchem Lumpenpack wie Passagiere auf die gleiche Stufe zu stellen. Doch waren wir, sooft der Dienst wechselte, neugierig, den neuen Postillion zu Gesicht zu bekommen, denn einen Tag wie den anderen waren wir entweder froh, einen unangenehmen loszuwerden, oder betrübt über den Abschied von einem, den wir liebgewonnen hatten und mit dem wir zum Ende hin auf einem freundschaftlichen Fuße standen.

So war stets an den Plätzen, wo wir einen neuen Kutscher bekamen, unsere erste Frage an den Kondukteur: „Was ist's für einer?“ Das war vielleicht kein guter Stil, aber wir konnten damals noch nicht wissen, daß das einmal gedruckt würde. Solange alles glatt ablief, war der Überland-Postillion noch ziemlich gut daran, wurde jedoch ein Kollege von ihm plötzlich krank, dann war er übel dran; denn die Post mußte weiter, und so durfte denn der hohe Herr, der eben herunterklettern und üppiger Ruhe pflegen wollte nach seiner langen nächtlichen Sitzung in Wind, Regen und Finsternis, bleiben, wo er war, und den Dienst für den Erkrankten versehen. Als ich einst im Felsengebirge einen Postillion fest auf dem Bock schlafend traf, während die Maultiere in ihrer gewohnten halsbrechenden Gangart dahinstürmten, meinte der Kondukteur: „Na, lassen Sie ihn nur, es ist keine Gefahr dabei und er tut doppelten Dienst – ist fünfundsiebzig Meilen mit einem Wagen gefahren und geht jetzt dieselbe Strecke zurück, unausgeruht und ungeschlafen."

Hundertfünfzig Meilen weit sechs bösartige Maultiere im Zaum zu halten, daß sie nicht die Bäume hinauflaufen! Es klingt unglaublich, aber ich bin dieser Mitteilung ganz sicher.

Die Stationsleute und Hausknechte waren gemeine und rohe Menschen, wie bereits erwähnt, und vom westlichen Nebraska bis Nevada durfte man eine beträchtliche Anzahl derselben getrost als gesetzloses Gesindel – Flüchtlinge vor der Justiz – als Verbrecher bezeichnen, die sich am sichersten in einem Landstrich fühlten, wo es kein Gesetz gab und wo man nicht einmal Anspruch auf dergleichen geltend machte.

Wenn der Abteilungsagent einem dieser Gesellschaft einen Befehl erteilte, so war er sich dabei stets vollkommen bewußt, daß er solchen möglicherweise mit seinem Revolver werde durchsetzen müssen, und so war er denn stets gerüstet, um die Dinge im richtigen Geleise zu halten. Dann und wann war ein solcher Agent wirklich genötigt, einem Hausknecht irgendeine einfache Sache durch einen Schuß in den Kopf verständlich zu machen, die er ihm unter anderen Umständen und in anderer Umgebung mittels eines Prügels hätte beibringen können. Es waren eben schneidige, gescheite Leute, diese Agenten, und wenn sie einem Untergebenen etwas begreiflich machen wollten, „so ging es diesem in der Regel in den Kopf".

Am fünften Tag gegen Mittag gelangten wir beim Übergang über den South Plate nach „Julesburg" alias „Overland City", vierhundertsiebzig Meilen von St. Joseph, das merkwürdigste, sauberste, schmuckste Grenzstädtchen, auf das unsere ungereisten Augen jemals ihre erstaunten Blicke gerichtet hatten.

Siebtes Kapitel

Nach einer für unser Gefühl so langen Bekanntschaft mit einer tiefen, stillen, fast leblosen und bewohnten Einöde berührte uns der Anblick einer Stadt ganz merkwürdig. Wir stolperten hinaus auf die belebte Straße, und es war uns dabei zumute, als seien wir von einem fremden Weltkörper herabgeflogen und plötzlich auf dieser Erde erwacht. Eine ganze Stunde lang musterten wir Overland City mit einem Interesse, als hätten wir in unserem Leben noch nie eine Stadt gesehen. Wir hatten nämlich eine Stunde übrig, weil wir hier unsere Kutsche mit einem minder anspruchsvollen Fuhrwerk – einem sogenannten Dreckwagen – vertauschten und die Frachtstücke ausgeladen werden mußten.

Bald darauf gingen wir wieder unter Segel. Wir kamen an den seichten, gelben, schmutzigen Plate mit seinen niedrigen Ufern, seinen überall verstreuten flachen Sandbänken und winzigen Inselchen – ein trübseliger Fluß, der sich mitten durch die unermeßliche Ebene windet und den man niemals mit bloßem Auge entdecken würde, wären nicht seine Ufer beiderseits von einer Baumreihe gleich zerstreuten Schildwachhäuschen umsäumt. Es hieß, der Plate sei „hoch", so daß ich gern gesehen hätte, ob er sich bei niedrigem Stand noch kränklicher und trauriger ausnahm.

Es hieß auch, es sei zur Zeit gefährlich, über den Fluß zu setzen, weil beim Durchwaten sein Treibsand leicht Pferde und Wagen samt den Passagieren verschlingen könnte. Aber die Post mußte gehen, und so machten wir den Versuch. Wirklich sanken mitten im Fluß die Räder ein- oder zweimal in so bedrohlicher Weise ein, daß wir fast meinten, wir hätten darum unser Leben lang alles, was Meer heißt, ängstlich gemieden, um nun zum Schluß mitten in der Wüste in einem Dreckwagen Schiffbruch zu erleiden. Doch wir schleppten uns durch und eilten weiter der untergehenden Sonne entgegen.

Am nächsten Morgen, kurz vor der Dämmerung, etwa fünfhundertfünfzig Meilen von St. Joseph entfernt, brach unser Dreckwagen zusammen. Wir sollten einen Aufenthalt von fünf bis sechs Stunden haben. Wir folgten daher einer Einladung, uns mit dem Pferd bei einer Büffeljagd zu beteiligen, zu der sich eben eine Gesellschaft aufmachte. Es war ein edles Vergnügen, an einem taufrischen Morgen über die Ebene zu jagen; unsererseits nahm die Jagd jedoch ein Ende mit Schrecken und Ärger, denn ein angeschossener Stier trieb den Reisenden Bemis fast zwei Meilen vor sich her, bis dieser schließlich seinen Gaul im Stich ließ und sich auf einen einzelstehenden Baum flüchtete. Etwa vierundzwanzig Stunden lang war Bemis höchst verdrießlich über die Sache, dann fing er jedoch ganz allmählich an, sich wieder zu beruhigen, und schließlich sagte er:

„Na, es war kein Spaß, und es war recht albern von diesen Einfaltspinseln, sich darüber so lustig zu machen. Ich sage euch, eine Weile war ich ernstlich böse. Diesen langen, schlotterigen Lümmel namens Hank würde ich gern über den Haufen geschossen haben, wenn ich es hätte fertigbringen können, ohne noch sechs oder sieben andere zu Krüppeln zu schießen – das war natürlich rein unmöglich, der alte Allen holt so verdammt weit aus. Ich wollte nur, diese Bummler wären oben auf dem Baum gesessen, dann wäre ihnen die Lust vergangen, so zu lachen. Wenn mein Gaul auch nur einen Pfifferling wert gewesen wäre – aber nein, sobald er sah, wie der Stier brüllend auf ihn loskam, stieg er kerzengerade in die Luft und blieb auf den Hinterbeinen stehen. Jetzt fing der Sattel an zu rutschen. Ich faßte den Gaul um den Hals und legte mich mit einem Stoßgebet fest auf ihn. Nun ließ er sich vorne nieder und streckte die Hinterhand in die Luft, so daß der Stier wirklich sein Scharren und Brüllen aufgab, um sich das unheimliche Schauspiel zu betrachten. Dann aber machte der Stier aus nächster Nähe einen mächtigen Satz auf den Gaul zu unter wahrhaft entsetzlichem Gebrüll. Das muß meinem Gaul buchstäblich den Verstand verrückt und ihn völlig toll und rasend gemacht haben, und ich will des Todes sein, wenn er nicht eine ganze Viertelminute lang auf dem Kopf stand und Tränen vergoß. Er war vollständig aus dem Häuschen – und wußte wirklich nicht mehr, was er tat. Jetzt kam uns der Stier auf den Leib, darauf ließ sich mein Gaul wieder auf alle viere nieder und nahm einen neuen Anlauf. Während der nächsten zehn Minuten machte er aber allen Ernstes einen Purzelbaum nach dem andern in solcher Geschwindigkeit, daß der Bulle ebenfalls außer Fassung kam und nicht mehr wußte, wo er anpacken sollte. So blieb er stehen, indem er nieste, sich Sand auf den Rücken schaufelte und dann und wann brüllte; gewiß meinte er, er habe ein Zirkuspferd für fünfzehnhundert Dollar als Frühstücksbissen vor sich. Nun, ich saß ihm also zuerst

auf dem Hals – dem Gaul natürlich, nicht dem Bullen –, dann unter seinem Bauch, dann auf seinem Steiß und hatte bald den Kopf oben, bald die Fersen – aber ich sage euch, es hatte etwas großartig Haarsträubendes, sozusagen im Angesicht des Todes in dieser Weise herumgeschleudert, gerissen und gewirbelt zu werden. Bald darauf stieß der Bulle nach uns und riß meinem Gaul ein Stück vom Schweif ab (ich meine, so gewiß weiß ich es nicht, ich war da gerade ziemlich in Anspruch genommen). Auf einmal muß der Gaul von der Sehnsucht nach der Einsamkeit ergriffen worden sein und machte sich auf, um derselben nachzujagen. Nun hättet ihr einmal dieses alte, spinnenbeinige Gerippe ausgreifen sehen und beobachten sollen, wie der Büffel hinter ihm drein war – den Kopf am Boden, die Zunge außen, den Schwanz in der Luft, brüllend wie der Teufel, buchstäblich das Gras vor sich niedermähend, die Erde aufreißend und den Sand aufwühlend gleich einem Wirbelwind! Bei Gott, das war eine heiße Hatz! Ich saß mit dem Sattel dem Gaul auf dem Kreuz, die Zügel hatte ich zwischen den Zähnen, und mit beiden Händen hielt ich mich am Sattelknopf fest. Zuerst ließen wir die Hunde hinter uns, dann kamen wir einem Eselskaninchen voraus. Hierauf überholten wir einen Kojoten, und wie wir eben im Begriff waren, eine Antilope einzuholen, brach der morsche Sattelgurt, so daß ich an die dreißig Ellen weit links hinausflog, und als der Sattel dem Pferd über das Kreuz hinabrutschte, versetzte es ihm eins mit den Hufen, daß derselbe über vierhundert Ellen weit in die Luft hinauffuhr – ich will tot umfallen, wenn es nicht so war. Ich fiel am Fuß des einzigen Baumes nieder, der meilenweit in der Runde stand. Eine Sekunde später hatte ich alle zehn Fingernägel und die Zähne in die Rinde geschlagen und saß im nächsten Augenblick rittlings auf dem Hauptast, so unbarmherzig fluchend über mein Mißgeschick, daß mein Atem stank wie ein Schwefelpfuhl. Jetzt hatte ich den Bullen drangekriegt. Von meinem luftigen Sitz aus bis zur Erde waren es über vierzig Fuß. Vorsichtig wickelte ich das Lasso vom Sattel los und . . .“

„Vom Sattelknauf? Nahmst du denn deinen Sattel mit auf den Baum hinauf?“

„Mit auf den Baum hinauf? Natürlich nicht. Das hätte kein Mensch gekonnt. Er war aus der Luft auf den Baum heruntergefallen.“

„Ah, so!“

„Gewiß. Also ich wand das Lasso los und befestigte ein Ende an einem Ast. Der Riemen war aus allerbestem Rohleder und konnte Zentner tragen. An das andere Ende machte ich eine Schleife und ließ es hinunter, um zu sehen, wie weit es reichte. Es ging zweiundzwanzig Fuß wieder hinab, halb zur Erde. Dann versah ich sämtliche Läufe meines Allen mit doppelter Ladung. Nun war ich ruhig. Ich sagte bei mir selbst: Kommt er nicht auf den Gedanken, der mir so bange macht, gut – und kommt er doch darauf, nun auch gut – ich bin darauf gefaßt. Aber ihr wißt ja doch, daß immer das eintrifft, was man nicht gerne hat, nicht wahr? So geht es stets. Ich erwartete den Büffel mit Bangen – einem Bangen, das nur ermessen kann, wer sich schon in solcher Lage befunden hat, wo er den Tod jeden Augenblick erwarten mußte. Plötzlich blitzte ein Gedanke auf im Auge des Bullen. Ich wußte es ja – wenn mir jetzt die Spannkraft versagte, war ich verloren. Richtig, es kam ganz genau, wie ich befürchtet hatte – er machte Anstalten, auf den Baum zu klettern."

„Wie, der Büffel?"

„Natürlich – wer denn sonst?"

„Aber ein Büffel kann ja nicht auf einen Baum klettern!"

„Kann nicht? So, er kann nicht? Nun, wenn ihr es doch so gut versteht – habt ihr es denn schon einmal mit angesehen?"

„Nein. Der Gedanke wäre mir nicht im Traum gekommen."

„Nun, was hat dann all euer Geschwätz darüber für einen Wert? Weil ihr's noch nie mit angesehen habt, ist das ein Beweis, daß es nicht möglich ist?"

„Also gut – nun weiter. Was tatest du nun?"

„Der Stier kletterte los und kam vielleicht zehn Fuß weit ganz gut herauf, dann glitt er aus und rutschte zurück. Ich atmete auf.

Er setzte wieder an und kam jetzt etwas weiter herauf, dann rutschte er wieder ab. Aber er machte sich nochmals dran und gab diesmal gut acht. Immer höher und höher stieg er, während mir der Mut immer tiefer sank. Immer näher rückte er – Zoll um Zoll – mit blutunterlaufenen Augen und heraushängender Zunge. Immer höher kam er jetzt – stemmte einen Fuß auf einen Ast und sah herauf, als wollte er sagen: ‚Freundchen, dich freß ich auf mit Haut und Haar.' Dann ging es wieder aufwärts – höher und höher und immer hitziger wurde er, je näher er kam. Er war keine zehn Fuß mehr von mir! Ich holte tief Atem. ‚Jetzt oder nie' – sprach ich. Ich hielt die Schlinge meines Lassos schon in Bereitschaft, vorsichtig ließ ich sie hinab, bis sie ihm gerade über dem Kopf hing, dann ließ ich rasch den Riemen fahren, und der Stier steckte ganz fein mit dem Kopf in der Schlinge! Ich nun schnell wie der Blitz meinen Allen heraus und ihm die ganze Ladung ins Gesicht. Es gab einen gräßlichen Knall – der Bulle muß davon betäubt worden sein! Wie der Rauch sich verzog, baumelte er zwanzig Fuß vom Boden in der Luft und fiel schneller, als man zählen konnte, von einer Todeszuckung in die andere. Ich hielt mich übrigens mit Zählen nicht auf – ich rutschte von meinem Baum hinunter und machte, daß ich weiterkam."

„Bemis, ist das alles wahr, so wie du es erzählt hast?"

„Ich will des Teufels sein auf der Stelle und krepieren wie ein Hund, wenn es nicht so ist."

„Nun, wir wollen's ja glauben, und glauben es auch gerne. Wenn man aber doch vielleicht einen Beweis . . ."

„Beweis! Habe ich nicht mein Lasso mit heimgebracht?"

„Nein."

„Habe ich mein Pferd heimgebracht?"

„Nein."

„Habt ihr den Stier nachher noch einmal gesehen?"

„Auch nicht."

„Nun, was braucht es dann weiter? In meinem Leben habe ich noch keine Leute getroffen, die bei einer so einfachen Sache sich so seltsam anstellten wie ihr."

Nun, wenn dieser Mensch kein Lügner war, so fehlte jedenfalls nicht viel dazu. Dieses Vorkommnis erinnert mich an einen Zwischenfall während meines kurzen Aufenthalts in Siam, einige Jahre danach. Unter den Europäern einer Stadt bei Bangkok befand sich ein merkwürdiges Exemplar namens Eckert, ein Holländer, der wegen seiner vielen sinnreichen und verblüffend großartigen Lügen berühmt war. Unaufhörlich wurden seine berühmtesten Stückchen wiederholt, und stets versuchte man, in Gegenwart von Fremden etwas aus ihm herauszuziehen, aber selten mit Erfolg. Zweimal war er in dem Haus, wo ich zu Besuch war, eingeladen, aber nichts vermochte, ihm eine hervorragende Probe seiner Lügenkunst zu entlocken. Eines Tages nun lud mich ein Pflanzer namens Bascom, ein Mann von Ansehen, stolz und manchmal aufbrausend, ein, mit ihm zu Eckert hinüberzureiten und bei diesem vorzusprechen. Während wir so dahinschlenderten, meinte er:

„Nun, wissen Sie, woran der Fehler liegt? Daran, daß man Eckert stutzig macht. Sobald die Jungens ihn auszupumpen suchen, merkt er ganz genau, was sie vorhaben, und macht nun natürlich seine Schale zu. Das könnte sich eigentlich jeder selbst sagen. Aber wenn wir hinkommen, müssen wir ihn schlauer anpacken. Man muß ihn die Unterhaltung ganz nach seinem Gefallen wählen lassen – er mag sie fallenlassen oder wechseln, wie es ihm paßt. Er soll ganz so tun, wie er will. Dann wird es nicht lange anstehen, so vergißt er sich und die Lügen fallen nur so herunter wie das Mehl in der Mühle. Verlieren Sie nur die Geduld nicht – seien Sie ganz still und lassen Sie mich nur machen. Ich will ihn schon zum Lügen bringen. Ich meine, die Jungens müssen blind sein, um so einen auf der Hand liegenden einfachen Kniff zu übersehen."

Eckert nahm uns herzlich auf – ein Mann von liebenswürdigem, gebildetem Wesen. Wir saßen eine ganze Stunde auf der Veranda, schlürften englisches Ale und unterhielten uns über den König, den heiligen weißen Elefanten, das schlafende Götzenbild und alles mögliche. Dabei bemerkte ich, daß mein Begleiter nie die Unterhaltung leitete oder beeinflußte, sondern einfach sich Eckerts Leitung überließ und niemals Unruhe oder Befangenheit bei irgend etwas zeigte. Der Erfolg ließ sich bald bemerken. Eckert fing an, mitteilsam zu werden, er fühlte sich immer gemütlicher und wurde immer gesprächiger und geselliger. Noch eine Stunde verfloß in derselben Weise, als Eckert ganz plötzlich äußerte:

„Ach, apropos! Beinahe hätte ich es vergessen. Ich habe etwas, das Sie in Erstaunen setzen wird. Etwas, wie es weder von Ihnen noch von sonst irgend jemand gehört worden ist. Ich habe eine Katze, die Kokosnüsse frißt – gewöhnliche, frische Kokosnüsse – und die nicht nur das Fleisch frißt, sondern auch die Milch trinkt! Es ist so – ich leiste einen Eid darauf."

Ein rascher Blick von Bascom – ein Blick, den ich verstand –, dann sagte er:

„Nun, Gott verzeih mir, so was habe ich noch nie gehört. Mensch, das kann nicht sein."

„Ich wußte, daß Sie das sagen würden. Ich will die Katze holen."

Er ging ins Haus. Bascom sagte:

„Da – was habe ich Ihnen gesagt? Nun, so muß man es machen, um Eckert dranzukriegen. Sie sehen, ich habe ihn geduldig gekirrt und seinen Argwohn eingeschläfert. Mich freut es, daß wir hergekommen sind. Erzählen Sie es nur den Jungens, wenn Sie nach Hause kommen. Eine Katze Kokosnüsse fressen – du guter Gott! Nun, das ist ganz genau seine Art – er tischt einem die abgeschmackteste Lüge auf und überläßt es seinem Glückstern, wie er sich dann wieder herauswickelt. Eine Katze und Kokosnüsse fressen – der einfältige Narr!“

Eckert kam ganz zuversichtlich mit seiner Katze daher.

Bascom lächelte und meinte:

„Ich will die Katze halten – bringen Sie eine Kokosnuß.“

Eckert öffnete eine und schnitt ein paar Stückchen davon ab. Bascom gab mir verstohlen einen Wink und hielt der Mieze einen Schnitz vor. Sie schnappte danach, verzehrte ihn begierig und wollte noch mehr haben.

Auf dem Heimweg ritten wir unsere zwei Meilen stillschweigend und in weitem Abstand nebeneinander her. Ich wenigstens sprach nichts, während Bascom seinem Pferd reichlich Püffe und Flüche verabreichte, obwohl es sich ganz gut hielt. Als ich nach Hause abbog, meinte Bascom:

„Behalten Sie nur das Pferd bis morgen früh. Und – Sie brauchen den Jungens nichts zu erzählen von – dieser albernen Geschichte.“

Achtes Kapitel

Gleich nachher richtete sich unser Sinnen und Trachten darauf, mit langgestrecktem Hals nach dem „Ponyreiter“* auszuschauen, dem Eilboten, der mit der Briefpost in acht Tagen neunzehnhundert Meilen weit über den Kontinent von St. Joseph bis nach Sacramento hinjagte! Man stelle sich diese Leistung vor für Pferd und Reiter von Fleisch und Blut! Der Ponyreiter war meist ein leibarmes Männchen, dabei aber voll höchster Kühnheit und Ausdauer. Einerlei, zu welcher Tages- oder Nachtzeit sein Dienst an ihn herantrat, und einerlei, ob es Winter war oder Sommer, ob es regnete, schneite oder hagelte, ob sein „Strich“ ihn auf ebener gerader Straße führte oder über halsbrechende Felsklippen und Abgründe im Gebirge, ob durch friedliche Gegenden oder durch solche, die von feindlichen Indianern wimmelten – stets mußte er bereit sein, in den Sattel zu springen und davonzujagen wie der Wind. Muße gab es für den Ponyreiter im Dienst niemals. Fünfzig Meilen weit ritt er ohne anzuhalten, bei Tag wie bei Nacht, wie es gerade kam. Das prächtige Tier, das er ritt, war ein geborener Renner und wurde in Verpflegung und Nahrung gehalten wie ein Gentleman. Zehn Meilen weit hielt er es zur höchsten Schnelligkeit an, und wenn er dann bei der Station angebraust kam, wo bereits zwei Mann ein frisches Tier am Zügel hielten, so war der Reiter mitsamt dem Postsack in einem Augenblick umgestiegen, um sofort weiterzujagen, so daß Roß und Reiter dem Zuschauer aus den Augen waren, ehe er sie recht gesehen hatte. Wie ein Flugfeuer huschten sie davon. Der Reiter war leicht und knapp gekleidet. Er trug eine Jacke ohne Schöße und eine kleine Mütze, die Beinkleider hatte er in die Stiefel gesteckt wie die Reiter bei den Rennen. Er führte keine Waffen bei sich – überhaupt nichts, was nicht durchaus notwendig war, denn selbst von den Briefen, die er bei sich hatte, war „Stück für Stück fünf Dollar wert“. Er hatte nur wenig gleichgültige Briefschaften zu befördern, seine

* Diese, wie so manche andere Figur, welche Mark Twain in diesem Buch schildert, hat Buffalo Bill mit seiner Truppe den Europäern anschaulich vorgeführt.

Tasche barg meistenteils Geschäftsbriefe. Sein Tier hatte ebenfalls kein überflüssiges Gewicht. Es trug einen Rennsattel, klein wie eine Oblate, unter dem keine Decke sichtbar war, und ganz leichte oder gar keine Hufeisen. Die kleinen, flachen, unter den

Schenkeln des Reiters festgeschnallten Brieftaschen faßten an Briefschaften etwa soviel, wie eine Kinderfibel Raum einnimmt. Sie enthielten viele wichtige geschäftliche Mitteilungen und Zeitungskorrespondenzen, aber alles auf hauchdünnem Papier, um damit Platz und Gewicht zu sparen. Während die Postkutsche innerhalb vierundzwanzig Stunden hundert bis hundertfünfundzwanzig Meilen zurücklegte, machte der Ponyreiter etwa zweihundertfünfzig in derselben Zeit.

Ungefähr achtzig Ponyreiter saßen ständig im Sattel, Tag und Nacht, und bildeten eine lange, durch weite Strecken unterbrochene Linie vom Missouri bis nach Kalifornien. Vierzig von ihnen ritten nach Osten, ebenso viele nach Westen, und vierhundert feurige Pferde verdienten sich unter diesen Reitern mit Anspannung aller Kräfte ihr Futter und bekamen dabei jeden Tag im Jahr ihr schönes Stück Gegend zu sehen.

Wir hatten von Anfang an den ungeduldigen Wunsch gehabt, einen Ponyreiter zu sehen, aber aus irgendeinem Grund traf es sich stets, daß dieselben, mochten sie von hinten an uns vorbei oder uns entgegenkommen, während der Nacht vorübereilten, so daß wir immer nur einen Husch und ein Hallo vernahmen und das flüchtige Wüstenphantom bereits entschwunden war, ehe wir den Kopf aus dem Fenster stecken konnten. Aber nun war jeden Augenblick einer zu erwarten, den wir bei hellem Tag zu sehen bekommen sollten. Eben ruft auch schon der Postillion: „Da kommt er!" Alle Hälse recken sich länger, und unsere Augen öffnen sich weiter. Weit weg jenseits der endlosen toten Fläche der Prärie erscheint ein schwarzer Punkt am Horizont, der sich rasch fortbewegt. Nun, und wie! Binnen einer oder zwei Sekunden werden Roß und Reiter daraus, auf und ab – immer näher stürmt es auf uns zu – immer deutlicher wird es, immer schärfer umrissen – noch näher kommt es, und das Klappern der Hufe schlägt schwach an unser Ohr – noch einen Augenblick, und vom Dach unseres Wagens herab erschallt ein Hussa und ein Hurra, das der Reiter nur durch ein Winken mit der Hand erwidert, dabei sausen Roß und Reiter an unseren aufgeregten Blicken vorüber und fliegen wirbelnd dahin wie ein verspätetes Herbstblatt im Sturm. So schnell geht alles, so ganz wie eine Geistererscheinung, daß wir ohne die weiße Schaumflocke, die zitternd und zerfließend noch an einem der Postbeutel hing, nachdem die Erscheinung vorübergehuscht war, vielleicht allen Ernstes im Zweifel gewesen wären, ob wir überhaupt ein Pferd mit einem Reiter darauf gesehen hatten.

Nun rasselten wir allmählich durch den Paß von Skotts Bluffs. Hier in der Gegend trafen wir irgendwo zum erstenmal auf echtes unverkennbares Alkaliwasser auf der Straße, das wir als eine Kuriosität ersten Ranges, die sich in den Briefen an die armen Ofenhocker zu Hause mit Eklat anbringen ließ, jubelnd begrüßten. Dieses Wasser ließ die Straße wie seifig erscheinen, und an vielen Stellen sah der Boden aus, als wäre er weiß getüncht. Ich glaube, das merkwürdige Alkaliwasser regte uns mindestens ebensosehr auf wie irgendeines der Wunder, auf die wir zuvor gestoßen waren, und nachdem wir es in das Inventar der Dinge aufgenommen, die wir gesehen hatten und andere Leute nicht, waren wir darüber voll selbstgefälliger Einbildung und sahen unser ganzes Lebensschicksal mit zufriedeneren Augen an als je zuvor. Wir waren im kleinen ganz dieselben einfältigen Narren wie die Leute, die unnötigerweise die gefährlichen Kuppen des Montblanc und Matterhorn erklettern, ohne einen anderen Genuß davon zu haben als das Bewußtsein, daß es keine gewöhnliche Leistung ist. Aber manchmal gleitet auch einer dieser Bergfexen aus und saust auf dem Sitzfleisch die ganze Länge der Bergabhänge hinunter, daß der gefrorene Schnee hinter ihm raucht, fliegt von Absatz zu Absatz, von Terrasse zu Terrasse, so daß er jedesmal den Boden aufwühlt an den Stellen, wo er aufschlägt. Dann glitscht er abermals aus und fliegt weiter, wobei er sich alle Augenblicke einen Eiszapfen in den Leib rennt und seine Kleider in Fetzen reißt. Indem er nach irgendeinem Gegenstand hascht, um sich zu retten, hält er sich an den Bäumen fest, die er dann samt den Wurzeln und allem sonstigen Zubehör mit sich fortreißt, bringt zuerst da und dort ein kleines Felsstück, dann immer stärkere Brocken, endlich ganze Eis- und Schneefelder und ganze Streifen Wald ins Rollen und sammelt auf seiner Fahrt immer mehr um sich an, bis er schließlich inmitten einer riesenhaften Masse an einem dreitausend Fuß tiefen Abgrund anlangt, um unter stolzem Hutschwenken auf dem Rücken einer mächtig niederdonnernden Lawine der Ewigkeit zuzureiten!

Das ist alles recht schön, aber wir wollen uns nicht von der Aufregung hinreißen lassen, sondern uns in aller Ruhe die Frage vorlegen, wie es wohl so jemand am Tag nachher bei kühlerem Blut zumute ist, wenn er sechs oder siebentausend Fuß tief unter Schnee und Geröll begraben liegt?

Wir fuhren jetzt über die Sandhügel hin, in deren Nähe im Jahre 1856 der Überfall der Post und das Blutbad durch die Indianer stattfand, wobei der Postillion und der Kondukteur sowie sämtliche Fahrgäste bis auf einen einzigen umgekommen sein sollen. Letzteres muß übrigens auf einen Irrtum beruhen, denn ich habe in der Folge zu verschiedenen Zeiten an der Küste des Stillen Ozeans mit vielleicht hundert verschiedenen Leuten Bekanntschaft gemacht, die alle bei dem Blutbad verwundet wurden und kaum mit dem Leben davongekommen waren. Ein Zweifel an der Wahrheit war in keinem dieser Fälle möglich – ich hatte es jedesmal aus des Betreffenden eigenem Mund. Einer der Herren erzählte mir, er sei nahezu sieben Jahre lang nach dem Blutbad immer noch auf Pfeilspitzen in seinem Körper gestoßen. Ein anderer berichtete, er sei dermaßen mit Pfeilen gespickt gewesen, daß er nach dem Abzug der Indianer, als er wieder auf die Beine gekommen war und sich habe betrachten können, die Tränen nicht zurückzuhalten vermocht habe – sein Anzug sei nämlich gänzlich zugrunde gerichtet gewesen.

Die glaubwürdigste Überlieferung versichert, es habe nur ein Mann mit Namen Babbitt das Blutbad überlebt, und zwar mit einer lebensgefährlichen Verwundung. Auf den Händen und einem Knie (ein Bein war gebrochen) schleppte er sich mehrere Meilen weit bis an eine Station. Er vollbrachte dies stückweise in zwei aufeinanderfolgenden Nächten, wobei er sich einen Tag ganz und den anderen zum Teil versteckt hielt und über vierzig Stunden lang Hunger, Durst, Schmerzen und unbeschreibliche Qualen litt. Die Indianer plünderten die Post vollständig aus, wobei ihnen ein nicht unbedeutender Betrag an Wertsachen und Geld in die Hände fiel.

Neuntes Kapitel

In der Nacht kamen wir durch Fort Laramie und am siebten Morgen unserer Fahrt befanden wir uns in den Schwarzen Bergen, wo – scheinbar dicht neben uns – der Laramie Peak in gewaltiger Einsamkeit aufstieg. In tiefem dunklem Indigoblau starrte uns der alte Koloß unter den seine Stirn umschattenden Gewitterwolken hervor mächtig entgegen. In Wirklichkeit war er dreißig oder vierzig Meilen weit weg, aber es schien, als stünde er nur ein kleines Stück hinter dem niedrigen Höhenzug zu unserer Rechten. Das Frühstück nahmen wir an der Horseshoe-Station ein, sechshundertsechsundsiebzig Meilen von St. Joseph entfernt. Wir waren jetzt auf feindliches Indianergebiet gekommen und fuhren am Nachmittag an der Laparelle-Station vorbei, in deren Nähe es uns fortwährend recht unbehaglich zumute war; wußten wir doch, daß oft hinter einem der Bäume, an denen wir auf Armeslänge vorüberfuhren, ein oder zwei Indianer auf der Lauer standen. Gerade die Nacht zuvor hatte ein Wilder aus dem Hinterhalt dem Ponyreiter eine Kugel durch die Jacke gejagt. Dieser war aber trotzdem ganz ruhig weitergeritten, denn ein Ponyreiter darf sich mit der Untersuchung eines derartigen Vorkommnisses nur in dem Fall aufhalten, daß er totgeschossen wird. Solange er noch lebendig genug war, hatte er am Pferd festzukleben und weiterzureiten. Vielleicht zweieinhalb Stunden vor unserer Ankunft an der Laparelle-Station hatte der dortige Wirt viermal auf einen Indianer gefeuert, aber dieser sei, fügte er mit gekränkter Miene hinzu, „so flink herumgetanzt, daß er ihm alles verdorben habe – und dabei sei die Munition so verteufelt rar“. Offenbar wollte er durch diese Ausdrucksweise andeuten, der Indianer habe sich mit seinem „Herumtanzen“ einen unerlaubten Vorteil verschafft. Unser Postwagen hatte – als Andenken an seine letzte Fahrt durch diese Gegend – im Vorderteil ein allerliebstes Loch. Die Kugel, von der es herrührte, hatte den Postillion gestreift, aber dieser machte sich nicht viel daraus. Er meinte, die richtige Gegend, um einen „dickköpfig“ zu machen, sei die südliche Überlandroute gewesen durch das Apachengebiet, ehe die Gesellschaft die Linie weiter nach Norden verlegt habe. Die Apachen hätten ihm die ganze Zeit da unten keine Ruhe gelassen, so daß er nahe daran gewesen sei, mitten im Überfluß Hungers zu sterben, denn sie hätten ihn mit Kugeln durchlöchert wie ein Sieb, so daß er „seine Nahrung nicht mehr habe bei sich behalten können“ – eine Schilderung, die nicht ausnahmslos Glauben fand.

In dieser ersten Nacht auf feindlichem Indianergebiet zogen wir die Vorhänge möglichst dicht zu und legten uns auf unsere Waffen. Manchmal schliefen wir darauf ein, meist aber lagen wir bloß darauf. Wir sprachen nicht viel, sondern verhielten uns still und lauschten. Es war eine rabenschwarze, zeitweise regnerische Nacht. Wir steckten dermaßen zwischen lauter Wäldern, Felsen, Hügeln und Abgründen drin, daß wir beim Hinausschielen durch einen Schlitz in einem der Vorhänge schlechterdings nichts zu unterscheiden vermochten. Postillion und Kondukteur saßen ebenfalls stumm auf ihrem Bock oder sprachen höchstens in langen Zwischenräumen und mit gedämpfter Stimme, wie man es tut, wenn man sich von unsichtbarer Gefahr umgeben weiß. Wir hörten dem Regen, der auf das

Wagendach herabtropfte, dem Knirschen der Räder in dem kotigen Kies und dem dumpfen Heulen des Windes zu, und dabei wurden wir die ganze Zeit über die unsinnige Vorstellung nicht los, die mit einer nächtlichen Fahrt in dichtverhängtem Fuhrwerk stets untrennbar verbunden ist, daß wir nämlich unverrückt auf der Stelle stehenblieben trotz allem Stoßen und Schaukeln des Wagens, dem Trappeln der Pferde und dem Knarren der Räder. Lange horchten wir unter Anspannung aller Sinne und mit zurückgehaltenem Atem. Wollte dann einer von uns erlahmen und mit einem tiefen Seufzer der Erleichterung ein paar Worte reden, so stieß gewiß einer der Gefährten plötzlich ein „horcht!" hervor, worauf der Betreffende augenblicklich wieder starr dasaß und horchte. So schleppten sich die Minuten und Viertelstunden in ermüdendem Gang hin, bis zuletzt unsere angespannten Glieder von einer dumpfen Betäubung ergriffen wurden und wir einschliefen – so kann man unseren Zustand durchaus bezeichnen, denn es war ein Schlaf mit dem Finger am Drücker der Pistole; ein Schlaf, in dem die Fetzen und Bruchstükke unheimlicher ängstlicher Träume durcheinanderwirbelten – das reinste Chaos. Plötzlich wurden Träume, Schlaf und die düstere nächtliche Stille durch einen lauten Knall verscheucht, dem ein langer, wilder Todesschrei folgte! Dann hörten wir nur zehn Schritt weit vom Wagen rufen:

„Hilfe! Hilfe! Hilfe!" Es war die Stimme des Postillions.

„Schlagt ihn tot, schlagt ihn tot wie einen Hund!"

„Man will mich umbringen! Leiht mir denn niemand einen Revolver?"

„Seht euch vor! Wehrt ihn ab, wehrt ihn ab!"

Dann zwei Pistolenschüsse, Stimmengewirr und ein Getrappel, wie wenn sich eine Menschenmenge um etwas drängt; mehrere schwere, dumpfe Schläge wie mit einer Keule. Dann eine flehende Stimme: „Lassen Sie mich, meine Herren, ach, lassen Sie mich – ich bin ja schon tot!" Nun ein schwächeres Stöhnen und noch ein Schlag, und fort jagte die Post in die finstere Nacht hinein und ließ das gräßliche Geheimnis hinter uns.

Was für ein Schreck das war! Kaum acht Sekunden, vielleicht nur fünf, hatte der ganze Auftritt in Anspruch genommen. Wir hatten nur Zeit, an einen der Vorhänge zu stürzen und ihn in ungeschickter, verwirrter Hast teilweise loszuschnallen und aufzuknüpfen, als ein scharfer Peitschenknall über unseren Köpfen erklang und wir mit Donnergepolter einen Berggrat hinabrollten. Die ganze Nacht lebten wir von diesem Geheimnis – sie ging übrigens bereits rasch ihrem Ende zu. Ein Geheimnis mußte es vorerst noch bleiben, denn alles, was wir vom Kondukteur als Antwort auf unsere Zurufe bekommen konnten, klang durch das Klappern der Räder hindurch ungefähr wie: „Erzähle es Ihnen morgen früh."

So steckten wir unsere Pfeifen an, stellten in einer Ecke am Vorhang eine Abzugsöffnung für den Rauch her, und ein jeder erzählte dann, während wir im Finstern lagen, wie es ihm zumute gewesen war, wie viele Indianer seiner ersten Vorstellung nach auf uns losgestürzt seien und welcher darauffolgenden Laute er sich erinnern könne. Wir schmiedeten auch Hypothesen, doch waren wir nicht imstande, eine aufzutreiben, die es uns erklärt hätte, daß wir unsern Postillion abseits vom Wagen hatten sprechen hören und daß die indianischen Mordgesellen ein so gutes Englisch gesprochen hatten, vorausgesetzt, daß es überhaupt Indianer gewesen waren.

Unsere ahnungsvolle Ängstlichkeit war auf einmal ganz verflogen, seit wir einen wirklichen Anlaß zum Schrecken hatten.

Einen völlig befriedigenden Aufschluß über den geheimnisvollen Vorgang erhielten wir niemals. Alles, was wir uns aus den stückweisen, abgerissenen Mitteilungen, die wir am Morgen erhaschten, zusammenzureimen vermochten, war, daß der Auflauf an einer Station stattfand, wo die Postillione wechselten, und daß der abgehende Postillion über irgendeinen der Galgenvögel, die die dortige Gegend unsicher machten (wie unser Kondukteur meinte, gab es nämlich dort herum keinen einzigen Menschen, auf dessen Kopf nicht ein Preis gesetzt gewesen wäre und der sich in den Ansiedlungen hätte sehen lassen dürfen), sich rücksichtslos geäußert hatte.

„Er hatte sein Maul durchgehen lassen über diese Kerle und hätte deshalb beim Anfahren den Revolver mit gespanntem Hahn neben sich hinlegen sollen und zuerst anfangen zu schießen; denn das mußte ja jeder Schafskopf wissen, daß sie ihm auflauern würden."

Dies war alles, was wir herausbekommen konnten, und wir sahen wohl, daß weder der Postillion noch der Kondukteur viel Aufhebens von der Sache machten. Offenbar hatten sie keine große Achtung vor jemand, der sich beleidigend über die Leute äußerte und dann einfältig genug war, ihnen unter die Augen zu treten, ohne „zur Vertretung seiner Meinung“ bereit zu sein – mit diesem zarten Ausdruck bezeichneten sie das Niederschießen jedes beliebigen Nebenmenschen, dem jene Meinung nicht behagte. Desgleichen flößte ihnen der Unverstand des Mannes, der es wagen konnte, den Grimm solcher Bestien wie dieser Auswurf der Gesellschaft zu reizen, offenbar Geringschätzung ein, und der Kondukteur setzte zum Schluß noch hinzu:

„Ich sage Ihnen, das heißt ja sich gerade so viel getrauen, wie wenn er Slade selber wäre.“

Diese Bemerkung gab meiner Neugier eine völlig neue Richtung. Ich kümmerte mich nicht mehr um die Indianer und hatte selbst für den ermordeten Postillion kein Interesse mehr. Eine solche Zauberkraft lag in dem Namen Slade! Tag und Nacht war ich von nun an stets bereit, jeden Gesprächsgegenstand ohne weiteres fallenzulassen, um einem neuen Bericht über Slade und seine furchtbaren Taten zu lauschen. Schon vor unserer Ankunft in Overland City hatten wir von Slade und seiner Abteilung (er war nämlich Abteilungsagent der Überlandpost) vernommen, und seit unserer Abfahrt von dort drehte sich die Unterhaltung unserer Postillione und Kondukteure nur noch ausschließlich um dreierlei: Kalifornien, die Silbergruben in Nevada und diesen verzweifelten Gesellen Slade. Und dabei nahm dieser letztere den breitesten Raum ein. Wir waren allmählich zu der unerschütterlichen Überzeugung gelangt, daß Slade ein Mensch war, der Herz, Hände, ja seine ganze Seele in das Blut eines jeden tauchte, der seinem Selbstbewußtsein nahetrat; ein Mensch, der für Beleidigungen, Kränkungen, Schmähungen oder Geringschätzung irgendeiner Art furchtbare Rache nahm – wenn möglich auf der Stelle, aber auch nach Jahr und Tag erst, falls es sich nicht früher schicken wollte; ein Mensch, dem der Haß Tag und Nacht keine Ruhe ließ, bis er seine Rache gesättigt hatte, und zwar genügte ihm dazu nur eines: der Tod seines Feindes – nichts Geringeres; ein Mensch, dessen Züge in schrecklicher Freude aufleuchteten, wenn er einen Feind überraschte und sich diesem gegenüber im Vorteil befand. Ein hoher und tüchtiger Angestellter der Überlandpost, selbst zum Vorwurf der Gesellschaft gehörig und trotzdem die unbarmherzige Geißel dieses Gesindels, war Slade zugleich der blutigste, gefährlichste und wertvollste Bürger, den die wilden Felsennester des Gebirges beherbergten.

Zehntes Kapitel

Bereits seit dem Tag vor unserem Eintreffen in Julesburg hatten sich gewiß und wahrhaftig zwei Drittel dessen, was Kutscher und Kondukteur sprachen, mit Slade beschäftigt. Um nun dem Leser ein deutliches Bild von einem „Desperado“ des Felsengebirges auf der höchsten Stufe seiner Entwicklung zu verschaffen, will ich die ganzen Geschichten, die bei der Überlandpost darüber im Umlauf sind, im Nachstehenden zu einer zusammenhängenden Erzählung zusammenfassen:

Slade war ein Sohn achtbarer Eltern aus Illinois. Mit sechsundzwanzig Jahren erschlug er jemand im Streit und floh aus dem Land. In St. Joseph im Staat Missouri schloß er sich einem der ersten Auswandererzüge nach Kalifornien an und wurde mit dessen Führung betraut. Eines Tages bekam er mitten in der Prärie heftigen Streit mit einem seiner Fuhrleute – und beide zogen den Revolver heraus. Der Fuhrmann war jedoch schneller und hatte den Hahn an seiner Waffe zuerst gespannt. Deshalb meinte Slade, es sei nicht der Mühe wert, einander wegen einer solchen Kleinigkeit die Hälse zu brechen, und schlug vor, die Revolver wegzuwerfen und den Streit mit den Fäusten auszutragen. Arglos ging der Fuhrmann darauf ein und ließ den Revolver fallen – worauf ihn Slade, höhnisch lachend über seine Einfalt, einfach über den Haufen schoß!

Daraufhin flüchtete er und führte einige Zeit ein wildes Leben, das er zur Hälfte mit Indianerkämpfen und zum anderen Teil mit dem Bestreben zubrachte, einem Gerichtsbeamten des Staates Illinois auszuweichen, der ihn seiner Mordtat wegen festnehmen sollte. Damals soll er in einem Kampf mit Indianern drei Wilde mit eigener Hand getötet und nachher deren abgeschnittene Ohren dem Häuptling des Stammes mit seinen Grüßen überschickt haben.

Bald stand Slade überall im Ruf furchtloser Entschlossenheit, und das war ausreichend, um ihm die wichtige Stelle eines Abteilungsagenten bei der Überlandpost in Julesburg als Nachfolger eines gewissen Jules zu verschaffen, der seine Entlassung erhielt. Kurz zuvor war es häufig vorgekommen, daß der Gesellschaft Pferde gestohlen und Kutschen aufgehalten wurden, und zwar durch Banden flüchtiger Verbrecher, denen der Gedanke, es könnte jemand so tollkühn sein wollen, derlei Missetaten zu ahnden, stets nur ein höhnisches Lachen entlockte. Slade ahndete dieses, ohne lange zu fackeln. Das Gesindel hatte bald herausge-

funden, daß Slade ein Mann war, der sich vor nichts fürchtete. Wer sich gegen Gesetz und Ordnung verging, mit dem machte er kurzen Prozeß. Das Ergebnis war, daß kein Aufenthalt bei den Postfahrten mehr vorkam, daß das Eigentum der Gesellschaft unangetastet blieb und daß Slades Kutschen stets ohne Störung rechtzeitig eintrafen, einerlei, was dabei vorkam und wer dabei Schaden erlitt. Allerdings, um diese heilsame Veränderung zuwege zu bringen, mußte Slade ein paar Menschen aus der Welt schaffen – die einen behaupten drei, andere vier, wieder andere sechs –, aber das war ein Verlust, bei dem die Welt nur gewann.

Die erste erhebliche Schwierigkeit hatte er mit dem Ex-Agenten Jules, der selbst im Ruf eines gewissenlosen, verzweifelten

Menschen stand. Derselbe hatte auf Slade, der ihn um seine Stelle gebracht hatte, einen tödlichen Haß und wartete nur auf eine günstige Gelegenheit, um sich an diesem zu rächen. Er lauerte ihm hinter einer Ladentür auf und jagte ihm einen Flintenschuß in den Unterleib, doch Slade brachte ihn durch ein paar wohlgezielte Schüsse aus seinem historischen Revolver gleichfalls zu Fall. Jules, der zuerst wieder genas, zog sich ins Gebirge zurück, um dort in Sicherheit Kräfte für den Tag der endgültigen Abrechnung zu sammeln. Nach Jahr und Tag gelang es Slades Myrmidonen, Jules in einem seiner Felsenschlupfwinkel aufzutreiben und gefesselt seinem Todfeind in die Hände zu liefern, der ihn mit teuflischem Behagen langsam abschlachtete.

Inzwischen war Slade, nachdem die Gesellschaft sich überzeugt hatte, daß seine energische Verwaltung auf einer der schlimmsten Strecken ihrer Route Frieden und Ordnung wiederhergestellt hatte, an die Rocky Ridge Division im Felsengebirge versetzt worden. Man wollte sehen, ob er imstande sein würde, hier ein kleines Wunderwerk zu verrichten, diese Strecke war nämlich das reinste Paradies für alle Gesetzverächter und Desperados. Hier bestand auch nicht der leiseste Schatten von Gesetz und Recht; Gewalt war an der Tagesordnung, Stärke die einzige anerkannte Macht. Die allergewöhnlichsten Mißverständnisse wurden auf der Stelle mit Revolver und Messer ausgetragen. Mordtaten kamen am hellen Tag und sehr häufig vor, ohne daß es einem Menschen einfiel, sich darum zu kümmern. Man ging davon aus, daß die Leute, wenn sie einander umbringen, ihre guten Gründe dazu haben: eine Einmischung Dritter in die Sache würde als Taktlosigkeit erschienen sein. Alles, was die Etikette von Rocky Ridge von Augenzeugen einer Mordtat verlangte, war, daß diese dem Herrn Mörder sein Opfer begraben halfen.

In aller Ruhe und Gemütlichkeit schlug Slade seinen Wohnsitz inmitten dieses Bienenstockes von Pferdedieben und Banditen auf. Und gleich das allererste Mal, als einer derselben sein unverschämtes Maul in seiner Gegenwart laufen ließ, schoß er ihn nieder. Er begann eine Razzia gegen das gesetzlose Gesindel, und in merkwürdig kurzer Zeit hatte er die Diebstähle des Eigentums der Gesellschaft vermindert, eine große Zahl gestohlener Pferde zurückerobert, mehrere der schlimmsten Desperados der Gegend aus der Welt geschafft und sich bei den übrigen ein so furchtbares Ansehen errungen, daß sie Achtung, Bewunderung, Furcht für ihn empfanden und ihm Gehorsam leisteten. Er schaffte Ordnung wie in seiner Verwaltung in Overland City. Zwei Burschen, die sich am Eigentum der Gesellschaft vergriffen hatten, fing er ein und hängte sie mit eigener Hand auf. Er war oberster Richter in seinem Bezirk und zugleich Schwurgericht und Scharfrichter – und zwar nicht nur in Fällen, die seine Brotherren betrafen, sondern auch in Sachen durchziehender Auswanderer.

Im Schießen mit seinem Matrosenrevolver tat es Slade niemand gleich. Wie man sich erzählt, sah er eines Morgens in Rocky Ridge, als er recht gut aufgelegt war, einen Mann daherkommen, der ihm einige Tage vorher dumm gekommen war. Er zog seinen Revolver mit den Worten: „Meine Herren, ein Schuß auf gut zwanzig Schritt – ich halte auf den dritten Rockknopf!" Und er traf den Knopf zur Bewunderung aller Umstehenden. Diese gingen dann auch geschlossen mit zur Beerdigung. Einmal fiel Slade in die Hände einer Bande, die sich zusammentat, um ihn zu lynchen. Er wurde entwaffnet und in ein starkes Blockhaus gebracht. Dort überredete er seine Feinde, seine Frau zu holen, um sie noch ein letztes Mal zu sehen. Sie war ein tapferes, mutiges Weib und ihm unbedingt treu ergeben. Sie ritt sofort los, wurde, als sie angekommen war, vor der Blockhütte durchsucht und durfte erst dann zu ihrem Ehemann hinein. Und noch ehe die Tür hinter ihr geschlossen werden konnte, zog sie zwei Revolver heraus, mit denen sie und ihr Herr Gemahl unbeschadet ihre Pferde besteigen und fliehen konnten.

Fahrplanmäßig waren wir indessen bei einer Poststation angerasselt und ließen uns mit einer halbwilden Gesellschaft bewaffneter und sehr bärtiger Gebirgsbewohner, Farmer und Stationsleute, zum Frühstück nieder. Nirgendwo hatten wir einen so anständigen, ruhigen und freundlichen Beamten auf unserer ganzen Reise getroffen wie den, der hier am Tisch neben mir saß. Wer beschreibt nun mein Staunen und mein Entsetzen, als ich ihn Slade nennen hörte.

Hier saß der Romanheld – und ich ihm Auge in Auge gegenüber. Ich sah ihn, berührte ihn, trank mit ihm sozusagen aus einem Glas. Da, dicht neben mir saß der Menschenfresser, der in Gefechten, bei Raufereien und sonstigen Anlässen sechsundzwanzig Menschen das Lebenslicht ausgeblasen hatte. In diesem Augenblick erfüllte mich ein Gefühl des Stolzes, wie es wohl vor mir noch nie ein so junges Bürschchen empfunden hatte, das ausgezogen war, um fremde Länder und merkwürdige Menschen zu sehen.

Er war so freundlich, daß ich mich trotz seiner furchtbaren Lebensgeschichte zu ihm hingezogen fühlte. Man vermochte es nur mit Mühe fassen, daß dieser angenehme Mensch die erbarmungslose Geißel der Verbrecher, der Popanz und der wilde Mann war, mit dem die Mütter im Gebirge ihren kleinen Kindern Angst einjagten. Und noch heute wüßte ich von Slade nichts Auffallendes zu berichten, als daß sein Gesicht über die Backenknochen herüber ziemlich breit war, während diese selbst niedrig standen, und daß er auffallend schmale und geradegeschnittene Lippen hatte. Das genügte, um einen nachhaltigen Eindruck auf mich zu machen. Immer nämlich, wenn ich ein Gesicht mit diesen erwähnten besonderen Merkmalen sehe, muß ich in seinem Besitzer einen gefährlichen Menschen vermuten.

Der Kaffee ging zur Neige. Wenigstens war nur noch eine Blechtasse voll da, die Slade eben für sich nehmen wollte, als er sah, daß ich eine leere Tasse vor mir hatte. Höflich bot er mir an, sie zu füllen, was ich, obwohl ich den Kaffee recht gut hätte brauchen können, ebenso höflich ablehnte. Ich fürchtete, daß er an jenem Morgen vielleicht noch niemand umgebracht haben und deshalb einer Zerstreuung benötigen könnte. Doch er bestand mit fester Höflichkeit darauf, mir die Tasse vollzugießen und meinte, ich sei die ganze Nacht hindurch gefahren und habe es nötiger als er – und unter diesen Worten schenkte er mir den Kaffee bis auf den letzten Tropfen ein. Dankend trank ich ihn aus, aber er schmeckte mir nicht sonderlich, denn ich war noch immer nicht gewiß, ob ihn seine Freigebigkeit nicht reuen und er mich dann umbringen würde, weil er keinen Kaffee mehr erhielt. Es kam jedoch nichts Derartiges vor. Als wir uns von ihm verabschiedeten, hatte er nicht mehr als sechsundzwanzig Bluttaten auf dem Gewissen, und ich empfand eine rechte Befriedigung bei dem Gedanken, daß ich durch die weise Rücksicht, die ich der Nummer 1 am Frühstückstisch hatte zuteil werden lassen, mir das Schicksal ersparte, Nummer 27 zu werden. Slade kam an den Wagen heraus und sah uns beim Wegfahren zu, nachdem er zuvor die Postsäcke bequemer für uns packen ließ. Dann verabschiedeten wir uns in der angenehmen Hoffnung, bald wieder etwas von ihm zu vernehmen, und waren neugierig, in welchem Zusammenhang dies der Fall sein werde.

Elftes Kapitel

Und richtig, zwei oder drei Jahre später hörten wir wieder von ihm. Am Stillen Ozean traf die Nachricht ein, daß er vom Sicherheitsausschuß in Montana (dahin war er von Rocky Ridge aus übergesiedelt) gehängt worden sei.

Slade war hier ein Trinker geworden. Während er in nüchternem Zustand ein aufmerksamer Ehegatte, ein gastlicher Wirt und ein höflicher Mann war, konnte dagegen jeder, der ihn im Branntweinrausch in einer Bande bewaffneter Lümmel begegnete, in ihm nur einen eingefleischten Teufel sehen. Oft sah man ihn mit einem oder einigen seiner Genossen auf ein und demselben Pferd in der Stadt Virginia erscheinen, wo er unter Schreien, Brüllen und Revolverschüssen durch die Straßen galoppierte. Er ritt dann in Läden hinein, zerbrach die Ladentische, warf die Waagen auf die Straße und beleidigte die Anwesenden auf das gröbste. Er betrat Salons und Tanzlokale und schoß nach den Lampen, so daß alles flüchtete. Es war etwas ganz Alltägliches, daß die Kaufleute, wenn Slade „sich einen Jux machte", die Läden schlossen und die Lichter löschten. So verschaffte er sich viele Feinde, bis es schließlich zur entscheidenden Wende kam.

Slade war wieder einmal betrunken gewesen und hatte die Stadt zur reinen Hölle gemacht. Am anderen Morgen kam der Sheriff, verhaftete ihn und brachte ihn vor Gericht, wo er ihm den Haftbefehl vorzulesen versuchte. Slade, wütend darüber, nahm das Schriftstück, zerriß es und trat darauf herum. Gleichzeitig hörte man an den Revolvern seiner Gefährten die Hähne knakken; so mußte der Sheriff vorläufig nachgeben und Slade als Herrn der Situation ziehenlassen. Damit war der Krieg erklärt. Der Sicherheitsausschuß fühlte, daß jetzt bei diesem Anlaß die Frage zur Entscheidung kommen müsse, ob die gesellschaftliche Ordnung und die gesetzestreuen Bürger oder Slades dreister Übermut die Oberhand behalten sollten. Seinen Tod wollte man noch nicht, nur gezüchtigt und gebändigt sollte er werden. Ein Mitglied des Ausschusses warnte ihn und erteilte ihm den Rat, unverzüglich sein Pferd zu besteigen und nach Hause zu reiten. Aber er schlug die Warnung in den Wind. Nun sollte er abermals verhaftet werden, und da man zu zeigen wünschte, daß im ganzen Tal eine und dieselbe Anschauung über die Sache herrschte, so wurde ein Bote nach Nevada geschickt, um die maßgebenden Persönlichkeiten von den Vorgängen zu unterrichten. Daraufhin schlossen sich die Bergleute zusammen, verließen ihre Arbeit und rückten in einer sechshundert Mann starken Abteilung, bis an die Zähne bewaffnet, nach Virginia hinauf. Der Führer kannte die Erbitterung seiner Leute gegen Slade und seine Genossen. Er jagte voraus, rief den Ausschuß zusammen und sagte offen, die Bergleute nehmen die Sache ernst; sich in einem Straßenkampf von Slade und dessen Leute totschießen zu lassen, dazu hätten sie keine Lust, sie hätten vielmehr vor, ihn zu fassen und zu hängen. Obwohl der Ausschuß das nicht wollte, erklärte er schließlich doch, er wolle sich dem Willen der Bergleute fügen und die Sache in deren Hände legen.

Slade befand sich gerade in einem Kaufladen, als die Kolonne der Bergleute im Geschwindschritt anrückte. Der Vollstreckungsbeamte des Ausschusses trat vor und verhaftete Slade mit der Eröffnung, daß sein Tod beschlossen sei. Dieser war darüber sehr betroffen, versank in tiefste Niedergeschlagenheit und bat unaufhörlich um sein Leben sowie um die Vergünstigung, seine Frau sehen zu dürfen, die auf ihrem Rancho am Madisonfluß wohnte. Sie wurde durch einen Boten benachrichtigt, worauf sie sich ohne langes Besinnen aufs Pferd warf, um die zwölf Meilen rauhen Felsbodens, die sie vom Gegenstand ihrer heißen Liebe trennten, im Flug zu durcheilen.

Inzwischen hatte eine Anzahl Freiwilliger die erforderlichen Vorkehrungen für die Hinrichtung getroffen. In einem Viehhof mit hohem Tor wurde dieses zu einem Galgen hergerichtet, indem man den Strick am oberen Querbalken befestigte. Eine Kiste wurde als Tritt daruntergestellt. Hierher wurde Slade von einer starken, bewaffneten Mannschaft geleitet. Mit Tränen, Gebeten und Jammern hatte er sich dermaßen erschöpft, daß er kaum imstande war, sich unter dem verhängnisvollen Balken auf den Füßen zu halten. So bot sich auch bei ihm das psychologisch so merkwürdige und doch im Charakter des echten Desperados tief begründete Schauspiel, daß ein Mann, der in den gefährlichsten Lagen des Lebens jederzeit einen bis zur Tollkühnheit gehenden Mut bewies, angesichts des Todes die Fassung völlig verlor. Seine

Frau bekam er trotz seines Bittens und Flehens nicht zu sehen. Diese würde jedenfalls den Versuch gemacht haben, ihn mit Hilfe ihrer Freunde zu befreien, und die Rücksicht auf die damit unvermeidlich verbundenen blutigen Folgen erlaubte es nicht, diesen Wunsch zu erfüllen. Sobald alles bereit war, erging der Befehl: „Leute, tut eure Pflicht!" Die Kiste wurde ihm unter den Füßen weggezogen, und fast augenblicklich trat der Tod ein.

Nach einer Weile wurde der Leichnam abgeschnitten und in einem verdunkelten Zimmer des Virginia-Hotels aufgebahrt. Kaum war das geschehen, sprengte auch schon die unglückliche Lebensgefährtin des Hingerichteten heran, aber nur um sich zu überzeugen, daß alles bereits vorüber und sie Witwe geworden war.

Zwölftes Kapitel

Gleich hinter der Frühstücksstation holten wir einen Zug mormonischer Auswanderer von dreiunddreißig Wagen ein. Müde einherschreitend und ihre Viehherde vor sich hertreibend, kamen Dutzende grobgekleideter Männer, Weiber und Kinder

mit trübseligen Mienen an uns vorüber, die acht endlose Wochen lang Tag für Tag marschiert waren, um eine Strecke zurückzulegen, die wir mit der Post in acht Tagen und drei Stunden durchmessen hatten – siebenhundertachtundneunzig Meilen. Sie waren staubbedeckt und mit wirren Haaren, ohne Kopfbedekkung, zerlumpt und sahen, ach, so müde aus!

Nach dem Frühstück nahmen wir ein Bad im Horse Creek – ein sehr schätzenswerter Genuß –, denn es kam höchst selten vor, daß unsere rasende Kutsche lange genug hielt, um uns etwas Derartiges zu gestatten. Alle vierundzwanzig Stunden wechselten wir zehn- oder zwölfmal die Pferde – oder vielmehr die Maultiere –, und dazu brauchten wir fast immer nur vier Minuten. Da ging es lebhaft zu. Sobald unsere Kutsche an der Station angerasselt kam, schritten sechs angeschirrte Maultiere frisch und munter aus dem Stall; und fast in Augenblicksschnelle war der alte Zug aus- und der neue eingespannt, dann ging es schon wieder auf und davon.

Während des Nachmittags kamen wir an Sweetwater Creek, Independance Rock, Devils Gate und Devils Gap vorüber. Die letzteren boten eine wilde, hochromantische und interessante Szenerie – wir waren jetzt im Herzen der Felsengebirge. Auch am Alkali oder Soda-See kamen wir vorbei; und als der Postillion bemerkte, daß die Mormonen häufig von der Salzseestadt aus hierherkämen, um Saleratus zu holen, kam es uns doch zum Bewußtsein, daß wir schon ein hübsches Stückchen Welt durchreist hatten. Erst wenige Tage vorher hätten sie zwei Wagenladungen reinen Saleratus vom Boden des Sees (dieser lag trocken) aufgeschaufelt, der nichts koste und den sie zu Hause für fünfundzwanzig Cents das Pfund verkaufen könnten.

In der Nacht fuhren wir an einer höchst beachtenswerten Merkwürdigkeit vorüber, von der wir seit einem oder zwei Tagen viel hatten reden hören und worauf wir sehr neugierig waren. Es war sozusagen ein natürlicher Eiskeller. Es war jetzt August und tagsüber glühend heiß, und doch brauchte man auf einer Station den Boden unter einigen Felsbrocken am Bergabhang nur sechs Zoll tief aufzuscharren, um reine Eisblöcke herauszuschneiden – hart, festgefroren und kristallklar!

Gegen Morgengrauen gingen wir wieder unter Segel, und während wir eben bei aufgezogenen Vorhängen unsere Morgenpfeife genossen und den ersten Schimmer der aufgehenden Sonne betrachteten, wie er an den Bergkuppen hinschwebte und Zacke um Zacke, Gipfel um Gipfel vergoldete, als wenn der unsichtbare Schöpfer Heerschau über seine Veteranen hielte und diese ihm lächelnd ihren Gruß entböten, kamen wir in Sicht der Südpaßstadt. Der Gasthofbesitzer, der Postmeister, der Grobschmied, der Bürgermeister, der Konstabler, der Stadtmarschall und der ansehnlichste Bürger und Hausbesitzer – sie allesamt kamen freundlich grüßend heraus, und wir wünschten ihnen guten Tag. Sie erzählten uns einiges von den Indianern und aus dem Gebirge, und wir berichteten etwas von den Ebenen. Dann zogen sich die Herrschaften in ihre einsame Größe zurück, während wir zwischen den wolkenumhangenen Felszacken weiter aufwärts kletterten. Die Südpaßstadt bestand aus vier Blockhütten, darunter eine noch unfertige, und zählte zehn Bürger, deren vornehmste in seiner Person sämtliche oben erwähnten Ämter und Titel vereinte. Man denke nur: Gasthofbesitzer, Postmeister, Grobschmied, Bürgermeister, Konstabler, Stadtmarschall und erster Bürger –

alles in einer Person verdichtet und in eine Haut gestopft! Bemis meinte, das sei ein wahrer Allen-Revolver von Würden. Sollte der Mann in seiner Eigenschaft als Postmeister oder als Grobschmied oder auch am Ende in diesen beiden Eigenschaften den Tod finden, so wäre das vielleicht für die Bürgerschaft noch zu ertragen; müßte er dagegen in all seinen Eigenschaften zugleich sterben, so wäre dies ein entsetzlicher Verlust für die ganze Gemeinde.

Und so waren wir nun endlich im berühmten Südpaß und rollten lustig über der gemeinen Welt dahin. Wir fuhren auf der höchsten Stelle der Hauptkette des Felsengebirges, nach der wir Tag und Nacht geduldig, unablässig emporgeklettert waren, inmitten einer Versammlung von Bergkönigen, die ihre Häupter zehn-, zwölf-, ja dreizehntausend Fuß erhoben. Diese Sultane des Gebirges trugen Turbane aus zusammengeballten Wolkenmassen, die sich bisweilen in einzelne Fetzen auflösten und zerfranst und zerzaust davonschwebten, ihre langgedehnten Schatten hinter sich her schleifend, bis sie bald wieder an einem Felshorn hängenblieben. Sie hüllten dieses eine Zeitlang brütend ein und zogen darauf abermals in Fetzen davon, indem sie die Felsenspitze mit einer flaumigen Decke blendendweißen Schnees zurückließen. Im Vorüberschweben hingen diese riesigen Wolkenfetzen tief herab und fegten dicht über unseren Köpfen hin, so daß die Fransen uns fast das Gesicht streiften und wir uns unwillkürlich versucht fühlten zurückzufahren.

Wir rollten lustig weiter und kamen jetzt, auf der eigentlichen Höhe, an eine Quelle, die ihr Wasser durch zwei verschiedene Abflüsse nach entgegengesetzten Richtungen sandte. Wie der Kondukteur erklärte, ging der eine der beiden vor unseren Augen dahinfließenden Bäche geradeswegs durch Hunderte, ja Tausende von Meilen wüsten, öden Landes dem Kalifornischen Busen des Stillen Ozeans zu. Der andere dagegen verließ die Schneegipfel seiner Geburtsstätte, um eine ähnlich noch mühseligere Reise nach Osten anzutreten. Er plätscherte über die Abhänge und durch die Schluchten des Gebirges, lief weiter zwischen den Ufern des Yellowstone und gelangte endlich im Schoß des Missouri und des Mississippi nach zwei langen Monaten voller Vergnügen, Abenteuern und Gefahren bis in den Mexikanischen Golf, um dort am Busen der tropischen See zur Ruhe zu gehen und die heimatlichen Schneegipfel auf ewig zu vergessen.

Ich gab einem Blatt in Gedanken eine Botschaft an die Freunde in der Heimat und ließ es in den Bach fallen. Aber da ich keine Postmarke aufklebte, so ist dasselbe irgendwo unterwegs nicht weiterbefördert worden.

Noch oben auf der Höhe holten wir einen Auswandererzug ein, der viele Wagen, viele müde Männer und Weiber und viele Schafe und Kühe bei sich hatte. In dem traurig mit Staub überzogenen Reiter, der den Zug anführte, erkannte ich John. Von allen Menschen auf der Welt war er der letzte, den ich auf dem Kamm des Felsengebirges, Tausende von Meilen von der Heimat entfernt, erwartet hätte. Wir waren Schulkameraden und jahrelang Freunde gewesen. Ein Knabenstreich von meiner Seite hatte jedoch die Freundschaft zerrissen, worauf sie nicht wieder angeknüpft wurde. Der Vorfall, den ich meine, war der folgende: Ich besuchte manchmal einen Zeitungsredakteur, dessen Zimmer drei Treppen hoch lag und auf die Straße ging. Eines Tages erhielt ich von ihm eine Wassermelone, die ich sofort zu essen begann, als ich zufällig aus dem Fenster blickte und John darunter stehen sah. Ein unwiderstehliches Verlangen überkam mich, John die Melone auf den Kopf zu werfen, was ich sogleich tat. Die Melone brach entzwei, was mir John nie verzieh. Wir brachen unseren Verkehr völlig ab und gingen auseinander; jetzt, unter solchen Umständen, trafen wir uns wieder.

Wir erkannten uns sofort und drückten uns warm die Hände, als hätte es nie eine Entfremdung zwischen uns gegeben. Alle Empfindlichkeiten waren begraben, und die einfache Tatsache, an dieser einsamen Stelle so weit von zu Hause ein bekanntes Gesicht anzutreffen, genügte, um uns alles vergessen zu lassen – außer den angenehmen Erinnerungen. Als wir uns wieder trennen mußten, erklang ein aufrichtiges „Lebe wohl“ und „Gottes Segen mit dir“ von beiden Seiten.

Manche Stunde lang waren wir die langgestreckten Schultern des Felsengebirges hinaufgeklettert – jetzt ging es wieder in keinem schlechten Tempo abwärts.

Wir ließen die schneebedeckten Windriver Berge und das Uinta-Gebirge hinter uns und jagten weiter, durch prächtige Landschaften, aber auch gelegentlich an langen Reihen von Maultier- und Ochsenskeletten vorüber – Denkmälern der gewaltigen Auswanderung früherer Tage –, und da und dort bemerkte man senkrecht in die Erde gesteckte Pfähle und kleine Steinhaufen, die, wie der Postillion sagte, die Ruheplätze wertvoller Überreste bezeichneten. Für ein Grab konnte es keinen einsameren Patz geben. Hier herrschten nur der Kojote und der Rabe. In feuchten, trüben Nächten gaben die verstreuten Gerippe ein fahles, gespenstisches Glühlicht wider, so daß die öde Fläche an manchen Stellen wie von schwachem Mondschein beleuchtet schien. Diese Erscheinung rührte von dem in den Knochen enthaltenen Phosphor her. Auch mit dieser wissenschaftlichen Erklärung konnte man sich eines gewissen Schauders nicht erwehren, wenn man an einem dieser gespenstischen Lichter vorüberkam und sich vorstellte, daß es von einem Totenschädel ausging.

Um Mitternacht begann es zu regnen, wie ich es noch nie in meinem Leben gesehen habe – das heißt, ich sah auch diesmal nichts davon, weil es zu finster war. Wir zogen die Vorhänge fest herunter und verstopften die Fenster mit Kleidungsstücken, aber der Regen strömte dennoch überall herein. Da gab es kein Entrinnen. Zog man seine Füße aus einem Strom heraus, geriet man mit dem Oberkörper in einen anderen; und nahm man diesen beiseite, so traf er einen an anderer Stelle. Strampelte man sich aus den nassen Decken heraus und setzte sich auf, mußte man sich einen Wasserfall ins Genick stürzen lassen. Inzwischen irrte unsere Kutsche über eine Ebene voll gähnender Löcher, denn der Postillion war nicht imstande, eine Spanne weit zu sehen und konnte sich nicht auf der Straße halten. Dazwischen peitschte der Sturm so unbarmherzig, daß es keine Möglichkeit gab, die Pferde zum Halten zu bringen. Sobald das Unwetter etwas nachließ, machte sich der Kondukteur mit einer Laterne auf, um die Straße zu suchen. Dabei fiel er gleich in einen etwa vierzehn Fuß tiefen Abgrund hinab, wobei ihm seine Laterne nachflog wie eine Sternschnuppe. Sobald er Boden unter den Füßen hatte, schrie er wie toll: „Nur nicht daherkommen!" Worauf der Postillion, der über den Abhang blickte, an dem der andere verschwunden war, mit beleidigter Miene versetzte: „Halten mich scheint's für einen verdammten Esel!"

Über eine Stunde brauchte der Kondukteur, bis er die Straße wiederfand – daraus konnten wir entnehmen, wie weit wir uns verirrt hatten und was uns alles hätte begegnen können. An zwei Stellen verfolgte er die Spuren unserer Räder bis hart an den Rand drohender Gefahr. Ich war froh darüber, daß wir in jener Nacht nicht umkamen.

An unserem zehnten Reisetag setzten wir über den Green River, einen schönen, breiten, klaren Fluß, in dem wir so tief steckten, daß das Wasser bis an den oberen Rand unseres Postsackbettes reichte. Wir mußten auf Vorspannpferde warten, um uns das steile Ufer hinaufziehen zu lassen. Es war recht kühles Wasser, das uns aber kaum nässer machen konnte, als wir schon waren.

Auf der Green River Station nahmen wir unser Frühstück ein – warme Biskuits, frische Antilopensteaks und Kaffee –, die einzige ordentliche Mahlzeit, die wir zwischen den Vereinigten Staaten und der Salzseestadt zu kosten bekamen, und die einzige, für die wir wirklich dankbar waren. Man stelle sich nur die einförmige Abscheulichkeit der dreißig vorhergehenden vor, und man wird es begreifen, daß dieses einfache Frühstück nach so vielen Jahren noch wie ein Wachturm in meiner Erinnerung emporragt.

Um fünf Uhr nachmittags erreichten wir Fort Bridger, hundertsiebzehn Meilen vom Südpaß und tausendfünfundzwanzig von St. Joseph entfernt. Zweiundfünfzig Meilen weiter, in der Nähe des Eingangs zum Echo-Cañon, stießen wir auf sechzig Soldaten der Vereinigten Staaten von Camp Floyd. Diese hatten den Tag zuvor auf rund vierhundert Indianer gefeuert, die sich ihrer Überzeugung nach in keiner guten Absicht zusammengeschart hatten. Im darauffolgenden Gefecht waren vier Indianer zu Gefangenen gemacht und die Hauptmacht vier Meilen weit gejagt worden, wobei aber niemand getötet wurde. Wir wollten zuerst aussteigen und uns den sechzig Soldaten anschließen. Als wir uns jedoch überlegten, daß die Indianer vierhundert Mann stark waren, beschlossen wir, weiterzufahren und uns zu den Rothäuten zu gesellen.

Der Echo-Cañon* besitzt eine Länge von zwanzig Meilen und hat das Aussehen einer langen, ebenen, engen Straße, die sich allmählich senkt und von ungeheuren, senkrecht aufsteigenden, roh gefügten, manchmal bis vierhundert Fuß hohen Mauern eingeschlossen ist. Es war die tadelloseste Wegstrecke im ganzen Gebirge. Der Postillion meinte, da wolle er sein Gespann einmal laufen lassen. Dies tat er denn auch; und wenn die Eilzüge nach dem Stillen Ozean jetzt etwa noch rascher fahren als wir damals mit unserer Postkutsche, so beneide ich die Passagiere um ihr Vergnügen. Es war, als ob wir nicht mehr auf Rädern fuhren, sondern flogen, und die Postsachen schwebten geradezu frei in der Luft. Ich bin kein Freund von Übertreibungen, und wenn ich etwas sage, so ist es auch so.

Indes drängte die Zeit. Um vier Uhr nachmittags waren wir auf der Höhe des Big Mountain, fünfzehn Meilen von der Salzseestadt entfernt, während die sinkende Sonne die Welt mit ihren Strahlen verklärte und sich plötzlich ein wunderbares Panorama von Berggipfeln vor unseren Blicken ausbreitete. Über uns wölbte sich ein glänzender Regenbogen, während wir das erhabene Bild betrachteten. Selbst der Postillion hielt seine Pferde an, um zu schauen.

Vielleicht eine halbe Stunde später wechselten wir die Pferde und speisten bei einem mormonischen „Würgengel“ zu Abend. „Würgengel“ sind, soviel ich verstand, „Heilige des jüngsten Tages“, die von der Kirche mit der besonderen Aufgabe betraut

* Cañons heißen die tiefeingeschnittenen Flußbette der Felsengebirge.

sind, für das Verschwinden solcher Bürger zu sorgen, die zu lästig geworden sind. Ich hatte viel von diesen mormonischen Würgengeln und von ihren dunkeln, blutigen Taten gehört, so daß ich mich beim Betreten dieses Hauses gehörig gruselte. Aber all unsere Romantik war sofort verflogen – wir trafen nichts als einen lärmenden, gemeinen, schimpfenden Schurken! Mordgierig genug war er vielleicht wohl, um das Amt eines Würgers zu versehen, aber wer möchte sich wohl irgendeine Art von Engel ohne jede Würde und Hoheit vorstellen? Wer wollte sich einen Engel im schmutzigen Hemd und ohne Hosenträger gefallen lassen? Und wer könnte einem Engel Ehrfurcht zollen, der nicht lacht, sondern wiehert und aufschneidet wie ein Handlungsreisender.

Noch mehr solcher Schufte waren da – Kameraden von ihm, außerdem auch ein anständig aussehender, großer und wohlgewachsener junger Mann von etwa dreißig Jahren. Eine Schar schlampiger Weiber trippelte eilig mit Kaffeekannen, Tellern voll Brot und sonstigem Zubehör zum Abendessen hin und her; das waren die Frauen des Engels oder wenigstens einige von ihnen. Und natürlich war es so; denn wären sie gemietete „Aushilfen" gewesen, sie hätten sich dieses Schimpfen und Fluchen des himmlischen Engels gewiß nicht gefallen lassen.

Das war die erste Bekanntschaft, die wir mit der „eigentümlichen Einrichtung" des Westens – wie der Mormonenstaat diplomatisch bezeichnet wird – machten, und sie war nicht gerade einnehmender Art. Wir hielten uns mit deren Beobachtung auch nicht weiter auf, sondern eilten weiter, der Heimat der „Heiligen des jüngsten Tages"*, der Burg des Propheten, der Hauptstadt des einzigen absoluten Alleinherrschers in Amerika – der Großen Salzseestadt, zu. Da die Nacht hereinbrach, nahmen wir Herberge im Salzseehotel und packten unsere Sachen aus.

* „Heilige des jüngsten Tages" – ein Beiname der Mormonen.

Dreizehntes Kapitel

Unser Abendessen war sehr schmackhaft und bestand aus ganz frischem Fleisch, Geflügel und Gemüse. Später spazierten wir ein wenig durch die Straßen und blickten in Läden und Magazine und konnten es nicht lassen, jedes Geschöpf, das uns wie ein Mormone vorkam, verstohlen zu mustern. Das Land war für uns in jeder Richtung ein Märchenland voller Zauberspuk, Kobolden und schauerlicher Geheimnisse. Wir waren so neugierig, daß wir gerne jedes Kind gefragt hätten, wie viele Mütter es habe und ob es sie alle einzeln kenne. Und wenn wir im Vorübergehen durch eine zufällig geöffnete Haustür etwas von menschlichen Köpfen, Rükken und Schultern sahen, zitterten wir vor Erregung – so brannten wir darauf, eine Mormonenfamilie in ihrer Vielfalt, geordnet nach ihrem häuslichen Kreis, einmal sehr genau in Augenschein nehmen zu dürfen.

Bald darauf führte uns der Gouverneur des Territoriums bei anderen „Heiden" ein (Heiden = Nicht-Mormonen), mit denen wir eine gemütliche Stunde verbrachten. Unser Reisegefährte Bemis sorgte während dieser Abendstunden selbst für sich, hatte jedoch damit keinen großartigen Erfolg, denn gegen elf Uhr erschien er heiter auf unserem Zimmer, wobei er alle Augenblicke einmal ein Bruchstück von einem Wort herauswürgte, das mehr aus Schluchzern als aus Silben bestand. Dies zusammen mit dem Umstand, daß er seinen Rock am Fußboden neben einem Stuhl, seine Weste ebenfalls am Fußboden, nur auf der anderen Seite aufhängte und seine Hosen auf die Dielen vor den Stuhl hinlegte, um dann das Gesamtergebnis mit abergläubischer Scheu zu betrachten und schließlich mit den Worten: „Das geht mir doch über den Verstand", mit den Stiefeln ins Bett stieg, ließ uns vermuten, er habe etwas gegessen, was ihm nicht gut bekommen sei.

Später stellte sich jedoch heraus, daß es etwas gewesen war, das er getrunken hatte, nämlich den Erfrischungstrank der Mormonen, „Valley Tan". Valley Tan ist eine Art Whiskey oder nahe damit verwandt. Er ist eine Erfindung der Mormonen und wird nur in Utah hergestellt. Der Sage zufolge wird er aus (importiertem) Feuer und Schwefel bereitet. Wenn ich mich recht erinnere, so gestattete Brigham Young keine öffentlichen Trinkhäuser in seinem Reich sowie keine Privatkneipen, außer sie beschränkten sich auf Valley Tan.

Am folgenden Tag strolchten wir in den breiten, geraden und ebenen Straßen umher und genossen das ebenso seltene wie angenehme Schauspiel einer Stadt von fünfzehntausend Einwohnern, in der sich weder Bummler noch Betrunkene oder lärmendes Volk bemerkbar machten. Eine Stadt, wo an Stelle einer unflätigen Gosse ein klarer Bach durch jede Straße floß, wo ein

Häuserviertel von netten Gebäuden aus Balkenwerk und an der Sonne getrockneten Backsteinen auf das andere folgte – und sich hinter jedem Haus ein großer reichtragender Obstgarten erstreckte. Verzweigungen des Stadtbaches schlängelten sich zwischen den Beeten und Obstbäumen hin, weit und breit trug alles das Gepräge der Sauberkeit, der Ordentlichkeit, des Gedeihens und Behagens. Überall waren Werkstätten, Fabriken und sonstige Gewerbszweige, geschäftige Mienen und regsame Hände zeigten sich, wohin man blickte, und unaufhörlich ertönte der Klang der Hämmer, das Summen des Geschäftsverkehrs und das vergnügliche Schnurren von Rädern aller Art ins Ohr.

Das Wappenbild meines Heimatstaates waren zwei Bären, die sich an einem Faß festhielten und dazu die passende Bemerkung machten: „Vereint stehen – (ha, ha!) – getrennt fallen wir.“ Einfacher und anspruchsloser dagegen war das mormonische Wappenbild, und es paßte wie ein Handschuh. Es stellte einen goldenen Bienenkorb dar, dessen Insassen alle an der Arbeit waren.

Die Stadt liegt am Rande einer ebenen Fläche von der Größe des Staates Connecticut und schmiegt sich dicht an den Boden unter einer schrägen Wand mächtiger Berge, die ihre Häupter in den Wolken verbergen und auf ihren Schultern den ganzen Sommer hindurch Reste des Winterschnees tragen. Von einer dieser schwindelnden Höhen auf zwölf bis fünfzehn Meilen Entfernung gesehen, nimmt sich die große Salzseestadt immer bescheidener und kleiner aus, bis sie zuletzt an ein Kinderspielwaren-Dörfchen unterhalb der chinesischen Mauer erinnert.

Auf einigen dieser südwestlichen Berge hatte es zwei Wochen lang Tag für Tag geregnet, ohne daß in der Stadt ein Tropfen gefallen wäre. Und an heißen Tagen gegen Ende des Frühjahrs und in den ersten Herbstwochen konnten die Einwohner, wenn sie sich zu Hause genug gefächelt und genug gebrummt hatten, draußen vor der Stadt durch den Anblick eines großartigen Schneesturms im Gebirge Kühlung verschaffen. Jeden Tag konnten sie sich zu den erwähnten Jahreszeiten aus der Ferne dieses Vergnügen gönnen, obwohl in der Stadt selbst und der Umgegend kein Schnee fiel.

Die Salzseestadt war ein gesunder – ein ganz außerordentlich gesunder Ort. Es heißt, es sei nur ein einziger Arzt in der Stadt.

Wir hätten gern das berühmte Binnenmeer, das „Tote Meer Amerikas", den Großen Salzsee, besucht, der nur zu Pferde zu erreichen und siebzehn Meilen von der Stadt entfernt ist, denn wir hatten bei Beginn unserer Reise unaufhörlich von ihm geträumt, an ihn gedacht und nach ihm geschmachtet – aber jetzt, wo er auf Armlänge vor uns lag, hatten wir das Interesse für ihn fast verloren. Wir verschoben den Ausflug auf den nächsten Tag, womit der Plan endgütig begraben war. Wir speisten in Gesellschaft einiger gastfreier „Heiden" zu Mittag; wir besichtigten die Fundamente des großartigen Tempels und hatten eine lange Unterredung mit dem geriebenen Yankee aus Connecticut, dem inzwischen verstorbenen Heber C. Kimball, einem Heiligen von hohem Ansehen und mächtigen Handelsherrn. Wir sahen das „Zehnthaus" und das „Löwenhaus" und ich weiß selbst nicht mehr wie viele sonstige Kirchen und Staatsgebäude verschiedener Art mit sehr sonderbaren Namen. Wir huschten hierhin und dorthin, genossen jede Stunde, schnappten sehr viel nützliche Belehrung und unterhaltenden Unsinn auf und legten uns am Abend befriedigt zur Ruhe.

Am zweiten Tag machten wir die Bekanntschaft des großen Telegraphenunternehmers Street, zu dem wir uns in weißen Hemden begaben, um ihm einen Staatsbesuch abzustatten. Er machte den Eindruck eines ruhigen, freundlichen, behaglichen, würdigen, gesetzten alten Herrn von fünfundfünfzig bis sechzig Jahren, dessen Blick eine ganz eigentümliche Mischung aus Sanftmut und Schlauheit ausdrückte. Er war höchst einfach gekleidet und nahm bei unserem Eintritt einen Strohhut vom Kopf. Er sprach mit unserem Sekretär und einigen in unserer Gesellschaft erschienenen Regierungsbeamten über Utah, die Indianer, Nevada und über allgemeine amerikanische Angelegenheiten und Fragen. Mir dagegen schenkte er nicht die mindeste Aufmerksamkeit, obwohl ich verschiedentlich versuchte, ihn über die Politik der Bundesregierung und seinen hochmütigen Standpunkt gegenüber dem Kongreß auszuholen. Soviel ich meinte, hatte ich dabei ein paar Bemerkungen gemacht, die gar nicht übel waren. Aber er schaute sich bloß von Zeit zu Zeit nach mir um, so wie ich es wohl schon bei einer freundlichen alten Katze gesehen hatte, die gerne wissen wollte, welches Kätzchen mit ihrem Schwanz spiele. So versank ich nach und nach in ein entrüstetes Schweigen, in dem ich bis zum Schluß heiß und rot dasaß, während ich ihn in meinem Herzen als einen unwissenden Wilden verwünschte. Er dagegen verlor seine Ruhe überhaupt nicht. Seine Unterhaltung mit den anderen Herren floß so sanft und friedlich dahin wie ein Bach, der im Sommer durch die Fluren murmelt. Als wir uns nach Schluß der Audienz zurückzogen, legte er mir die Hand aufs Haupt und ließ seine Blicke verwundert auf mir ruhen, indem er zu meinem Bruder sagte: „Ah – vermutlich Ihr Kind – Knabe oder Mädchen?“

Vierzehntes Kapitel

Herr Street widmete sich mit dem größten Eifer seinen Telegraphenangelegenheiten – und wenn man bedenkt, daß er seinen Draht bis zu neunhundert Meilen durch wildzerklüftetes, schneebedecktes, unbewohntes Gebirgsland und wasser- und baumlose, trübselige Wüsten zu führen hatte, so wird man seinen Eifer begreiflich finden. Er konnte seine Stangen nicht einfach in aller Bequemlichkeit am Wege schneiden, sondern er mußte sie mit Ochsengespannen durch diese erschöpfenden Wüsten schleppen lassen – und dabei waren es zwei Tagesreisen von einer Wasserstelle zur anderen. Herrn Streets Kontrakt war etwas sehr Gewaltiges, und doch mußte man, um die Bedeutung der allgemeinen Bezeichnung „neunhundert Meilen Gebirgsland und Wüsten" richtig würdigen zu können, selbst an Ort und Stelle gewesen sein – Feder und Tinte vermögen dem Leser niemals die ganze traurige Wirklichkeit vor Augen zu führen. Und schließlich stellte sich noch eine Schwierigkeit als sehr gewaltig heraus. Die härteste und schwierigste Hälfte seines Unternehmens hatte er an Mormonen vergeben, die plötzlich auf den Gedanken kamen, daß sie wenig oder nichts bei der Sache verdienen würden, und nun in dem Augenblick, wo ihnen dies klar wurde, in aller Ruhe ihre Stangen im Gebirge oder in der Wüste liegenließen, wo es gerade war, um nach Hause zu fahren und ihre gewohnten Geschäfte wieder aufzunehmen. Sie hatten zwar mit Herrn S. einen schriftlichen Vertrag abgeschlossen, aber das focht sie nicht an. Sie meinten, das wäre „etwas Verwunderliches", wenn ein „Heide" in Utah einen Mormonen zur Erfüllung eines Vertrages zwingen könnte, bei dem der letztere dann dadurch Nachteile hätte. Und sie fanden die Sache sehr lustig.

„Ich befand mich", so erzählte uns Herr S. selbst, „in großer Not. Ich war bei schwerer Strafe zur Erfüllung meines Kontraktes verpflichtet, und dieses war ein großes Mißgeschick. Ich war wie vor den Kopf geschlagen. Die Schwierigkeit war eine so ganz unvorhergesehene, daß ich wirklich nicht mehr weiterwußte.

Ich bin Geschäftsmann – ich war immer nur Geschäftsmann –

und nichts anderes. Sie können sich vorstellen, daß ich wie vom Donner gerührt war, mich in einem Land zu sehen, wo ein schriftlicher Kontrakt wertlos war – diese Hauptsicherheit, dieser Notanker, diese unbedingte Notwendigkeit für das Geschäft. Ich verlor den Mut. Neue Verträge abzuschließen, hatte keinen Wert – das war klar. Ich sprach zuerst mit einem hervorragenden Mormonen, dann mit noch einem. Beide waren voller Teilnahme für mich, wußten jedoch nicht, wie mir zu helfen sei. Zuletzt meinte ein Heide: ‚Gehen Sie zu Brigham Young. Diese unbedeutenden Knirpse können Ihnen doch nichts nützen.' Ich hielt nicht viel von dieser Idee, denn wenn das Gesetz mir nicht helfen konnte, was vermochte dann ein einzelner, der die Gesetze weder zu geben noch auszuführen hatte? Er mochte ja ein ganz guter Kirchenvater und Prediger auf seiner Kanzel sein, aber um mit einem ganzen Hundert widerspenstiger, halbwilder Mormonen fertig zu werden, dazu brauchte es strengerer Mittel als Religion und moralischen Zuspruch. Indes, was sollte man machen? Ich dachte, wenn Herr Young auch sonst nichts könnte, so vermöchte er mir doch wohl irgendeinen Rat oder ein paar wertvolle Winke geben, und so ging ich geradeswegs zu ihm und legte ihm die ganze Angelegenheit vor. Er sprach nur ganz wenig, zeigte aber fortwährend lebhaftes Interesse. Er prüfte sämtliche Papiere eingehend, und wo er meinte, daß in den Papieren oder in meiner Darstellung etwas unklar war, ging er zurück, nahm den Faden auf und verfolgte diesen weiter, bis er zu einem vernünftigen und befriedigenden Ergebnis gelangte. Dann nahm er ein Verzeichnis der Namen der Unternehmer auf. Schließlich sagte er:

‚Herr Street, das ist alles vollkommen klar. Diese Verträge sind deutlich und gesetzmäßig abgefaßt und gehörig unterzeichnet und beglaubigt. Diese Leute sind offenbar mit sehenden Augen darauf eingegangen. Ich finde nirgendwo einen Fehler oder eine Lücke!'

Darauf wandte sich Herr Young an einen Mann, der am anderen Ende des Zimmers wartete, mit den Worten: ‚Nehmen Sie dieses Namensverzeichnis mit zu dem und dem und heißen Sie ihn diese Leute auf die und die Stunde herzubestellen.' Auf die Minute fanden sie sich ein. Ich gleichfalls. Young richtete eine Reihe von Fragen an sie, die Antworten fielen zu meinen Gunsten aus. Darauf sagte er zu ihnen:

‚Ihr habt mit freiem Willen und Einverständnis diese Verträge unterzeichnet und diese Verpflichtungen übernommen?'

‚Jawohl.'

‚Dann führt sie buchstäblich aus, und wenn ihr darüber zu Bettlern werdet. Geht!'

Und sie gingen auch wirklich. Sie sitzen jetzt überall draußen in der Wüste herum und arbeiten wie die Bienen. Und sie sagen kein Wort mehr. Da ist ein ganzes Pack Gouverneure, Richter und sonstige Beamte, die von Washington nach hier beordert wurden, um den Schein einer republikanischen Regierungsform zu wahren – aber es steht fest, daß Utah eine absolute Monarchie und Brigham Young der König ist."

Herr Street war ein solider Mann, und ich glaube, was er erzählte. Einige Jahre später lernte ich ihn in San Francisco näher kennen.

Unser Aufenthalt in der Salzseestadt dauerte nur zwei Tage, und wir hatten deshalb keine Zeit, die übliche Untersuchung über die Wirkungen der Vielweiberei anzustellen und die gebräuchlichsten statistischen Notizen und Schlüsse zu sammeln, deren es bedarf, um die Aufmerksamkeit der Nation nochmals auf diese Angelegenheit zu lenken. Ich hatte die Absicht, es zu tun. Mit dem übersprudelnden Selbstvertrauen der Jugend brannte ich vor Ungeduld, mich kopfüber in großartige umwälzende Unternehmungen auf diesem Gebiet zu stürzen – bis ich die mormonischen Frauen gesehen hatte. Da war ich gerührt. Mein Herz war verständiger als mein Kopf. Es erwärmte sich für diese armen, linkischen und hervorragend häßlichen Geschöpfe. Und während ich mich abwandte, um eine großmütige Träne zu verbergen, die mir ins Auge getreten war, sagte ich:

„Nein, der Mann, der eine von ihnen heiratet, übt eine Tat christlicher Barmherzigkeit aus, die den Beifall und nicht den harten Tadel der Menschheit verdient – und der Mann, der sechzig von ihnen heiratet, vollbringt eine Tat erhabenster Großherzigkeit, so erhaben, daß die Völker in stummer Verehrung vor ihm das Haupt entblößen sollten."

Fünfzehntes Kapitel

In diesem Land sind haarsträubende Geschichten von Ermordungen querköpfiger Heiden ein beliebtes Thema. Ich erinnere mich mit Vergnügen des gemütlichen Abends, den wir im Lokal eines Heiden verbrachten, wo wir uns bei einer Pfeife erzählen ließen, wie Burton unter die um Gnade flehenden wehrlosen „Morisiten" hineinsprengte und sie alle, Männer und Weiber, wie Hunde niederschoß; oder wie Bill Hickmann, ein Würgengel, D. u. A. totschoß, weil sie eine Schuld gegen ihn eingeklagt hatten; oder wie Porter Rockwell diese oder jene grausige Tat verübte; und wie oft Leute so unvorsichtig seien, nach Utah zu kommen und Bemerkungen über Brigham Young oder die Vielweiberei oder sonst etwas Heiliges zu machen, und dann die Betreffenden sich fest darauf verlassen dürften, gleich beim nächsten Morgengrauen irgendwo in einem Hintergäßchen aufgefunden zu werden, wo sie geduldig auf ihr Begräbnis harren.

Interessant ist es, diesen „Heiden" zuzuhören, wenn sie über die Vielweiberei reden, und sich erzählen zu lassen, wie so ein dickbäuchiger alter Frosch von einem Ältesten oder Bischof ein Mädchen heiratet – sie gern hat und ihre Schwester dazunimmt – sie gern hat und noch eine Schwester von ihr heiratet – sie gern hat und eine dritte nimmt – sie gern hat und deren Mutter ehelicht und schließlich deren Vater, Groß- und Urgroßvater heiratet und dann immer noch nicht genug hat. Und wie dann vielleicht das junge schnippische Ding von elf Jahren sein Lieblingsweib wird, und ihre würdige alte Großmutter nun in ihres gemeinsamen Eheherrn Wertschätzung nach D 4 hinunterrückt und in der Küche schlafen muß. Und wie die mormonischen Frauen dieses entsetzliche Zusammenpferchen von Mutter und Töchtern im selben faulen Nest, die Erhebung einer jungen Tochter an Rang und Einfluß über ihre leibliche Mutter sich geduldig gefallen lassen, weil nach den Lehren ihrer Religion je mehr Frauen ein Mann auf Erden hat und je größer die Zahl der Kinder ist, die er aufzieht, um so höher der Platz sein soll, den er mit den Seinigen in der zukünftigen Welt einnehmen werde – vielleicht auch um so wärmer.

Nach Aussage unserer heidnischen Freunde enthält Brigham Youngs Harem zwanzig bis dreißig Weiber. Einige davon, so sagten sie, seien alt geworden und aus dem aktiven Dienst getreten, seien aber ganz gut untergebracht und versorgt im Hühnerhaus oder „Löwenhaus", wie es seltsamerweise bezeichnet wird. Jede Frau habe ihre Kinder bei sich – fünfzig im ganzen. Es gehe ganz ordentlich und ruhig im Hause zu – wenn die Kinder sich still verhalten. Sie nehmen ihre Mahlzeiten alle zusammen ein, was als ein glückliches und anheimelndes Bild gerühmt wird. Von unserer Gesellschaft hatte niemand das Vergnügen, bei Herrn Young zu speisen, aber ein Heide namens Johnson erklärte, einmal im Löwenhaus am gemeinsamen Frühstück teilgenommen zu haben. Er gab uns eine verrückte Schilderung vom „Verlesen der Präsenzliste" und anderen Präliminarien und von dem Blutbad, das angerichtet worden sei, als die Buchweizenkuchen erschienen. Aber er trug doch etwas zu stark auf. Herr Young habe ihm, so berichtete er, verschiedene gescheite Äußerungen von einigen seiner „Zweijährigen" erzählt und dabei mit einigem Stolz hervorgehoben, daß er in diesem Fach jahrelang der gewichtigste Mitarbeiter für eine der Zeitschriften des Ostens gewesen war. Daraufhin wollte er Herrn Johnson eines von den Püppchen zeigen, das die letzte hübsche Äußerung tat; er konnte jedoch das Kind nicht herausfinden. Er sah sich die Gesichter sämtlicher Kinder genau an, konnte aber nicht bestimmt sagen, welches es gewesen war. Endlich gab er es mit einem Seufzer auf und sagte: „Ich dachte, ich würde das kleine Ferkel wiedererkennen, aber es ist nichts damit."

Weiter hätte Young die Bemerkung gemacht, „es sei doch etwas gar zu Trauriges um das Leben, denn die Freude über einen neuen Ehebund werde einem so leicht in ungelegener Weise durch die Leichenfeier für eine frühere Braut gestört".

Dann erzählte Herr Johnson, während er sich mit Herrn Young gemütlich unterhalten hätte, sei eine von dessen Frauen hereingekommen und habe eine Busennadel verlangt; sie hätte nämlich herausgebracht, daß er der Nr. 6 eine solche gegeben, und sie gedenke, eine solche Parteilichkeit nicht durchgehen zu lassen, ohne ganz gehörigen Lärm zu schlagen. Herr Young machte sie darauf aufmerksam, daß ein Fremder zugegen sei, worauf Frau Young meinte, wenn dem Fremden nicht behage, was im Hause vorgehe, so könne er ja draußen Platz finden. Herr Young versprach ihr die Busennadel, worauf sie sich entfernte. Aber nach ein paar Minuten erschien schon wieder eine andere Frau Young, die ebenfalls eine Busennadel haben wollte. Herr Young suchte ihr Vorstellungen zu machen, aber sie schnitt ihm einfach das Wort ab. Nr. 6 habe eine bekommen, meinte sie, und der Nr. 11 sei eine versprochen, er solle es nur aufgeben, sie einschüchtern zu wollen – sie kenne ihre Rechte. Er gab sein Versprechen und sie ging. Nun kamen gleich drei Frauen Young miteinander herein und ließen einen Sturm von Tränen, Schmähungen und Bitten auf ihren Eheherrn los. Sie hatten alles vernommen, was mit Nr. 6, 11 und 14 vorgekommen war. Drei weitere Busennadeln wurden zugesagt. Kaum waren jene fort, als neun weitere Ehehälften des Herrn Young auf einmal im Gänsemarsch anrückten und ein neues Gewitter losbrach und über den Propheten und seinen Gast hintobte. Neun weitere Busennadeln wurden zugesagt, worauf die Schicksalsschwestern im Gänsemarsch wieder abzogen. Und herein kamen nochmals elf Frauen unter Heulen, Wehklagen und Zähneknirschen. Mit dem Versprechen weiterer elf Busennadeln wurde noch einmal der Frieden erkauft.

„Da haben Sie eine Probe", sagte Herr Young. „Sie sehen, wie es steht. Sie sehen, was für ein Leben ich führe. Man kann eben nicht immer vernünftig sein. In einem unbedachten Augenblick gab ich meinem Liebling Nr. 6 – entschuldigen Sie, daß ich sie so nenne, aber ihr anderer Name ist mir augenblicklich entfallen – eine Busennadel. Sie kostete nicht über fünfundzwanzig Dollar – das war der scheinbare Preis –, aber das, was sie mich schließlich unvermeidlich kosten wird, beläuft sich weit höher. Sie haben selbst mit angesehen, wie die Summe bis auf sechshundertfünfzig Dollar angewachsen ist – und auch das ist noch lange nicht das Ende! Ich habe ja Frauen hier im ganzen Territorium Utah. Ich habe Dutzende von Frauen, deren Nummern ich nicht einmal weiß, ohne in die Familienbibel zu blicken. Sie sind weit und breit über Berg und Tal in meinem Reich verstreut. Und merken Sie wohl, jede einzelne wird von dieser unglückseligen Busennadel hören, und bis auf die letzte werden sie auch alle eine haben müssen oder sterben. Diese Busennadel meiner Nr. 6 wird mich auf fünfundzwanzighundert Dollar kommen, ehe ich das Ende der Geschichte absehe. Und dann werden diese Geschöpfe ihre Nadeln miteinander vergleichen, und wenn eine einzige um eine Idee schöner ist als die anderen, werden sie mir vor die Füße gelegt, und ich darf eine neue Bestellung machen, wenn ich Frieden in meiner Familie behalten will. Sie haben es wahrscheinlich nicht gewußt, aber die ganze Zeit über, solange Sie mit meinen Kindern zusammen waren, wurde jede Ihrer Bewegungen von wachsamen Dienern meines Hauses beobachtet. Hätten Sie einem Kind ein Zehncentstück angeboten, ein Stück Kandiszucker oder sonst eine Kleinigkeit – augenblicklich wären Sie aus dem Haus hinausgeworfen worden. Ein Herr schenkte einmal einem meiner Kinder eine Blechpfeife – eine wahre Erfindung des Satans, vor der ich ein unbeschreibliches Grausen empfinde, wie es Ihnen gewiß auch ginge, wenn Sie achtzig bis neunzig Kinder im Hause hätten. Aber die Tat war geschehen – der Mann entkam. Ich wußte, wohin die Sache führen würde, dürstete nach Rache und schickte eine ganze Schar Würgengel hinter ihm her, die den Mann bis tief in die Felsenklüfte Nevadas jagten. Aber bekommen haben sie ihn niemals. Ich bin nicht grausam – ich bin nicht rachsüchtig, aber wenn ich ihn bekommen hätte, Herr, ich würde ihn, so wahr mir Joseph Smith* helfe, in die Kinderstube eingesperrt haben, bis die kleinen ihn totgepfiffen hätten! Beim hingeschlachteten Leib des heiligen Parley Pratt (dem Gott seine Sünden vergebe), so etwas ist in der ganzen Welt noch nicht dagewesen! Ich wußte ja, wer dem Kind die Pfeife gegeben hatte, aber ich konnte die eifersüchtigen Mütter nicht davon überzeugen. Sie glaubten einmal, ich sei es gewesen, und das Ende vom Lied war, was jeder vernünftige Mensch längst hatte voraussehen können: Ich durfte hundertzehn Pfeifen bestellen – wir hatten damals nämlich hundertzehn Kinder im Haus, von denen jetzt eine Anzahl fort auf der Schule ist – hundertzehn solcher quiekenden Dinger! Ich will auf ewig verstummen, wenn es nicht wahr ist, daß wir uns von da an mit der Zeichensprache behelfen mußten, bis die Kinder die Pfeifen satt hatten. Und wenn wieder jemand einem meiner Kinder eine Pfeife gibt, und ich bekomme ihn zwischen die Finger, den hänge ich höher als Haman!

Bei Nephis Schatten! Sie wissen nicht, was es heißt, verheiratet zu sein. Ich bin reich, und jedermann weiß es. Ich bin gutmütig, und alle Welt nutzt das aus. Ich habe starke väterliche Triebe, deshalb halst man mir alle Findelkinder auf. Wenn ein weibliches Wesen ihr Herzblättchen recht gut betten will, so quält sie ihr

* Dieser Name sowie andere in Brigham Youngs Gespräch gehören der mormonischen Geschichte an.

Hirn, bis sie einen Plan ausgetüftelt hat, um es mir in die Hände zu spielen. Sehen Sie, Herr, einst kam ein Weibsbild mit einem Kind von eigentümlich totenbleicher Farbe daher (sie selber sah gerade so aus) und schwor, das Kind gehöre mir und sie sei mein Weib – ich hätte sie zu der und der Zeit da und da geheiratet, aber ihre Nummer hatte sie vergessen, und ihres Namens konnte ich mich natürlich nicht erinnern. Nun, sie machte mich darauf aufmerksam, wie ähnlich mir das Kind sehe – und so steckte ich das Kind in die Kinderstube, und sie ging ihrer Wege.

Und bei Orson Hydes Geist, wie man dem Kind die Farbe abwusch, war es eine Rothaut! Meiner Seele, Sie wissen nicht, was verheiratet sein heißt! Es ist ein wahres Hundeleben, Herr – ein wahres Hundeleben. Und wie soll man dabei sparen? Es ist unmöglich. Ich habe versucht, einen Brautanzug für alle Gelegenheiten aufzubewahren. Aber es nützt nichts. Einmal heiraten Sie eine Verbindung von Kaliko und Schwindsucht, mager wie eine Latte, und das nächstemal kommen Sie an ein Geschöpf, das nichts als in Kleider gesteckte Wassersucht ist, und dann können Sie das Brautkleid mit einem alten Luftballon weiter machen lassen! Ja, so geht es. Und denken Sie nur an die Wäscherechnung – entschuldigen Sie diese Tränen – neunhundertvierundachtzig Stück die Woche! Nein, Herr, so etwas wie Sparen gibt es in einer Familie wie der meinen nicht. Schon der Artikel Wiegen – stellen Sie sich nur vor! Und Wurmsamen! Sirup! Zahnringe! Und Taschenuhren zum Spielen für die Kleinen! Und allerhand Sachen, um die Möbel damit zu zerkratzen! Und Streichhölzchen zum Essen und Glasstücke, um sich damit zu schneiden. Der Artikel Glas allein würde für den Unterhalt Ihrer Familie reichen, behaupte ich. Gott sei es geklagt, zur Zeit, da ich zweiundsiebzig Weiber hier im Hause hatte, stöhnte ich unter der Last, Tausende von Dollar in zweiundsiebzig Bettstellen stecken zu müssen, während das Geld hätte auf Zinsen ausgeliehen werden sollen. So schlug ich denn frischweg den ganzen Vorrat mit Verlust los und ließ eine Bettstatt zimmern, sieben Fuß lang und sechsundneunzig Fuß breit. Aber es war ein Mißgriff. Ich konnte schlechterdings nicht schlafen. Es kam mir vor, als schnarchten alle zweiundsiebzig Weiber auf einmal. Es war ein betäubender Lärm. Und dann die Gefahr bei der Sache! Das war noch das schlimmste. Sie zogen alle den Atem zugleich ein, und da konnte man wahrhaftig sehen, wie die Wände des Hauses sich nach innen bogen – dann atmeten sie wieder alle auf einmal aus, so daß man sehen konnte, wie die Wände sich nach außen aufblähten und man die Balken knacken und die Schindeln knistern hörte. Mein Freund, lassen Sie sich von einem alten Mann raten, und laden Sie sich ja keine starke Familie auf den Hals – hören Sie, tun Sie's ja nicht, ich sage es Ihnen. In einer kleinen Familie, und nur in einer kleinen Familie, werden Sie das Behagen und den inneren Frieden finden, welche schließlich die besten Segnungen sind, die diese Welt uns zu bieten vermag, und für deren Mangel kein Reichtum, kein Ruhm, keine Macht und keine Größe uns je Ersatz bieten können. Verlassen Sie sich darauf, mit zehn bis elf Weibern haben Sie genug – gehen Sie nie darüber hinaus."

Ich hatte zwar ein unbestimmtes Gefühl, als sei dieser Johnson nicht ganz verläßlich. Und doch war er eine höchst unterhaltende Persönlichkeit, und ich glaube, daß irgendeine seiner Mitteilungen aus einer anderen Quelle stammen konnte. Er bildete einen recht angenehmen Gegensatz zu diesen schweigsamen Mormonen.

Sechzehntes Kapitel

Ich verließ die große Salzseestadt mit ziemlich unklaren Begriffen über die daselbst herrschenden Zustände – manchmal fragte ich mich sogar, ob überhaupt ein Zustand daselbst herrsche oder nicht. Doch fiel mir zu meiner wirklichen Erleichterung plötzlich ein, daß wir dort wenigstens ein paar Tatsachen erfahren hatten, auf die wir uns verlassen konnten, so daß unsere zwei Tage doch nicht völlig verloren waren. Zum Beispiel hatten wir erfahren, daß wir uns in einem neubesiedelten Land befanden. Die hohen Preise, die man uns für die geringwertigsten Dinge abverlangte, gaben beredte Kunde von hohen Frachten und erstaunlichen Entfernungen. Im Osten war zu damaliger Zeit der kleinste Begriff eines Geldstücks ein Penny; er bezeichnete die kleinste Menge, die käuflich zu haben war. Westlich von Cincinnati war die kleinste im Umlauf befindliche Scheidemünze das silberne Fünfcentstück, und für weniger als fünf Cents konnte man keinerlei Ware kaufen. In Overland City schien das Zehncentstück die kleinste Münze zu sein; in der Salzseestadt jedoch gab es im Verkehr kein kleineres Stück als den Vierteldollar und keine kleinere käufliche Menge als im Wert von fünfundzwanzig Cents. Wir waren gewohnt gewesen, das Fünfcentstück als den kleinsten Begriff bei Geldausgaben zu betrachten; in der Salzseestadt dagegen zahlte man für eine Zigarre einen Vierteldollar, für eine Tonpfeife einen Vierteldollar; ob man einen Pfirsich verlangte oder ein Licht oder eine Zeitung oder den Barbier oder einen kleinen heidnischen Schnaps zum Einreiben der Hühneraugen oder gegen das Magendrücken oder das Zahnweh – stets kostete es fünfundzwanzig Cents. Wenn wir ab und zu in unser Geldsäckchen schauten, kam es uns vor, als ob wir unser Vermögen in einem wahren Luderleben verschwendeten, ein Blick in das Verzeichnis unserer Ausgaben bewies uns jedoch sofort, daß uns kein derartiger Vorwurf traf. Indessen versöhnt man sich leicht mit großem Geld und hohen Preisen, man hat sie gerne und ist stolz darauf – ein Herabsteigen zu kleiner Münze und niederen Preisen ist schwer zu ertragen, und man gewöhnt sich nur langsam daran. Hat der Durchschnittsmensch einmal einen Monat lang das Minimum von fünfundzwanzig Cent kennengelernt, so denkt er nur mit Erröten an seine verächtlichen Fünfcentstücke zurück. Wie dunkelrot ich in dem prächtigen Nevada jedesmal im Gesicht wurde, wenn ich an meine erste Erfahrung in Geldangelegenheiten dachte, die ich am Salzsee gemacht hatte! Ein junger Mischling mit einer Gesichtsfarbe wie eine gelbe Rübe fragte mich, ob er mir die Stiefel putzen solle. Es war am Salzseehotel am Morgen nach unserer Ankunft. Ich bejahte und er tat es. Dann händigte ich ihm mit der wohlwollenden Miene eines Menschen, der Reichtum und Glückseligkeit über die leidende Armut ausgießt, ein silbernes Fünfcentstück aus. Der Gelbe nahm es mit einem Ausdruck entgegen, den ich für unterdrückte Rührung hielt, und legte es ehrerbietig auf die breite Fläche seiner Hand. Dann begann er es zu betrachten, ungefähr wie ein Naturforscher ein Mückenohr auf dem weiten Feld seines Mikroskops beschaut. Mehrere Leute aus dem Gebirge, Fuhrleute, Postkutscher und andere traten heran, gruppierten sich malerisch um uns und machten sich an die Untersuchung des Geldstückes mit jener anziehenden Unverfrorenheit, die den kühnen Bahnbrecher der Kultur kennzeichnet. Jetzt gab mir der Gelbe meinen Fünfer zurück mit dem Bemerken, er rate mir, einen Arzt zu konsultieren, da ich offenbar an – Großherzigkeit leide!

Das gemeine Gelächter, das daraufhin losbrach! Ich zertrat zwar den giftigen Wurm auf der Stelle, mußte jedoch die ganze Zeit über mich lächeln, während ich ihm den Skalp abzog, denn die Bemerkung war für solch einen Mischling wirklich gut.

Ja, wir hatten am Salzsee gelernt, von uns hohe Preise fordern zu lassen, ohne unseren inneren Schauder darüber zu zeigen – denn wir hatten lange genug den Ton, in dem sich die Unterhaltung zwischen Postkutschern, Kondukteuren, Hausknechten und schließlich auch zwischen den Bewohnern der Salzseestadt bewegte, mit angehört und aufgefaßt, um sehr wohl zu merken, wie gering diese höheren Wesen uns „Auswanderer“ achteten. Wir gaben daher in unseren Mienen keinen verräterischen Schauder oder Schrecken kund, denn wir wollten für Mormonen, Halbindianer, Fuhrleute, Postkutscher oder Banditen von Mountain Meadow* – kurz für irgend etwas auf der Welt gelten, das auf den Ebenen von Utah geachtet und bewundert wurde. Wir schämten

* An diesem Ort wurde ein großer Zug Auswanderer überfallen und niedergemacht.

uns dagegen erbärmlich, „Auswanderer“ zu sein und bedauerten, daß wir weiße Hemden anhatten und in Gegenwart von Damen nicht fluchen konnten, ohne wegzublicken.

Wir Armen! Da machen sie sich über den Hut lustig, den man trägt; über die Gewissenhaftigkeit, womit man die Grammatik, und die Unerfahrenheit, womit man das Fluchen behandelt; über die zum Totlachen drollige Unkenntnis, die man in bezug auf Erze, Schächte, Stollen und andere Dinge bekundet, die man noch nie gesehen und die man auch nie interessant genug gefunden hat, um darüber zu lesen. Und während man immer über sein trauriges Los nachdenkt, in diese entlegene Gegend, in dieses einsame Land verbannt zu sein, sehen die Eingeborenen mit vernichtendem Mitleid auf einen herab, weil man ein „Auswanderer“ ist und nicht eines jener stolzesten, glücklichsten Wesen auf der Welt, ein „Neunundvierziger“.*

Das gewohnte Leben in der Postkutsche begann jetzt aufs neue, und gegen Mitternacht kam es uns bereits fast so vor, als hätten wir unser Nest zwischen den Postsäcken gar nie verlassen gehabt. Eine Änderung hatten wir übrigens getroffen. Wir hatten uns mit Brot, gekochtem Schinken und hartgesottenen Eiern so reichlich versehen, daß es noch einmal so weit reichen konnte als für die sechshundert Meilen, die wir noch vor uns hatten.

Es gewährte uns während der folgenden Tage ein großes Behagen, von unserem Hochsitz aus das romanartige Panorama von Bergen und Tälern unter uns zu betrachten und uns an Schinken und harten Eiern zu laben, während unser geistiges Wesen abwechselnd in Regenbogen, Gewittern und unvergleichlichen Sonnenuntergängen schwelgte. Nichts unterstützt den Eindruck der Landschaft so mächtig wie Schinken und Eier. Schinken und Eier und eine großartige Umgegend, während der Wagen rasch einen Hang hinunterrollt, eine duftende Pfeife und ein zufriedenes Herz – darin besteht das Glück, nach dem die Menschen all die Jahrhunderte hindurch gestrebt.

* Aus diesem Jahr stammen die Pioniere des Goldlandes.

Siebzehntes Kapitel

Um acht Uhr morgens erreichten wir die Überbleibsel und Trümmer dessen, was einst die wichtige Militärstation Camp Floyd gewesen war, einige fünfundvierzig oder fünfzig Meilen von der Salzseestadt entfernt. Um vier Uhr nachmittags hatten wir die Entfernung verdoppelt. Wir kamen jetzt in den Bereich einer besonderen Gattung von Wüsten, einer Alkaliwüste. In der Vereinigung alles Abschreckenden und Entsetzlichen läßt sie selbst die Sahara mit ihren Schrecknissen hinter sich. Auf achtundsechzig Meilen gab es darin nur eine einzige Unterbrechung – wenn man ein in der Mitte dieser Strecke gelegenes Wasserreservoir überhaupt so nennen kann. Wenn mein Gedächtnis nicht trügt, so gab es keinen Brunnen und keine Quelle. Das Wasser wurde mit Maultier- oder Ochsengespannen vom Rand der Wüste dorthin geschafft. Es befand sich eine Poststation dort, vor der wir gerade mit Sonnenaufgang nach zwölfstündiger Fahrt eintrafen. Nachts im Schlaf durch eine Wüste zu fahren, dazu gehörte nicht viel, und dabei hatte man am anderen Morgen die angenehme Vorstellung, wirklich mit der Wüste Bekanntschaft gemacht zu haben und von nun an in Gegenwart von Neulingen aus eigener Erfahrung von Wüsten sprechen zu können. Und nicht minder angenehm war der Gedanke, daß es sich nicht um irgendeine unbekannte, im Hinterland versteckte Wüste, sondern um die hochberühmte Hauptwüste selbst handelte. Das war alles sehr gut, sehr behaglich und befriedigend – aber jetzt sollten wir bei hellem Tage durch eine Wüste kommen. Das war herrlich, neu, romantisch, dramatisch abenteuerlich – das war wirklich des Lebens, des Reisens wert. Alles sollte ganz genau nach Hause berichtet werden.

Aber diese Begeisterung, dieser ernstliche Durst nach Abenteuern verschwand bald unter der schwülen Augustsonne und hielt nicht länger vor als eine Stunde. Eine arme kurze Stunde – dann schämten wir uns bereits, so „begeistert“ gewesen zu sein. Die Poesie lag ausschließlich im Vorgefühl – in der Wirklichkeit fehlte sie gänzlich. Man stelle sich einen ungeheuren wellenlosen

Ozean vor, der staubtrocken und ein rauhes Aschenfeld ist; man denke sich diese feierlich stille Einöde mit aschenbestäubten Salbeibüschen bedeckt; man denke sich das leblose Schweigen und die Einsamkeit, die zu so einem Ort gehören; man denke sich dazu eine Kutsche, die wie eine Wanze über diese uferlose Fläche hinkriecht und dabei wirbelnde Staubwolken emporsendet, als kröche sie mit Dampf; man stelle sich vor, daß das mühselige Fahren durch den tiefen Staub mit peinigender Eintönigkeit Stunde um Stunde fortdauert, während das Ufer scheinbar immer

noch nicht näherrücken will; man denke sich Gespann, Kutscher, Wagen und Reisende so dick mit Asche bedeckt, daß sie allesamt eine farblose Farbe tragen; man vergegenwärtige sich die Aschenhäufchen, die sich auf Bart und Augenbrauen wie Schneeflocken auf Sträucher und Büsche setzen. So nimmt sich die Wirklichkeit aus.

Die Sonne brennt mit dumpfer, blasenziehender, unbarmherziger Wut herunter. Schweiß bricht Mensch und Tier aus jeder Pore, aber kaum eine Spur davon gelangt an die Oberfläche – er wird aufgesogen, ehe er dahin kommt. Nicht der leiseste Lufthauch regt sich. Keine einzige mitleidige Wolke zeigt sich am strahlenden Himmelsgewölbe. Nach welcher Richtung man auch die leere Fläche, die sich meilenweit in eintöniger Gleichmäßigkeit ausbreitet, überblicken mag, nirgendwo ist ein lebendes Wesen zu erblicken. Kein Laut, kein Seufzer, kein Flüstern, kein Flügelschlag, keine Stimme eines Vogels aus der Ferne – nicht einmal ein Schluchzen einer der verlorenen Seelen, die ohne Zweifel diese erstorbene Luft bevölkern, läßt sich vernehmen. So hebt sich das zweitweilige Schnauben der rastenden Maultiere und ihr Kauen am Gebiß grell von der schauerlichen Stille ab, löst aber den

Zauber nicht, sondern macht ihn nur drückender und erhöht noch das Gefühl der Einsamkeit und Verlassenheit.

Unter gewaltigem Fluchen, Schmeicheln und Peitschenknallen des Postillions nahmen die Maultiere von Zeit zu Zeit einen Anlauf und schleppten die Kutsche dann wieder bis zu zweihundert Ellen weit, wobei sie eine wogende Staubwolke hinter sich aufwühlten, die das Fuhrwerk bis zum oberen Rand der Räder einhüllte, so daß man meinte, es schwebe durch einen Nebel. Darauf folgte eine Ruhepause mit dem üblichen Schnauben und Kauen am Gebiß. Darauf kam wieder ein Anlauf und sodann abermals eine Ruhepause. So ging es den ganzen Tag fort, ohne daß die Maultiere getränkt oder gewechselt wurden. Wenigstens ging es zehn Stunden so, was doch wohl in einer Alkaliwüste für eine Tagesleistung, und zwar für eine recht anständige, gelten darf. Wir waren von morgens vier bis nachmittags zwei Uhr unterwegs. Und dabei war es so heiß und so beengend, unsere Wasserflaschen waren um die Mitte des Tages so trocken und wir so durstig! Es war so stumpf und dumpf und ermattend, die langweiligen Stunden schlichen und schleppten sich und hinkten mit so grausamer Bedächtigkeit dahin! Der Alkalistaub schnitt einem in die Lippen, peinigte die Augen und fraß sich durch die Nasenschleimhaut, so daß diese unaufhörlich blutete, die Romantik verschwand allen Ernstes in weiter Ferne, und zurück blieb von unserer Wüstenfahrt nichts als die nackte Wirklichkeit – eine durstige, dürre, langweilige, hassenswerte Wirklichkeit. Zehn Stunden lang zweieinviertel Meilen – das war unsere ganze Leistung. Es hielt wirklich schwer, einen solchen Schneckengang zu begreifen, während wir sonst gewohnt gewesen waren, acht und zehn Meilen in der Stunde zu machen. Als wir die Station an der jenseitigen Grenze der Wüste erreicht hatten, waren wir zum erstenmal froh, das Wörterbuch bei der Hand zu haben, weil wir sonst niemals Worte genug hätten finden können, um unsere Befriedigung darüber auszudrücken. Um aber die Ermüdung zum Ausdruck zu bringen, die die Maultiere empfanden, nachdem sie uns dreiundzwanzig Meilen weit geschleppt hatten, dazu würde eine ganze Bibliothek von Wörterbüchern nicht genügt haben. Und wollten wir gar vollends versuchen, dem Leser eine Vorstellung von ihrem Durst zu geben – es wäre gerade, als wollten wir gediegenes Gold vergolden oder die Lilie weiß bemalen!

Achzehntes Kapitel

Am sechzehnten Tag nach unserer Abfahrt von St. Joseph erreichten wir morgens den Eingang von Rocky Cañon, zweihundertfünfzig Stunden vom Salzsee entfernt. In dieser wilden Gegend, weit ab von allen Wohnplätzen weißer Menschen, mit Ausnahme der Poststationen, trafen wir auf die jämmerlichsten Vertreter des Menschengeschlechts, die mir bis dahin je zu Gesicht gekommen waren. Ich meine die Goschut-Indianer, die sich nach allem, was wir von ihnen sahen und in Erfahrung brachten, höchstens mit den Buschmännern Südafrikas vergleichen lassen. Diejenigen, die sich an der Straße und auf den Stationen herumtrieben, waren kleine, magere, verhutzelte Geschöpfe; ihre Gesichtsfarbe ein mattes Schwarz wie gewöhnlich bei den Negern in Amerika; ihre Gesichter und Hände mit einer Schmutzkruste bedeckt, die sich Monate, Jahre, ja Menschenalter hindurch je nach dem Alter des Besitzers aufgehäuft hatte. Sie erschienen als eine schweigsame, schleichende, heimtückische Sippe, die verstohlen alles beobachtete, gerade wie alle anderen „edlen roten Männer", ohne dabei eine Miene zu verziehen; stumpfsinnig, stets geduldig und unermüdlich. Schamlose Bettler! Ist doch der Trieb zum Betteln dem Indianer nicht minder notwendig, um ihn „in Gang zu halten", gleich dem Pendel der Uhr; hungrig, jederzeit hungrig, obwohl sie nichts verschmähen, was ein Schwein frißt und dagegen oft etwas essen, was ein Schwein zurückweist. Jäger, deren Ehrgeiz jedoch nicht über das Erlegen und Verspeisen von Eselskaninchen, Grillen, Heupferden und über Aas hinausgeht, das von Rechts wegen dem Mäusefalken und dem Kojoten gehört. Wilde, die auf die Frage, ob sie den allgemeinen Glauben der Indianer an einen „Großen Geist" teilen, in eine Art von Rührung geraten, weil sie darunter Branntwein verstehen. Diese Goschuten sind ein kleines, weit zerstreutes Volk, das schlechterdings nichts hervorbringt, keine Dörfer und überhaupt keine feste Stammesgemeinschaft bildet – ein Volk, dessen einziges Obdach in einem Lappen besteht, der über einen Busch geworfen wird, um den Schnee teilweise abzuhalten, und das doch eine der felsigsten, winterlichsten Einöden bewohnt, die man in irgendeinem Teil der Erde finden kann.

Kriegslustig könnte man die Goschuten ungefähr mit demselben Recht nennen wie die Kaninchen, und doch kam es vor, daß sie, nachdem sie monatelang vom Abfall und Kehricht der Stationen gelebt hatten, in einer dunklen Nacht, während niemand Arges vermutete, heranschlichen, die Gebäude niederbrannten und die herausstürzenden Leute aus dem Hinterhalt niederschossen. Einmal griffen sie bei Nacht die Postkutsche an, in der ein Distriktsrichter des Territoriums Nevada ganz allein fuhr, wobei sie mit ihrem ersten Pfeilhagel (darunter auch eine oder zwei Kugeln) die Vorhänge durchlöcherten, ein oder zwei Pferde verletzten und den Postillion tödlich verwundeten. Der aber war sehr schneidig und sein Passagier nicht minder. Der Richter schwang sich auf des Postillions Zuruf auf den Bock und ergriff die Zügel, und fort flogen sie mitten durch den rasenden Haufen und unter einem Hagel von Geschossen. Der Postillion war sofort auf den Schuß in die Knie gesunken, hielt aber die Zügel noch in den Händen und erklärte, er hoffe, sie bis zu seiner Ablösung halten zu können. Und als sie schließlich seiner ermattenden Hand entglitten, legte er seinen Kopf zwischen die Füße des anderen und gab ihm in aller Ruhe Weisung betreffs des Weges. Er könne es wohl noch so lange aushalten, bis sie aus dem Bereich des Halunken seien, dann wäre die Hauptschwierigkeit vorüber, und wenn der Richter so und so führe (dabei gab er ihm Weisung für die schlimmen Wegestrecken), so würde er die nächste Station ohne Mühe erreichen. Der Richter kam wirklich dem Feind voraus und fuhr endlich an der Station vor. Nun wußte er, daß die Gefahren für jene Nacht vorüber waren, aber er hatte keinen Kriegskameraden mehr, um seine Freude zu teilen, denn der tapfere Postmann war tot.

Der Widerwille, den die Goschuten mir einflößten – einem Jünger Coopers und einem Verehrer des „Roten Mannes“, selbst jener künstlichen Wilden im „Letzten der Mohikaner“ –, veranlaßte mich zu ernsten Nachforschungen darüber, ob ich vielleicht den roten Mann überschätzt habe, solange ich ihn im milden Mondschein der Romantik betrachtete. Die Enthüllungen, die ich erfuhr, waren jedenfalls sehr ernüchternder Art. Es war merkwürdig, wie schnell die Tünche und das Blattgold, die seine Außenseite bedeckt hatten, verschwunden waren, so daß nur noch der verräterische, schmutzige, abstoßende Kerl übrigblieb – und wie rasch sich die Beweise dafür häuften, daß jeder Indianerstamm, auf den man stoßen mag, lediglich aus Goschuten besteht, die je nach Verhältnissen und Umgebung etwas verändert sind – aber eben doch immer Goschuten. Sie verdienen Mitleid, die armen Wesen; und ich zolle ihnen das meinige gern – aus der Ferne. In größerer Nähe wird ihnen solches von niemandem zuteil werden.

Neunzehntes Kapitel

Am siebzehnten Tag kamen wir an den höchsten Berggipfeln, die wir bis jetzt erblickt hatten, vorüber, und obwohl der Tag sehr heiß war, folgte ihm eine wirklich kalte Nacht, gegen die wir uns kaum mit unseren Decken schützen konnten.

Am neunzehnten Tag begegneten wir auf der Station am Neese River den Leuten, die an der Telegraphenlinie nach dem Osten arbeiteten, und gaben eine Depesche an Seine Exzellenz Gouverneur Nye zu Carson City auf. (Entfernung: hundertsechsundfünfzig Meilen.)

Am selben Tage kamen wir durch die große amerikanische Wüste – vierzig denkwürdige Meilen grundlosen Sandes, in den die Wagenräder sechs Zoll bis einen Fuß tief einsanken. Den größten Teil dieser Strecke legten wir zu Fuß zurück, indem wir neben dem Wagen hergingen. Es war ein entsetzliches Ringen mit dem Sand und zugleich mit dem Durst, denn wir hatten kein Wasser. Von einem Ende dieser Wüste bis zum anderen war die Straße weiß von Ochsen- und Pferdeknochen. Ich könnte fast ohne Übertreibung behaupten, daß wir die vierzig Meilen weit Schritt für Schritt den Fuß auf einen Knochen hätten setzen können. Die ganze Wüste war ein ungeheurer Friedhof. Und die Hemmketten, Radschuhe und vermodernden Reste von Fuhrwerken waren fast ebenso dicht gesät wie die Knochen. Ich glaube, die Hemmketten, die da vor unseren Augen verrosteten, hätten in jedem Staat der Union von einer Grenze zur anderen gereicht. Geben uns diese Trümmer nicht ungefähr eine schwache Vorstellung von den furchtbaren Leiden und Entbehrungen, die die frühesten Einwanderer nach Kalifornien zu erdulden hatten?

Am Rand der Wüste liegt der Carson-See, auch „Carson-Sink" genannt, ein seichter, trübseliger Wasserspiegel von achtzig bis hundert Meilen Umfang. Der Carsonfluß mündet dort hinein, um zu verschwinden. Geheimnisvoll versinkt er im Boden und erblickt nie wieder das Licht der Sonne – denn der See hat keinerlei Ausfluß.

Es gibt mehrere Flüsse in Nevada, die dasselbe rätselvolle Geschick haben. Sie münden in verschiedene Seen oder „Sinks“ und werden nicht mehr gesehen. Der Carson-, Humboldt-, Walter- und Mono-See sind große Wasserbekken ohne jeden sichtbaren Abfluß. Fortwährend fließt Wasser hinein, keines sieht man je abfließen, und doch bleiben sie stets voll, ohne abzunehmen oder überzulaufen. Was aus ihrem Überfluß wird, weiß nur der Schöpfer.

Am Westrand der Wüste machten wir einen Augenblick halt in Ragtown. Es bestand aus einem einzigen Blockhaus und ist auf der Karte nicht verzeichnet. Dabei fällt mir etwas ein. Gleich nach unserer Abfahrt von Julesburg, am Plate, saß ich beim Postillion. Dieser fing an:

„Ich kann Ihnen eine wirklich höchst lächerliche Geschichte erzählen, wenn Sie gern zuhören wollen. Horace Greeley* fuhr einstmals auf dieser Straße. Beim Abgang von Carson City sagte er zum Postillion Hank Monk, er habe in Placerville einen Vortrag zu halten und wünschte rasch vorwärts zu kommen. Hank Monk ließ seine Peitsche knallen und fuhr in rasendem Tempo davon. Der Wagen hüpfte so schrecklich auf und nieder, daß alle Knöpfe an Horaces Rock absprangen und er schließlich geradezu mit dem Kopf durch die Wagendecke fuhr. Jetzt rief er Hank Monk zu und bat ihn, langsamer zu fahren, er habe es jetzt nicht mehr so eilig. Aber Hank Monk meinte: ‚Bleiben Sie nur ruhig sitzen, Horace, ich will Sie schon beizeiten hinbringen!‘ Und

* Seinerzeit ein bekannter Politiker.

Sie können darauf wetten, daß er ihn zu rechter Zeit hinbrachte, das heißt, was noch von ihm übrig war."

Einen Tag oder zwei Tage darauf lasen wir an der Straßenkreuzung einen Mann aus Denver auf, der uns allerlei über die Gegend und die Goldgruben von Gregory erzählte. Es schien ein recht unterhaltender Mensch zu sein, der über die Verhältnisse in Colorado gut Bescheid wußte. Nach einer Weile begann er:

„Ich kann Ihnen eine wirklich höchst lächerliche Geschichte erzählen. Horace Greeley fuhr einstmals auf dieser Straße. Beim Abgang von Carson City sagte er zum Postillion Hank Monk, er habe in Placerville einen Vortrag zu halten und wünsche rasch vorwärts zu kommen. Hank Monk ließ seine Peitsche knallen und fuhr in rasendem Tempo davon. Der Wagen hüpfte so schrecklich auf und nieder, daß alle Knöpfe an Horaces Rock absprangen und er schließlich geradezu durch die Wagendecke fuhr. Jetzt rief er Hank Monk zu und bat ihn, langsamer zu fahren, er habe es jetzt nicht mehr so eilig. Aber Hank Monk meinte: ‚Bleiben Sie nur ruhig sitzen, Horace, ich will Sie schon beizeiten hinbringen!' Und Sie können darauf wetten, daß er ihn zu rechter Zeit hinbrachte, das heißt, was noch von ihm übrig war."

In Fort Bridger nahmen wir ein paar Tage darauf einen Kavalleriewachtmeister an Bord, einen sehr netten Menschen von echt soldatischem Wesen. Nirgendwo auf unserer langen Reise trafen wir sonst jemand, der uns einen solchen Vorrat an kurzer und guter Belehrung über militärische Dinge verschafft hätte. Es war ganz überraschend, in diesen verlassenen Einöden unseres Landes einen Mann von untergeordnetem Rang zu finden, der mit allem, was für seinen Lebensberuf zu wissen von Nutzen sein kann, so gründlich vertraut und dabei so anspruchslosen Wesens war. Volle drei Stunden hörten wir ihm mit ungemindertem Interesse zu. Schließlich kam er auf das Reisen über den Kontinent zu sprechen, und auf einmal begann er:

„Ich kann Ihnen eine wirklich höchst lächerliche Geschichte erzählen" – und erzählte wiederum wörtlich wie oben bis zu den Worten: „. . . was noch von ihm übrig war."

Acht Stunden nach unserer Abreise von der Salzseestadt stieg auf einer Zwischenstation ein Mormonenprediger ein – ein artiger Mann mit sanfter Stimme und freundlichem Wesen, zu dem jeder Fremde sich beim ersten Anblick hingezogen fühlen mußte. Nie kann ich den Ausdruck in seinen Augen vergessen, als er mit einfachen Worten die Wanderungen und grausamen Leiden seines Volkes schilderte. Keine Kanzelberedsamkeit war je so rührend und so schön wie das Bild, das dieser Fremdling von der Wanderung der ersten Mormonen durch die Prärien entwarf, wie sie sich kummervoll nach dem Land ihrer Verbannung durchschlugen, ihren einsamen Pfad mit Gräbern bezeichneten und mit Tränen benetzten. Seine Worte ergriffen uns sehr, so daß wir es alle als Erleichterung empfanden, als die Unterhaltung heiterer wurde und man auf die Natureigentümlichkeiten des seltsamen Landes, in dem wir uns befanden, zu sprechen kam.

Ein Gegenstand nach dem anderen wurde in angenehmer Weise erörtert, bis endlich der Fremde begann:

„Ich kann Ihnen eine wirklich höchst lächerliche Geschichte erzählen" – wörtlich wie oben bis zu den Worten: „. . . was noch von ihm übrig war."

Zehn Meilen hinter Ragtown fanden wir einen armen Wanderer, der sich zum Sterben niedergelegt hatte. Er war so lange gegangen, wie er konnte, aber seine Glieder hatten ihm schließlich den Dienst versagt. Hunger und Ermüdung hatten ihn überwältigt. Es wäre unmenschlich gewesen, ihn liegenzulassen. Wir bezahlten für ihn das Fahrgeld bis nach Carson und hoben ihn in den Wagen. Es dauerte eine Weile, bis er die ersten Lebenszeichen von sich gab, und durch Reiben und Einflößen von Branntwein brachten wir ihn wieder zum Bewußtsein. Dann gaben wir ihm ein wenig zu essen, und nach und nach schien er seine Lage zu begreifen, denn ein Ausdruck von Dankbarkeit milderte den starren Blick seiner Augen. Wir machten es ihm auf dem Postbeutelbett so bequem als möglich und richteten ihm aus unseren Röcken ein Kopfkissen her. Er schien sehr dankbar dafür zu sein. Dann schaute er uns ins Gesicht und sagte mit schwacher Stimme, in der etwas wie zarte Rührung bebte:

„Meine Herren, ich weiß nicht, wer Sie sind, aber Sie haben mir das Leben gerettet. Und wenn ich Ihnen dies auch niemals vergelten kann, so fühle ich doch, daß ich Ihnen wenigstens eine Stunde Ihrer langen Reise leichter zu machen vermag. Ich nehme an, Sie sind mit dieser großen Heerstraße nicht bekannt, ich dagegen bin ganz vertraut damit. In diesem Zusammenhang kann ich Ihnen eine wirklich höchst lächerliche Geschichte erzählen, wenn Sie sie gerne hören wollen: Horace Greeley . . ."

Ich unterbrach ihn nachdrücklich mit den Worten: „Fremder,

fahren Sie fort, wenn Sie es verantworten können. Sie sehen in mir den traurigen Schatten einer ehemals kraftvollen, stolzen Männergestalt. Was hat mich so weit gebracht? Die Geschichte, die Sie eben auf der Zunge hatten. Langsam aber sicher hat diese alte langweilige Anekdote mir die Kräfte ausgesogen, die Gesundheit untergraben, das Leben ausgedörrt. Haben Sie Mitleid mit meiner Hilflosigkeit. Verschonen Sie mich nur damit und erzählen Sie mir lieber statt dessen vom jungen George Washington und seiner kleinen Axt.“

Wir waren gerettet, nicht aber unser Kranker. Bei dem Versuch, die Anekdote bei sich zu behalten, verfiel er in krampfhafte Zuckungen und verschied in unseren Armen.

Ich weiß jetzt, daß ich selbst vom stärksten Mann in jener ganzen Gegend nicht hätte verlangen sollen, was ich diesem bloßen Schatten eines Menschen zumutete, denn nach siebenjährigem Aufenthalt an der Küste des Stillen Ozeans weiß ich, daß kein Postillion oder Reisender auf der Überlandroute jemals diese Anekdote verkorkt bei sich behalten hat, ohne daran zu ersticken. Innerhalb von sechs Jahren reiste ich dreizehnmal mit der Post über die Gebirgszüge zwischen Nevada und Kalifornien hin und her und hörte dabei diese nicht umzubringende Geschichte vierhundertein- oder zweiundachtzigmal mit an. Ich habe ein Verzeichnis darüber in meinem Besitz. Die Postillione erzählten sie stets, die Kondukteure, die Wirte erzählten sie, jeder gerade einsteigende Passagier erzählte sie, sogar die Chinesen und wilden Indianer erzählten sie nach. Ich habe es erlebt, daß sie mir ein und derselbe Postillion an einem Nachmittag zwei- oder dreimal erzählte. Sie ist mir im Gewand jeder der vielen Sprachen entgegengetreten, die Babel der Welt vermacht hat, und gewürzt mit den Düften von Whiskey, Brandy, Bier, Eau de Cologne, Tabak, Knoblauch, Zwiebeln und Heuschrecken, kurz von allem, was auf der langen Liste aller Dinge, welche durch Mund und Nase des Menschen eingehen, einen Duft an sich hat. Nie habe ich eine Geschichte so oft zu riechen bekommen als diese, und nie habe ich eine gerochen, die so verschiedenartig roch. Und dabei war es nicht einmal möglich, sie am Geruch zu erkennen, weil sie jedesmal, so oft man meinte, man habe ihren Geruch los, wieder mit einem anderen Duft auftrat. Bayard Taylor hat über diese uralte Geschichte geschrieben, Richardson hat sie veröffentlicht, desgleichen Jones, Smith, Johnson, Roß Browne und jedes sonstige, Korrespondenzen liefernde Wesen, das einmal zwischen Julesburg und San Francisco den Fuß auf die große Überlandroute setzte; ja, wie man mir sagt, steht sie sogar im Talmud. Ich habe sie in neun verschiedenen Sprachen gedruckt gelesen; wie es heißt, bedient sich die Inquisition in Rom derselben, und jetzt vernehme ich mit betrübtem Herzen, daß sie in Musik gesetzt werden soll. Das halte ich nicht für erlaubt.

Die Überlandpost geht nicht mehr, und das Geschlecht der Postillione ist ausgestorben. Ich möchte wissen, ob sie diese Urgroßvatergeschichte ihren Nachfolgern, den Eisenbahnbremsern und Schaffnern, vermacht haben, und ob diese den schutzlosen Reisenden noch immer damit verfolgen, bis er zu der Überzeugung gelangt, die wahren Wunder der Küste des Stillen Ozeans seien nicht in Yosemite und den Riesenbäumen, sondern in Hank Monk und seinem Abenteuer mit Horace Greeley zu erblicken.

Und was diese abgedroschene Anekdote noch unausstehlicher macht, das ist, daß das Abenteuer, daß sie verherrlicht, sich niemals zugetragen hat. Wäre die Geschichte gut, so läge in diesem scheinbaren Mangel gerade ihr größter Vorzug, denn Schöpferkraft gehört zur Größe. Was hat dagegen derjenige verdient, der mutwillig eine solche platte Mär verbricht? Wollte ich sagen, was nach meinem Dafürhalten mit ihm geschehen sollte, man würde es übertrieben finden. Aber was steht im Propheten Daniel, Kapitel 16? Aha!

Zwanzigstes Kapitel

Wir näherten uns dem Ende unserer langen Fahrt. Es war der Morgen des zwanzigsten Tages. Gegen Mittag sollten wir Nevadas Hauptstadt, Carson City, erreichen. Wir freuten uns nicht, im Gegenteil, wir waren betrübt darüber. Es war eine schöne Vergnügungsreise gewesen. Tag für Tag hatten wir uns mit Wundern

gemästet. Wir waren an das Leben in der Postkutsche jetzt völlig gewöhnt und hatten es sehr liebgewonnen. So hatte der Gedanke, nun an einem Ruhepunkt angelangt zu sein und sich zu einem langweiligen Leben in einem Landstädtchen niederlassen zu sollen, nichts Anmutendes, im Gegenteil etwas Niederschlagendes für uns.

Augenscheinlich war unsere neue Heimat eine von öden, schneebedeckten Bergen eingeschlossene Wüste. Pflanzenwuchs war außer dem endlosen Salbeigebüsch und Fettholzgesträuch nicht vorhanden. Die ganze Natur hatte einen grauen Anstrich davon. Wir gingen wie ein Pflug tief durch Alkalistaub, der sich in dichten Wolken erhob und über die Ebene wälzte wie der Rauch eines brennenden Hauses. Lange Reihen von Frachtwagen, ganz in aufsteigende Staubmassen gehüllt, erinnerten aus der Entfernung an Bilder von Präriebränden. Diese Gespanne mit den dazugehörigen Fuhrleuten waren das einzige Leben, das wir erblickten. Im übrigen waren wir auf unserer Fahrt nur von Einsamkeit, Schweigen und Öde umgeben. Alle zwanzig Schritt kamen wir am Gerippe eines gefallenen Lasttieres vorüber, dessen staubbedeckte Haut sich straff über die fleischlosen Rippen spannte. Oft saß ein Rabe gravitätisch auf dem Schädel oder Hüftknochen und betrachtete sich die vorbeifahrende Post mit beschaulicher Heiterkeit.

Allmählich tauchte Carson City in der Ferne auf. Es schmiegte sich an den Rand einer großen Ebene und war eine genügende Anzahl Meilen entfernt, um sich wie ein Haufen weißer Punkte im Schatten einer finster herniederblickenden Kette von Bergen auszunehmen, deren Gipfel jeder Gemeinschaft mit den Angelegenheiten dieser Erde und jedem Gedanken daran weit entrückt schienen. Wir fuhren an, stiegen aus, und die Post ging weiter.

MOEWIG-Abenteuer-Klassiker

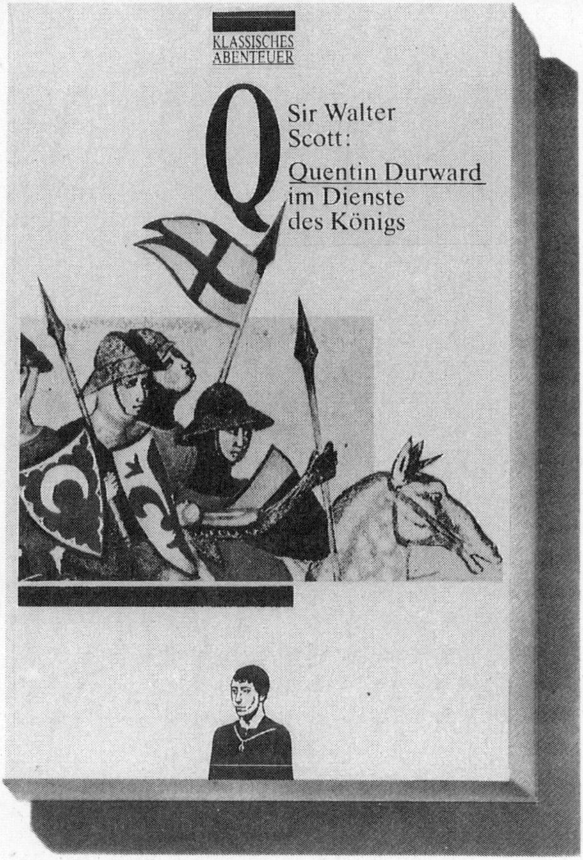

Sir Walter Scott

Quentin Durward –
Im Dienste des Königs

Ein historischer Roman vor dem Hintergrund Frankreichs im 15. Jahrhundert: Der junge schottische Adelige Quentin Durward wird im Dienste König Ludwigs XI. in die Intrigen des grausamen Machtpolitikers verstrickt. Bei aller dichterischen Freiheit hat Sir Walter Scott, auch als Autor des „Ivanhoe" berühmt geworden, mit seinem Werk das Charakterbild eines skrupellosen und heimtückischen, aber dennoch bedeutenden Herrschers geschaffen.

2441-4 DM 12,80/öS 109,–

MOEWIG-Abenteuer-Klassiker

Miguel de Cervantes Saavedra

Don Quijote von La Mancha

Don Quijote von La Mancha ist ein verdreht-skurriler Ritter, der Dichtung und Wahrheit nicht mehr richtig unterscheiden kann. In Begleitung seines treuen, aber leicht beschränkten Knappen Sancho Pansa bricht er auf, um die Ideale der Ritterschaft zu verteidigen. Auf dem Rücken seines klapprigen Pferdes Rosinante kämpft er gegen Windmühlen und Schafherden und ernennt gar ein Bauernmädchen zur Prinzessin – der klassische Lesespaß über den letzten Ritter.

2440-6 DM 12,80/öS 109,–

MOEWIG Abenteuer-Klassiker

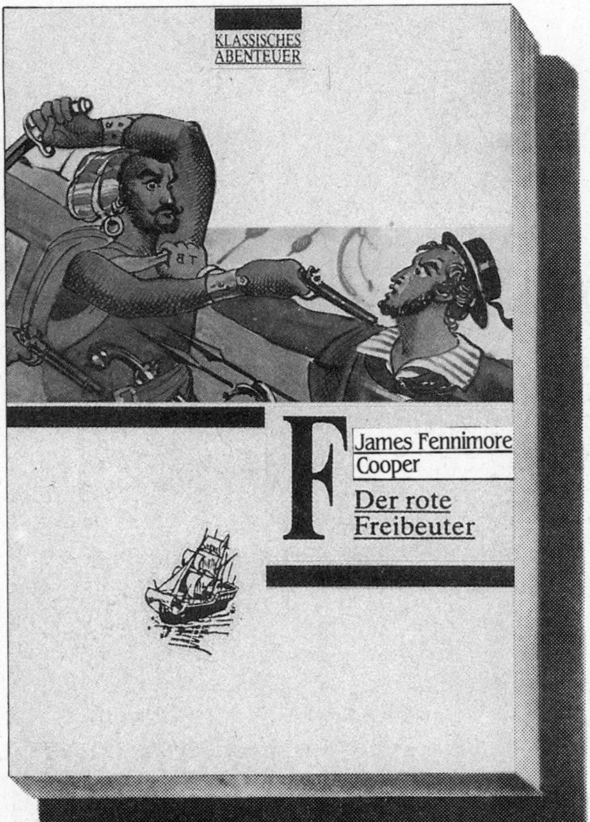

James Fennimore Cooper

Der rote Freibeuter

Mit der roten Flagge am Mast segelt der „rote Freibeuter" Mitte des 18. Jahrhunderts über die Meere und macht die Küsten Amerikas unsicher. In den Wirren ständiger Kriege zwischen Frankreich und England läßt sich der junge Harry Wilder als Leutnant von den Piraten anwerben. Hat er damit einen Pakt mit dem Teufel geschlossen? Autor James Fennimore Cooper (1789–1851) wurde vor allem durch seine „Lederstrumpf"-Erzählungen in aller Welt berühmt.

2446-5 DM 12,80/öS 109,–

MOEWIG Abenteuer-Klassiker

Alexandre Dumas
Der Graf von Monte Christo II
In den Kerkern des Château d'If nimmt der italienische Abbé Faria Kontakt zu seinem Zellennachbarn Edmond Dantès auf. Bevor der Italiener stirbt, macht er Dantès zum Erben seines Familienschatzes auf der Insel Monte Christo. Dantès kann fliehen, und wenig später verunsichert ein geheimnisvoller „Graf von Monte Christo" die feine Pariser Gesellschaft: Der Graf beginnt einen Rachefeldzug gegen seine alten Feinde...
2434-1 DM 12,80/öS 109,–

Alexandre Dumas
Der Graf von Monte Christo I
Gerade 19 Jahre alt, wird der Seeoffizier Edmond Dantès Opfer einer rücksichtslosen Intrige: Als angeblicher Spion wird er in die Kerker der Gefängnisinsel Château d'If geworfen. Der 1845 geschriebene Roman von Alexandre Dumas zählt bis heute zu den Klassikern spannender Abenteuerliteratur.
2433-3 DM 12,80/öS 109,–

MOEWIG Abenteuer-Klassiker

Robert L. Stevenson

Die Schatzinsel

Der vierzehnjährige Wirtssohn Jim Hawkins erbt von einem sterbenden Seemann ein altes Dokument, das die genaue Lage jener Insel kennzeichnet, auf der Piratenkapitän Flint seinen Schatz vergraben hat. Jim kann Freunde seines Vaters für die Schatzsuche begeistern, und gemeinsam brechen sie mit dem Schiff „Hispaniola" in die Südsee auf. Mit an Bord sind jedoch Piraten, die sich als Matrosen verkleidet haben und eine Meuterei planen…

2447-3 DM 12,80/öS 109,–

MOEWIG Abenteuer-Klassiker

Robert L. Stevenson

Der Junker von Ballantrae

Robert Luis Stevenson (1850–1894) begann 1875 mit dem Schreiben von Reiseerzählungen, bevor er 1882 mit „Die Schatzinsel" finanziellen Erfolg hatte. Neben Südsee-Abenteuern und fantastischen Geschichten verfaßte er auch historische Romane, deren Handlung er vorwiegend nach Schottland verlegte. Der 1889 geschriebene Roman „Der Junker von Ballantrae", der das Schicksal zweier verfeindeter Brüder im 18. Jahrhundert schildert, zählt heute zu den Klassikern der Weltliteratur.

2462-7 DM 12,80/öS 109,–

MOEWIG Abenteuer-Klassiker

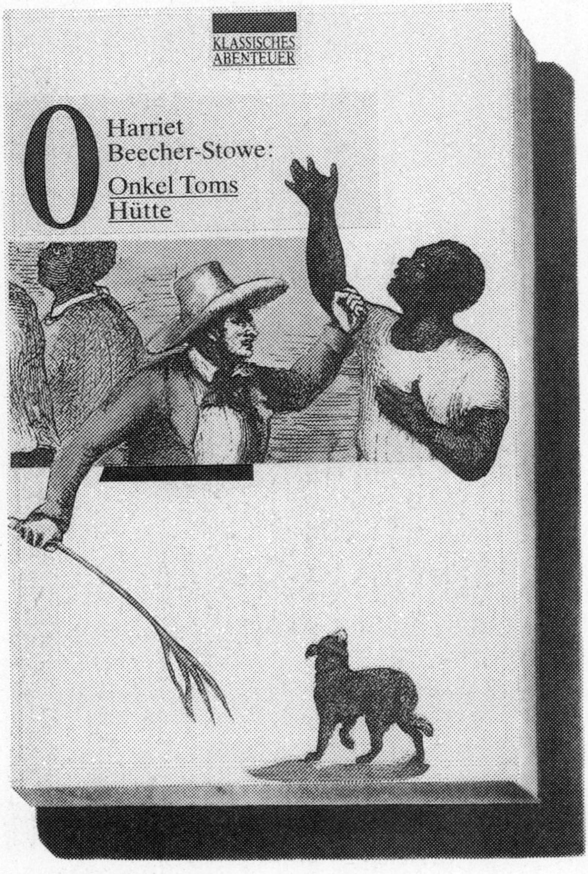

Harriet Beecher-Stowe

Onkel Toms Hütte

„Onkel Toms Hütte" war einer der Hauptauslöser des Amerikanischen Bürgerkriegs von 1860 bis 1864, ein Roman, der die Spaltung der Nation in Sklavenhalter und Nicht-Sklavenhalter besonders deutlich dokumentierte. Harriet Beecher-Stowe schilderte die Lebensbedingungen, das Elend und die wechselvollen Schicksale der Negersklaven in den amerikanischen Südstaaten am Beispiel des friedlichen Onkel Tom.

2461-9 DM 12,80/öS 109,–

MOEWIG Abenteuer-Klassiker

Robert L. Stevenson

Catriona

Nach einer gefahrvollen Reise durch das schottische Hochland geht es nun für David Balfour darum, die Liebe der jungen Catriona Drummond zu erhalten. Doch ihr Vater ist ein Verräter, der Davids Bemühungen, Freispruch für einen unschuldig verurteilten Freund zu erlangen, vereitelt. Neben der Historie bringt Stevenson im zweiten Teil des „David Balfour" noch die romantische Liebe ins Spiel.

2469-4 DM 12,80/öS 109,–